吳十洲　著

開明
書店

序

　　2019年，電視劇《長安十二時辰》一路熱播。該劇講述了天寶三年（744）都城長安上元節花燈大會前一天內破獲縱火行刺陰謀的故事。故事情節雖然是虛構的，但所構建的細節頗有歷史感，仿佛帶領我們重新回到了大唐。這是文藝作品的力量。

　　如果歷史學也寫一天之史，又當如何呢？清朝有大量的清宮檔案保存至今，如果選擇某一天，將當天所涉檔案找出來，則可以呈現出清朝歷史的一些側面。

　　吳十洲教授的《乾隆十二時辰》正是這樣一種嘗試。該書通過乾隆三十年（1765）正月初八日這一天來反映乾隆朝乃至清朝的統治特色。

　　乾隆朝共六十年，是清代歷史上由盛而衰的時期，了解乾隆朝對於把握清史至關重要。然而為何選擇這一年、這一天呢？乾隆三十年正好是乾隆朝之半，選擇這一年從時間上考慮，最平衡，最有代表性。就描寫皇帝而言，那自然是選擇留下檔案較多、活動內容豐富的那一天，敍述起來才能得心應手。正月初八日正好可以滿足這樣的要求。

　　這一天發生的事情，確實充滿了清史特別是乾隆史的重要信息。清朝以「敬天法祖」為家法，常年舉行朝祭和堅持閱讀聖訓、實錄，這是皇帝的日常。這一天清廷的節慶活動有重華宮茶宴，這是君臣吟詩聯句的雅集。聯句結束後，乾隆帝特賜與會者《石渠寶笈》一部。這種君臣間禮物的流動具有主僕特色。清帝標榜文化事業超邁歷朝，《石渠寶笈》被作為禮物賞賜，對於大臣來說，無疑是重要的世寶，昭顯的是皇恩浩蕩。

　　清朝的另一家法是「勤政愛民」。勤政就要堅持親自處理政務。這一天乾隆帝批閱了奏本，接見了府州縣等基層官員。閱覽奏本可使皇帝與大臣間保持信息通暢，維護君臣關係。而中下級官員即京官五品以下、外官四品以下，在授官、京察、大計、保舉、升調、俸滿時，朝見皇帝，由皇帝當面鑒定升降去留，可以保持皇帝對官員以及基層社會的了解。這些都是勤政的表現。當然，皇帝也不是事事都自己拿主意，遇到複雜的問題，會和大臣商議，比如召軍機處領班傅恆面議政事等。

　　除了處理政務，乾隆帝還雅有藝趣，書畫文物，樣樣精通，經常在養心殿三希堂賞玩書畫器物。至於乾隆帝的家庭生活，這裏面自然少不了乾隆帝一生念念不忘的愛妻富察皇后、怨偶第二任皇后烏拉納喇氏、民間流傳最廣的寵妃香妃。

　　這一天還是順星節，要祭祀星辰。這一年正月十六日，乾隆帝將要第四次南巡江浙。這一天宮中上上下下也都在為即將啟程的南巡做準備。乾隆帝仿祖父康熙帝，亦有六次南巡，一路察吏安民，錘煉官兵，體現了清朝「馬上朝廷」的統治特色。而南巡表達的孝道、尊儒、治河等政治文化，亦極具清朝意識形態的特色。

　　「內言不出外」，誠然在清宮檔案中，乾隆三十年正月初八日基本是「一夜無話」的。但歷史學者通過鈎連史料，建構出了乾隆帝這一天豐富的行程。朝廷的大事小情，經十洲先生的巧思佳構，生動地再現出來。這是史學的力量，逼真而超出一般人的想像力。

　　這部別具一格、雅俗共賞的一日史，值得一閱。

常建華

2020 年 8 月 31 日

前　言

　　乾隆三十年正月初八日，即西曆 1765 年 1 月 28 日。這一天不特見著於後來的歷史學著作，在大量的乾隆帝的傳記中，這一天也未見得有什麼特殊的意義。在編年體的蔣良驥《東華錄》中，記載這一天的文字只有寥寥數行，實在構不成什麼故事情節。

　　或嫌《東華錄》過於簡約，那麼《清實錄》是研究這段歷史的基本資料之一。其中尤以《清高宗實錄》最為宏富，有一千五百餘卷，參加纂修者達一千二百零二人，歷時九年而成，為歷代實錄之最。實錄體例採用逐日記錄在位皇帝言行事功的流水賬簿形式，或為人視為平常瑣細。在平均一年為二十五卷的巨大容量中，卷七二六中有關乾隆三十年正月甲寅（初八）日的記述只有舊裝本的四頁紙，合計六百二十五字，記載了發生在這一天的三件事：其一是皇上與大學士及內廷翰林在皇宮中茶宴，以「雪象」為題聯句對詩；其二是一通處置原任甘肅武威縣知縣永寧涉及十餘萬兩不明所得銀的上諭；其三是一通軍機大臣傅恆等奏報將吉林烏拉錫伯佐領歸屬蒙古旗管轄的褶文（原文為滿文）。這三件事毫不相關，對於乾隆帝的政治生涯來講，實在是平凡無奇。如此細末記錄，有時幾乎會模糊了歷史事實本身的主要特徵。

　　再者，即便是在浩如煙海的清代檔案中，鈎沉爬剔這一天的全貌，也可以肯定地說，這一天中並沒有什麼所謂歷史轉折點的跡象。因此，把這一天作為研究對象的意義與其說是在歷史學上，不如說是在社會學上，或曰社會史學上。從某種意義上來講，這一天是具有普遍意義的一

天，是隨機的一天。換言之，它或許是乾隆中葉，也是清中期 —— 中國古代社會上最後一個盛世「康乾盛世」的一例標本。

一

在所有的人文社會科學中，社會學在揭示文化特質的觀點上與歷史學最為接近。研究文化的轉移，不同文化、不同民族、不同社會之間的接觸所引起的變化，是歷史學與社會學共同關注的話題。它們強調歷史人物和社會文化因素在歷史學或社會學術語形成過程中的互動關係。同時，社會學與歷史學在關注歷史、歷史人物與歷史事件時，所採用的角度與方法又有着明顯的不同。簡言之，歷史學更注重縱的關係，社會學更注重橫的關係，而社會歷史學則是希冀將兩種關係結合起來加以運用。由此，本書將在以下幾個方面進行一些探索。

首先，傳統的歷史學著作多以紀傳體與編年體，抑或紀事本末體加以記述，而本書的史學理念，不在編年、紀傳或紀事，而是按時辰先後，勾勒乾隆帝一天之中從起居、飲食、宗教、君臣活動、政務處理、閑暇娛樂到家庭生活等既分散又連綴的系列活動，在一個相對短暫而日常的場景中管窺乾隆帝及其時代。

同時，在本書中，政治史的闡述不再放在優先的地位，而努力去關注文化視野下的人性。在以一天為背景的歷史畫卷中，乾隆帝的政治生活僅僅是人物諸多活動中的一個側面，他作為政治人物的地位在這裏被降低了。而在考察人的本性方面，政治活動只是書中人物的一種風貌。

再者，傳統的清史編纂，在選擇資料時，直接或間接摻入了編寫者的意志，資料組成的首要動機是尋找那些感動編寫者自己的非常事件和非凡人物，或是來自所處時代的政治要求。

本書所參考的歷史資料則已不再局限於《清史稿》《清高宗實錄》等文獻，而是採用大量的清宮檔案作為一手材料。

即便僅僅是一天的平凡的歷史，也包含着內容豐富而且錯綜複雜的場景。譬如，這一天裏，重華宮茶宴聯賡對詩的參與者構成了朝廷權力核心機構的中樞官僚群體，上報奏褶的人們構成了封疆大吏的官僚群體，而在養心殿裏接受引見的臣工則構成了基層社會的官僚群體，這三個群體各自在以皇帝為軸心的政治體制內發揮着不同的作用。他們歸屬於三個相對封閉的不同官僚結構，有着各自不同的社會利益訴求與不同的為官方式。

另外，本書強調了處在乾隆三十年正月初八日的乾隆帝，一位五十五歲、已過「知天命」之年，年近「耳順」的皇帝，並參照這一年齡段男性的生理特徵與心理特徵，得出了一些新的有關乾隆帝的結論。

最後，本書試圖説明諸多史實之間的相互關係。這是在陳述了一天之內的系列活動後，必須去做的一項工作。也就是説，如果不能把這一天放在一個更為廣泛的歷史場景中來表現，這一天的記述將毫無意義。譬如，這一天的活動，鮮明地呈現出滿族宗教文化與漢族士大夫文化的差異，這在清宮祭祀的典儀中看得再清楚不過了。而將這二者聯繫在一起的，竟是一位統治中華的滿族皇帝。一方是精緻典麗的漢族儒家文化，另一方則是神祕粗獷的薩滿教文化，乾隆帝既要利用儒術治理國家，同時又要強化滿族本原文化的「國語騎射」，而滿族人的政治統治愈走向成熟，也就愈遠離自己的本原文化，最終走向了本民族文化的衰亡。

二

乾隆朝是有清一代的隆盛之世，而乾隆三十年又是這盛世中的極盛時期。是時，乾隆帝對西北邊地的軍事行動已取得了戰略性的勝利，與邊疆民族的關係也進入了和諧發展、政治安撫的新階段。乾隆二十二年（1757），國家府庫存銀為七千萬兩，達到了國勢強盛、經濟繁榮的

局面。這時的中國無論是生產總額與國內貿易總額，均居世界各國之首。乾隆上半葉的中國農民比法國路易十五時代的農民吃得要好一些，而且也較富裕，一般受教育程度也較高，這是世人公認的事實。康乾盛世在中國幾千年的歷史長河中，是少有的幾次盛世之一。這樣的盛世，據《孔聖枕中記》的説法，需要九個甲子，也就是説五百四十年才可能出現一次。按孟子「五百年必有王者興」之説，也要五個世紀之久。因此，以王道盛世為現世追求的漢族儒生們，有感理想與盛世之契合，終成為異族統治的擁護者。

乾隆盛世的社會經濟在康熙年間恢復生產的基礎上，繼雍正帝之後取得了穩定而持續的發展。

以「攤丁入畝」為例，其於康熙末年提出並予試行，最初是在廣東省。到了雍正元年（1723），根據直隸巡撫李維鈞的奏請，正式在直隸實行，隨之頒發詔令，在全國推行。此後經過半個世紀，全國相續實行。到乾隆四十二年（1777）貴州宣佈實行為止，除盛京因「戶籍無定」沒能實行外，其他各省一律推行了「攤丁入畝」的税制。

由於「攤丁入畝」的實行，不久便出現了空前的以人口與耕地的迅猛增加為特徵的農業生產規模的擴大，加上農耕技術的改進，農作物品種的多樣化，生產效率的不斷提高，有人估計當時全國生產的糧食約有三分之一以上投入了市場。因此，這一時期的社會分工有了明顯的擴大，形成了越來越多的手工業部門，也相應地出現了專業化的農業區域。它不但擴大了手工業品之間的交換，而且引起和加快了農業產品的商品化過程，從而造就了社會經濟一派繁榮的景象。

在這樣一個如此鼎盛的歷史時刻，乾隆帝又要面臨哪些問題呢？自古以來，聖王多承衰撥亂而起，由此開闢盛世前景。而桀紂之類的昏君也正是於聖王盛世之後驕溢妄行，最終丟掉了天下。他們是聖王之後，但同時又是一代王朝的敗君。其實，這一盛一衰又何嘗不體現在一世君

王的身上，尤其是像乾隆帝這樣當朝整整一個甲子的皇帝。就像冰在凝結時，業已存在着融化的要素一樣，一個由盛而衰、極盛漸衰的循環繼而周而復始，似乎是無法避免的。像乾隆帝這樣的一代盛世明君，最終在晚年也做了揮霍無度的「散財童子」，這實在是令人深思的歷史課題。

此外，隱匿在乾隆盛世之下的危機之一是，儘管清朝經過百年的治理，大一統的局面已然形成，滿族人的政治統治也已鞏固，但口稱「奴才」的滿族大員侵蝕着華夏「君臣」政體的千年大廈……兩千年前孔子所說「夷狄之有君，不如諸夏之亡也」[1]的預言開始顯現，孟子所說的「吾聞用夏變夷者，未聞變於夷者也」[2]。像幽靈一樣籠罩在乾隆帝的心頭。當清王朝在全國的政治統治愈趨成熟時，其本原文化卻趨於消亡。當年在黑水白山奉祭的薩滿之神只能關起宮門作為愛新覺羅氏的家祭，驍勇善戰的八旗兵也被封禁於柳條邊以外，所謂的國語騎射早已是強弩之末。

乾隆二十七年（1762）六月丙辰（二十五日），戶部議奏：「八旗積存地畝一萬五千餘頃，請擇可編官圈者，分設整分、半分莊頭數百名，即於現在莊頭子弟內，選擇安放。」為此，乾隆帝下旨曰：「戶部所有八旗積存地畝一項，褶內酌議分設莊頭之處，着照所請行。但安放莊頭，需地不過三四千頃，所餘尚有一萬頃之多。此等皆係老圈旗地，且發帑贖回者，十居七八，原係應行入官地畝，徒交地方官徵解，適滋胥吏侵肥，旗與民兩無裨益。着將此項交內務府派員經理徵收，俟原帑按數歸清之後，即將地畝賞給八旗，作為恆產。」[3]舊制度的衰落與經濟權力的再分配已不可避免，然而乾隆帝卻仍在竭力強化滿族傳統文化，維

1　《論語・八佾》。
2　《孟子・滕文公上》。
3　《清高宗實錄》卷六六五。

護滿族人的既得利益。

　　其潛在的危機之二是，在社會經濟繁榮的背後，一種新的社會形態正在萌生，城市經濟的發展呈現出前所未有的生機。譬如：江南的蘇州「洋貨、皮貨、綢緞、衣飾、金玉、珠寶，參藥、諸鋪、戲園、遊船、酒肆、茶店，如山如林」[1]。

　　另外，清政府統一台灣以後，政權已經鞏固。同時，出於財政需要，康熙二十三年（1684）九月下令「開海貿易」，對外貿易逐漸興盛。史稱：自「海禁既馳，（南洋）諸國咸來互市，粵、閩、浙商亦以茶葉、瓷器、色紙往市」王之春《國朝柔遠記》卷四，雍正七年紀事。於是乎，在東南沿海出現了「帆檣鱗集，瞻星戴斗」[2]的興旺發達景象。

　　據《粵海關志》提供的外國來粵商船數及關稅收入的數據，乾隆三十年（1765），「六月二十五日止，乙酉年分來船三十有一」[3]，略高於往年。關稅收入自「乾隆二十九年七月二十六日起，連間至三十年六月二十五日止，計一年大關各口共徵銀五十萬五千三十一兩六錢八分五厘（505,031.685 兩）」[4]，也略高於往年。到 18 世紀末，國內貿易稅收達 400 萬兩，而海關稅收為 65 萬兩，佔 16%。乾隆三十一年，清政府的土地稅與人頭稅為 2991 萬兩，是國家收入的 73%；鹽稅是 574 萬兩，佔 14%；商業稅是 540 萬兩，佔 13%。當時的商業網不僅包括各個行省，而且連蒙古、中亞以及整個東南亞亦在其中。

　　面對這一偏離農本國策的傾向，以及商業稅與關稅在國家稅收總額中比重的增加，乾隆帝在乾隆十年、乾隆三十五年、乾隆四十三年、乾隆五十五年及嘉慶元年五次下達普免全國一年錢糧的諭旨，普免地畝銀

1　顧公燮《消夏閑記摘抄》卷上「蘇俗奢糜」條。
2　《粵海關志》卷五「口岸一」。
3　《粵海關志》卷十「稅則三」。
4　《粵海關志》卷二十四「市舶」。

和人丁銀。説到底，這是一種優農政策。

城市經濟的發展也帶動了城鎮文化的興旺，以《紅樓夢》為代表的以城鎮生活為背景的小説正是誕生在這一時期。同時城鎮成為各種文化的匯集地，多種文化的融合與碰撞的過程，往往是由中心城市的作用來實現的。乾隆三十年正月初八日這一天，既是漢族民間的祭星日，也是滿族人的順星祭祀日，既有白雲觀的道教廟會，還有喇嘛教跳布劄打鬼表演的廟會，等等。這些無疑是太平盛世的一種點綴，同時也不可避免地出現了二律背反的傾向，即社會的發展，走向了舊有社會本身的反面。至於乾隆帝，他並沒有意識到新社會的產生是要以舊社會的滅亡為代價的，這在他身後一百多年得到了證實。

另外，更令乾隆帝始料不及的是西方資本主義的迅速崛起。他萬萬沒有想到，在他身後四十年，西方文明強盜就把戰火燒到了皇孫道光帝的門前，這時的八旗兵還在用當年乾隆爺征伐大小金川的武器裝備來對付英吉利的堅船利炮。有人已經把戰爭失敗的根由引到了乾隆五十七年。這一年，英國勛爵馬戛爾尼率使團出使中國，年邁的乾隆帝以「天朝上國」自居，貪圖西洋奇器珍玩，而未能把握住這次東西方文化交流的機會，最終貽誤後世。孔子曾説：「加我數年，五十以學《易》，可以無大過矣。」[1] 如果把這樣的假設用在乾隆帝身上，設想馬戛爾尼來華時，乾隆帝年當五十許 —— 即在乾隆三十年左右，那又會是怎樣的呢？學不學《易》且不論，情況可能會完全不同。

這裏需要指出的是，18 世紀中葉的歐美正值一個風起雲湧的變革時代。僅就 1765 年而言，西方世界發生了許多具有重要意義的事件。在英國，紡織工人哈格里夫斯發明了「珍妮紡紗機」，這架手搖紡紗機

1　《論語·述而》。

可以同時紡出多根紗，大大提高了工作效率。它的出現，標誌着以機器代替手工勞作的新時代的開始，由此敲響了西方近代工業革命的鐘聲。另外，英國海軍上將納爾遜的旗艦「勝利號」也在這一年下水，這對於東方世界來說似乎是一種不祥之兆。

這一年，英國政府的苛捐雜稅使得北美殖民地人民的不滿日益加劇。10 月，來自九個殖民地的代表匯聚於紐約，召開反對印花稅法大會。大會擬訂了一份權利和自由宣言書，提出「無代表不納稅」原則，宣告英國議會內沒有殖民地的代表，無權向殖民地人民徵稅，殖民地人民也沒有義務向英國納稅。大會還提出了「American」（美利堅人）的概念，號召抵制英貨，很快在幾乎所有殖民地中得到了響應。這場鬥爭迫使英國國會於第二年宣佈廢除印花稅法。這一事件意味着美洲大陸的覺醒。

同一年，日本也悄然誕生了一件新生事物。德川將軍府上的專職醫官多紀元孝，為了培養醫學人才，在江戶神田佐久間町約五千平方米的天文台遺址上開設了一所醫學館（初名「躋壽館」），主要教授漢方醫學，成為江戶時期醫學教育的先導。此後蘭學興起，出現了主要教授西方醫學的芝蘭堂，西方醫學勃興一時。西方的自然科學及實證主義精神，激發了日本人對西方文明學習的熱情，萌發了他們社會改革的意識。

這一切已有的和即將來臨的世界變局，在當時的「天朝」上上下下，沒有引起人們絲毫的關注。

三

乾隆三十年，乾隆帝當五十又五歲，正是政治家的盛年。他睿性聰強，精力過人，天朝上上下下，事無巨細，都要過問處置。在乾隆三十年正月初八日，他所批覽的奏摺中，居然有查明發遣新疆人犯一名、滇

省城坦圩壞情況等。他的統治實在是精微到無以復加的程度。

然而，乾隆三十年，他的家庭生活卻過早地進入了衰年。他的多名子女早夭，又有多名后妃過早地離他而去，乾隆帝的家庭生活似乎十分不幸。他倡導以孝治天下，也以孝齊家道。他擇妻立后的標準是孝，擇子立儲的標準也是孝，為此付出了慘痛的代價。乾隆十三年（1748），他心愛的孝賢皇后病死於東巡的御舟之中。皇長子永璜、皇三子永璋因為死去的不是自己的生母而未過多地表示哀傷，受到乾隆帝的嚴厲訓飭，摒絕了他們繼承帝位的任何可能，最後雙雙死於過度憂鬱。

乾隆三十年正月十六日，聖駕開始第四次南巡。在這次南巡途中，乾隆帝的家庭又遭變故。他的第二任皇后烏拉納喇氏突然憤而剪髮，帝后失和。這位曾被贊為「孝謹性成，溫恭夙著」的皇后，終因「於皇太后前不能恪盡孝道」的罪名，被打入冷宮。第二年，烏拉納喇氏含恨而逝。

孝敬雙親，這本是人之天性，而將此天性上升到「親親」「尊尊」的高度，成為社會倫理的最高標誌，這是先秦聖賢的思想。《孟子》裏就有這樣的一個故事，説是小國滕國的國君滕定公死了，太子要他的師傅然友向孟子詢問喪禮，孟子當即提出了一個很高的標準，曰：「三年之喪，齊疏之服，粥之食，自天子達於庶人，三代共之。」然友回國覆命，太子便決定行三年的喪禮。而這樣一來，搞得滕國的父老官吏都不願意。太子便對師傅然友説：「吾他日未嘗學問，好馳馬試劍。今也父兄百官不我足也，恐其不能盡於大事，子為我問孟子！」從中可以看到，平日好馳馬試劍的小邦滕國，與植根於儒家孝道的喪制相去甚遠。乾隆帝的家庭同樣也糾結於維護「國語騎射」的滿族傳統與合乎儒家禮教之間。

乾隆帝天性喜雪，那白山黑水間是滿族的發祥之地，那是皚皚的雪國，那裏誕生了滿族人的神靈——佛多媽媽。而做皇子時的他又偏偏

愛用詩句來吟詠風花雪月，譬如《東郭履雪》《程門立雪》等《雪事八詠》。後來他做了皇帝，則更愛以雪為題歌農事。

乾隆三十年正月初八日，在紫禁城的重華宮內，皇帝親自主持了一場例行詩會，詩的題目也和雪有關。這場雪實際是下在年前的一場臘月雪，此時想必已是一派殘雪景象，即便如此，君臣二十餘人仍是詩興大發。在他們的詩中，雪景的紫禁城仍然是玉樹炫彩，瓊花滿枝，那飛霙乃是「應誠而至」的「天瑞」，是盛世的一番寫照。

四

清朝入主中原大業的順利完成，無疑使其統治者相信——超越於自己祖先神之上，更有一位主宰命運的大神的存在。如果看一下清代皇帝在圜丘（天壇）祭祀天神時所投入的熱忱，就會感到滿族之神——佛多媽媽在神格上的卑微。這樣的祭拜「天」，以求得社稷的吉祥，可以說與漢民族的宗天、宗祖的信仰並無二致。

清對明戰爭的勝利，與三千年前的那場周人克商的勝利，有着某些相似之處。與小邦周打敗大國商一樣，清以四十萬人入關，卻做了統治億兆臣民的龐大帝國的主人。《尚書·大誥》曰：「天休於寧王，興我小邦周。」面對強大的對手，由於至上神——天神做了周人與滿族人的保護神，才使得他們取得了勝利，即「天佑之國，大汗興焉」。也許正是由於這樣的相似之處，乾隆帝的天朝理想是像東周那樣「享國二十五代」。為此他「密用姬周故事」，默禱天神，並將象徵國家政權的國璽之數定為二十五。以少勝多，那是列祖列宗的豐功偉績；而以少治多，則是乾隆帝的本事。為此，他勤勉理事，小心謹慎，夙興夜寐，孜孜求治。

歷史上中國人的君王觀念與西方那種「君權神授」觀念不同，古代中國人講的是「受命於天」。東西方君主觀念的不同在於，西方的「君

權神授」是君權與神權的分離，君權為神所授，而不為其所制；而中國人的「受命於天」則是君權與神權的合一，君主要「視天如父，事天以孝道」，才可能成為稱職的天子；而且「天視自我民視，天聽自我民聽」是這一傳統觀念的又一特徵。由此便有了中國歷史上的「聖王」形象與標準，以及「屈民而伸君，屈君而伸天」的倫理綱常。這裏面還說，天不是為君王而生人民，而是為人民而立君主。換言之，能對人民有好處的君主，天就要他做下去；而對人民有害的君主，天就要奪去他的王位，即所謂「惟命不於常」。這也許正是乾隆帝宵衣旰食、勵精圖治的深層文化原因。

乾隆三十年正月初八日，乾隆帝在歷史舞台上扮演着令人矚目的顯赫角色。如果揣摩他希冀給後世留下的形象，可以認為，他是在扮演一個聖王的角色，一個才華橫溢的詩壇領袖的角色，一個對母后盡孝道，對妻子盡夫道，對子女盡父道的成功男子的角色。另外，他還是一個「祭如在，祭神如神在……吾不與祭，如不祭」[2]的多神崇拜的世俗信徒的角色……

然而，當考察乾隆帝作為人的本性一面時，其人格的雙重性也是十分顯著的。的確，他在真心實意地去做皇帝，一天中處理了天朝上下大大小小、千頭萬緒的事務。正像他在《三希堂記》所引用的「士希賢，賢希聖，聖希天」，作為皇上，他還有什麼可希冀的？只有那「希天」的聖王了。這是乾隆帝的誠懇。同時，他的虛偽性也畢露無遺。

他本人對嫡母孝敬憲皇后並沒有「親親」的熱情，卻要將孝道的準繩強繫在皇長子永璜、皇三子永璋身上。他口口聲聲「清心寡欲」「朝乾夕惕」「不邇聲色」，卻在後宮中納有各種名號的妻妾四十餘人。

1　《孟子‧萬章上》。
2　《論語‧八佾》。

他利用國家權力大肆蒐集天下古物，使天下瑋麗瑰奇、稀世不易得之珍品，咸集於一人之手，而他卻說什麼：「雖考古書畫，為寄情雅致之為，較溺於聲色貨利為差勝，然與其用志於此，孰若用志勤政愛民乎？」這些收藏不僅體現了乾隆帝對「考古書畫」的觀察和熱衷，還體現了他的慾望與癡迷。

他雖然以「書生」自居，提倡教化，卻大興文字獄，禁毀書籍之程度都大大超過前朝。他下令編纂《四庫全書》，使大量古代典籍遭受到一場極大的厄運。他兢兢業業，總攬萬機，事無巨細都要親自過問處置，貌似聖明，卻被臣下批評「明之太過」「斷之太速」，有師心自用之嫌。他為政保守，性格好勝且虛榮。有多少「豐功偉績」是這位皇帝無意識動機的客觀結果，這似乎是一項很有價值的研究。

他到處巡視，大興土木，規模之大，耗帑之眾，為歷代之首。到頭來他卻說：「人苦不自知，惟工作（土木工程）過多，巡幸時舉二事，朕側身內省，時耿耿於懷。」乾隆三十年年初，他第四次南巡，還搞什麼「隨往渡黃上船人數共二千八百七十一人，比照上屬三千二百三十人之數，共減去三百五十餘員」的小名堂，等等。

總之，他就像是一個矛盾的綜合體，一個集誠摯與虛偽於一身的人。

《乾隆十二時辰》作為乾隆三十年正月初八日的記述與評論，不可能全面地涉及乾隆時代的重大事件，也無法就乾隆帝本人的功過得失得出什麼結論，它僅作為一種觀察角度，來管窺 18 世紀中葉的中國文化與作為個體的乾隆帝。對於本書來講，僅此已經是一個很高的期待了。

乾隆三十年正月初八日
皇上起居一覽表

《清高宗實錄》

《穿戴檔》

重華宮對詩聯句

更衣，建福宮稍坐。
重華宮茶宴

去壽康宮給太后請安

入眠　　入眠　　入眠

（初）子　（初）丑　（初）寅　（初）卯　（初）辰　（初）巳

（正）子　（正）丑　（正）寅　（正）卯　（正）辰　（正）巳

入眠　　入眠

養心殿請駕，更衣。
坤寧宮朝祭

中南海同豫軒進早膳。
乾清宮西暖閣讀實錄、聖訓

重華宮對詩聯句

養心殿勤政親賢殿批覽奏摺

《節次照常膳底檔》《御茶膳房檔案》《穿戴檔》

《穿戴檔》

《清高宗御製詩文集》

《軍機處奏摺錄副檔》

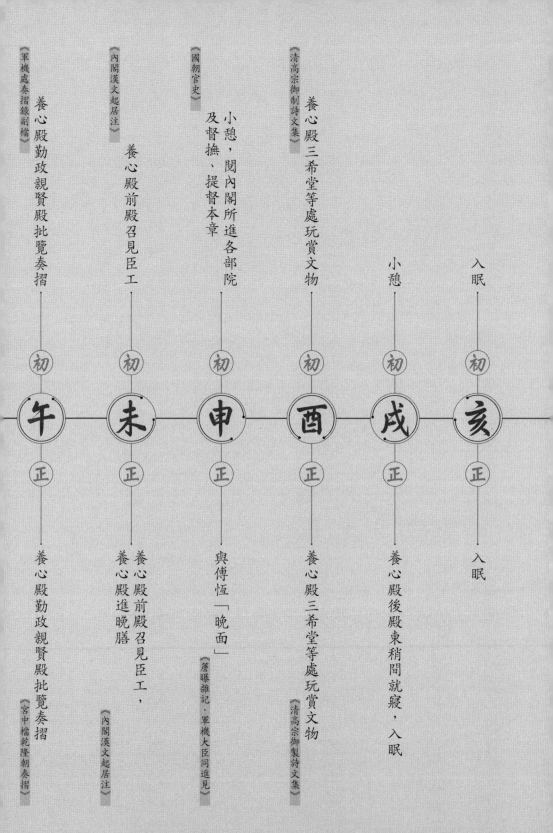

《軍機處奏摺錄副檔》
養心殿勤政親賢殿批覽奏摺

《內閣漢文起居注》
養心殿前殿召見臣工

《國朝官史》
小憩，閱內閣所進各部院
及督撫、提督本章

《清高宗御制詩文集》
養心殿三希堂等處玩賞文物

小憩

入眠

初 午 正

初 未 正

初 申 正

初 酉 正

初 戌 正

初 亥 正

養心殿勤政親賢殿批覽奏摺
《宮中檔乾隆朝奏摺》

養心殿前殿召見臣工，
養心殿進晚膳
《內閣漢文起居注》

與傅恆「晚面」
《簷曝雜記・軍機大臣同進見》

養心殿三希堂等處玩賞文物
《清高宗御製詩文集》

養心殿後殿東稍間就寢，入眠

入眠

引子

三冬瑞雪　上慰聖懷

子時至寅正以前
　　四時之前　入眠

年前的一場臘月雪仍然覆蓋在紫禁城上。各地的報
雪奏褶紛紛送達御前，臣子們意在上慰聖懷。乾隆
帝天性喜雪，冬雪對於帝國來講如同命脈。

年前的殘雪還伏在歇山頂上，瓦簷下掛着一串串晶瑩的冰溜子。紫禁城依然籠罩在冰雪之中……

偌大的宮城之中，除景運、隆宗二門兩處燈光外，一片黑暗。據說這是打明末魏忠賢那留下的遺制。當時魏忠賢取消禁門內一切路燈，為的是便於出沒於黑夜，而到了大清，莫名其妙地承襲了這套舊制。巡更的太監像幽靈一般遊蕩在皇宮的巷道間。幾天來，道上的殘雪已被踩踏得板結成薄冰，夜行的腳步落在上面，發出「吱吱」的響聲，一不小心就會跌倒。夜深人靜裏，偶爾從遠方傳來的幾聲犬吠，非但沒有打破這裏的靜謐，反而像投入深淵的石子，在黑暗中呻吟着孤寂。

散落在殘雪中的燃放過的爆竹蒂子與隨風飄落的白色鑲紅的紙頭，記下了幾天來宮裏的喜慶。乾隆帝幾天前的御製詩「喜爆聲霆壏穴聽，祥霙積地簌鍾消」可以拿出來作證了。

年前的這場雪，為乾隆帝帶來了異乎尋常的喜悅。各地的封疆大吏早在舊歲，就將奏報瑞雪情形的摺子紛紛送達御前，其中不少奏摺博得龍心大悅。說來，有那麼幾分天意，入冬後的第一場雪偏偏降在了上年夏秋之際被災的甘肅。據甘肅按察使海明於乾隆二十九年（1764）十一月初八日奏報：

> 竊照時屆冬令，雨雪情形關係明歲收成豐歉，上廑聖懷。茲於十月初十日，蘭州省城得獲瑞雪，積地一寸有餘，其蘭州府屬之

狄道、河州、金縣、靖遠，鞏昌府屬之岷州、漳縣，涼州府屬之武
威、永昌、古浪，西寧府屬之西寧、碾伯等州縣，均於初九、初
十、十一等日得雪，自一、二、三寸至五寸不等。

或可謂這是一場「應時瑞雪」。海明稱這場雪「與（於）已種冬麥
及留種春麥地畝均有裨益，至甘省今歲秋成尚稱中稔，約在七分以上，
故糧價較前平減，民情安貼」。

海明的這份奏褶並未立即引得聖心愉悅。在瑞雪上，乾隆帝的標準
可高着呢，他只是淡淡地在這褶子上寫了一個「覽」字。「七分中稔」，
這也正是大學士管陝甘總督楊應琚的提法。十月十九日，楊應琚的一份
奏褶稱：

> 竊照甘省自七月中旬以來，屢得時雨，入土深透，各屬所種
> 秋禾發榮暢茂，胥慶有收，業經臣恭褶奏聞在案。茲已陸續成熟刈
> 獲。據各屬將約收分數，先後呈報前來，臣逐一詳加確核，內除偏
> 被水旱雹霜地畝，暨氣候較寒，向不種秋處所不計外，內秋禾約收
> 九分及九分有餘者，係中衛、歸德（廳）縣丞等二縣廳；約收八分
> 及八分有餘者，係安化、寧州、正寧、武威、寧夏、寧朔、平羅、
> 靈州、淵泉、玉門、踏實縣丞、徽縣、肅州等一十三州縣廳；約收
> 七分及七分有餘者，係河州、西和、崇信、靈台、合水、環縣、撫
> 彝（廳）、張掖、永昌、古浪、碾伯、敦煌、清水、兩當、高台、
> 王子莊州同等一十六州縣廳；約收六分及六分有餘者，係皋蘭、狄
> 道（州）、沙泥州判、金縣、隴西、漳縣、平涼、靜寧、華亭、涇
> 州、鎮原、莊浪（廳）、山丹、東樂縣丞、鎮番、平番、秦州、禮
> 縣、秦安、三岔州判、文縣、成縣、西固州同等二十三州縣廳；約
> 收五分有餘者，係渭源、靖遠、寧遠、伏羌、隆德、固原、花馬池
> 州同、階州等八州縣廳。合計通省六十二州縣廳，約秋禾收成共有

七分有餘。伏查本年甘省夏禾雖有遍被旱傷之處，仰蒙聖恩特蠲額賦，厚示撫綏災黎，已無失所。今秋禾收成獲有七分有餘，雖未甚豐，堪稱中稔。通省黎民，靡不感戴聖主福庇，皆安居樂業。

乾隆帝對此摺的硃批是：「覽奏稍慰。」

十二月十三日，大學士傅恆、劉統勛據此也上了一份摺子，曰：

臣等詳查楊應琚奏甘省被災州縣一摺，單開災重地方十四處，稍重地方十五處，災輕地方七處，尚未勘覆地方十處。其尚未勘覆地方是否成災？暨被災輕重情形若何？並災重、災輕等州縣現在作何分別賑恤之處？摺內未經聲敘。再河州、狄道、碾伯三州縣，摺內既稱俱已改種秋禾，續經勘不成災，而又將河州、碾伯列入夏秋遍被雹水災輕之七州縣內，狄道一州列入尚未勘覆之十州縣內。所奏亦未甚明晰，似應令該督即行查明，詳悉覆奏，以使敘入加賑恩旨。臣等謹擬寫詢問該督寄信諭旨進呈，伏候皇上欽定，並將楊應琚原摺清單呈覽。謹奏。

為此，乾隆帝還下了一道諭旨：

甘省被災各州縣處，地土瘠薄，災後民食未免拮据，業經降旨，加意撫恤，並蠲免額賦，因念新春，尚須特降諭旨，加恩展賑。曾傳諭該督將現在如何賑恤情形查明具奏。今據奏稱災重地方十四處，稍重地方十五處，災輕者七處，其狄道、鎮原等十州縣據稱尚未勘覆。該十州縣秋禾既遍被雹水，是否勘明成災？暨被災輕重情形如何？及災重、災輕各州縣現在作何分別撫恤加賑之處？摺內俱未經聲敘。再河州、狄道、碾伯三州縣既稱俱已改種秋禾，續經勘不成災，而又將河州、碾伯列入夏秋遍被雹水災輕之七州縣內，狄道一州列入尚未勘覆之十州縣內，所奏亦未甚明晰。着傳諭

該督楊應琚，將以上各情節及明春應行展賑並酌量予賑各州縣，速即查明，具褶奏聞，俟朕臨時降旨。欽此。

災荒之時，皇帝藉以整飭吏治，進一步加強對各級官吏的管束，已成為歷代荒政的重要內容。黃宗羲在《明夷待訪錄·置相》中說得好：「天下不能一人而治，則設官以治之；是官者，分身之君也。」因此，廉政是「仁政」的最終保證。幾天來，乾隆帝想的是，加恩展賑，並蠲免本年賦租。

乾隆三十年（1765）以前，災情最重、耗費銀兩最多的，要數乾隆七年（1742）江蘇、安徽二省的水災。是年六、七、八月間，江南淮、徐、揚州一帶，黃河和淮河同時漲水，「水勢漫溢，甚於往時」。江蘇、安徽的江、海、淮、徐、鳳、潁、揚、泗等府所轄五十餘州縣被災，情況十萬火急。據江蘇巡撫陳大受奏稱：「揚州目下河水日逐增長，民間自中人之家，以及極貧下戶，皆流離四散。雖有平糶之官糧、撫恤之公項，亦不能奔走領糶。」安徽鳳陽府、泗州、潁州所屬州縣災民多達二百二十餘萬人，江蘇更倍於此數。乾隆帝聞悉揚州災情，心急如焚，立即諭示：

> 似此情形，實非尋常被災可比，朕心深為軫惻。該督撫等不得拘於常例，務須多方設法，竭力拯救，使災黎稍可資生。以俟水退，倍加撫綏，俾得安其故業，毋致失所。該部即遵諭速行。[1]

他除了免除被水州縣本年額賦以外，又特派直隸總督高斌、刑部侍郎周學健為欽差大臣，「往江南查辦災賑、水利」。

為了使災情通報暢達，不致貽誤賑救，乾隆帝曾諭告臣下：

1　《清高宗實錄》卷一七二。

「夫民瘼所關,乃國家第一要務。用是特頒諭旨,通行宣示,嗣後督撫等,若有匿災不報,或刪減分數,不據實在情形者,經朕訪聞,或被科道糾參,必嚴加議處,不少(稍)寬貸」[1]。

每聞水旱荒災,乾隆帝必是大沛恩膏,大發帑銀。乾隆帝當然銘記經典中所載「夫仁政,必自經界始」[2]「樂歲終身飽,凶年免於死亡;然後驅而之善,故民之從之也輕」[3] 的道理。據載甘肅大吏曾有冒領賑款而致罪者,後來甘肅復災,近臣中有以前事進言者,乾隆帝竟說:「朕寧使官冒賑,不使民枵腹也。」[4]

正是由於乾隆時期「重農、務農、勸農」,獎勸農桑,賑災治河的政策,農業生產力有了較大的發展。乾隆三十年(1765),全國人口達2.07 億人。人口的增加,在耕地面積擴大、高產作物推廣、經濟作物普種的環境下,並沒有產生危機性的後果,相反卻將這一繁盛的局面推向了頂點。

乾隆帝從康熙帝、雍正帝那裏承繼了本來就較為豐厚的家底,加上他本人尤重貯備,使國庫有着充裕的財力,以至庫存倉穀一度達到了4000 萬石。由於購存過多,觸發了糧價的上漲。乾隆十三年(1748),朝廷就糧價上漲進行了討論,為了平抑糧價,決定減少採購量,降低常平倉貯存額,以現額為準。通計 19 省貯穀 3370 萬石,加上社倉、義倉的積穀,估計約合 50 億斤。有了此項積貯才有了乾隆帝「朕寧使官冒賑,不使民枵腹也」的豪言壯語。

甘省的報雪奏褶之後,雲貴總督劉藻於十一月十二日奏報:

1　《清高宗實錄》卷九○。
2　《孟子·滕文公上》。
3　《孟子·梁惠王上》。
4　徐珂編《清稗類鈔·帝德類》「高宗愛民」條。

滇省自交冬令，日間暄暖，入夜濃霜厚露，每隔數日即降雨澤。東川府屬會澤縣已於十月十一、十三等日得雪寸餘，此時雨雪與豆麥最為相宜。目下南豆已長七、八寸及八、九寸大小，麥亦出土四五寸不等，青蔥暢茂，蠶豆已經開花。據兩迤府廳州縣稟報，大概相同，至黔省兩遊各屬節氣稍遲。據布政使錢度稟稱：秋收以後，雨暘適均，田土滋潤，所種菜子，豌豆俱長有三、四寸至五、六寸，大麥出土二、三寸，小麥、燕麥亦有一、二寸不等，日漸長發。兩省春收有兆，現在民夷樂業，邊境粍寧。

乾隆帝見此褶，龍心大悅，立硃批：「欣悅覽。」這可是作臣子所企望不及的。十一月，閩浙總督蘇昌、雲貴總督兼雲南巡撫劉藻、山西巡撫兼管提督和其衷、廣東巡撫明山等皆呈有降雪的奏報。進入臘月以後，各地封疆大吏爭先恐後地將報雪奏褶馳送御前。

初二日，山東巡撫崔應階有奏報雨雪糧價褶，不想由此引發了一場君臣間的冬雪春雨之辯。

崔應階的奏褶曰：

竊照東省入冬以來，屢有雨澤，天氣融和，麥苗滋長。十一月下旬氣候始寒，時屆冬至，麥苗正資蟠根，以待春融透發，二十六日午後，省城同雲遠佈，雪片微零，雖未成分寸，而省城東北各府屬則已瑞雪均沾。現據濟南府屬之鄒平、長山、淄川、新城等處申報，二十六日得雪二寸；又據武定府屬之利津、沾化、海豐、蒲台等處申報，二十六日得雪一、二寸不等；又據萊州府知府汪圻到省面言，二十六日青、萊各屬俱得雪一、二、三寸不等。

瑞雪應時，豐年有兆。所有十一月份糧價，如沂、青、登三府屬較上月互有增減，濟、泰、武、兗、曹、東、萊七府屬俱較上月有減無

增。臣往來兗、泰等府體察民間，還穀完漕俱極踴躍，經過各處市集，米穀雜糧，在在充裕。值此隆冬歲暮，臣隨處嚴飭地方文武，申嚴保甲窩堡，巡緝要路通衢，以期地方安戢，共保盈寧。

對於這樣一份看上去似乎沒有什麼問題的奏摺，乾隆帝卻並不以為然。十二月十九日，就此發了一道上諭：

> 查本月初六日山東巡撫崔應階奏：十一月二十六日濟南、武定、萊州各府屬俱經得雪一、二、三寸不等，此後尚未據奏到。又十一月十四日河南巡撫阿思哈奏：十月二十九日至十一月初一日，各屬得雨一、二次，至該省得雪之處尚未奏報。……

同時被扯進來的還有直隸總督方觀承。十二月初八日，方觀承奏報：

> 竊查直屬入冬以來，久晴過暖，望雪甚殷。惟於十一月二十三日，熱河道屬各廳報得雪三、四寸，宣化府城得雪三寸，永平府屬之臨榆、撫寧以及懷密、通州一帶雪僅及寸，京南無雪。至本月初六日，保定省城僅有微雪飄灑，新城、雄縣、高陽、定興、河間、肅寧一帶得雪一、二寸，茲據通州、良鄉、固安報，於是日得雪五寸。三河、香河、東安、武清、大城、涿州亦同時得雪三、四寸不等。雖大勢尚未普遍，而連日氣候凝寒。由京師漸及於各郡邑，惟盼於臘內均沾優渥之澤也，所有各屬已未得雪情形，理合恭摺奏聞，伏乞皇上聖鑒。謹奏。

本想以繕奏雪情討皇上歡心，不想乾隆帝硃批：「竟不知保定尚未優沾，殊覺可惜，京師左近則皆被澤，天津亦奏報有五寸之澤矣。」

緊接着大學士劉統勛奏旨分別以「寄信」形式給河南巡撫與山東巡撫，傳諭如下：

　　河南巡撫阿　乾隆二十九年十二月十九日奉上諭:「京師附近地方俱於本月初六日得雪,自四、五寸至六、七寸不等,惟保定一帶雖經沾灑,尚未深透。茲據方觀承奏到,本月十六日省城已得雪四寸,因思河南所屬正與保陽迤南地界毗連,本日已據布政使佛德褶奏南陽、汝寧等屬於初五日得雪一、二寸,而該撫阿思哈何以尚未奏聞,豈所轄遠近不同,必待通查會奏耶?着傳諭該撫,令將豫省實在得雪分寸,並各屬現在是否待澤情形,詳查速奏,以慰朕懷。欽此。」遵旨寄信前來。

　　山東巡撫崔　乾隆二十九年十二月十九日奉上諭:「本月初六日,近京一帶附近地方俱經得雪,自四、五寸至六、七寸不等,惟保定迤西一帶沾灑尚未深透。今據方觀承奏到,省城已於十六日得雪四寸。而河南布政使佛德亦同日奏報,南陽、汝寧等屬已得雪二寸,其山東地面正與直豫毗連,前據該撫崔應階褶奏,於十一月二十六日濟南、武定、萊州各屬得雪一、二、三寸不等。日來,尚未據續行奏聞。着傳諭該撫,令其將現在各屬曾否普沾雪澤,並得有分寸幾何,即速詳查具奏,慰朕廑念。欽此。」遵旨寄信前來。

　　這一道道諭旨再一次證明乾隆帝對雪情的重視。對雪獨有情衷,或在異邦人看來幾乎是難以理解的。然而,乾隆帝心中卻有着一條絕對通達的邏輯:降雪即豐登之兆。有了雪,田野便可得到滋培,二麥便可發榮滋長,來歲便可望豐獲。這樣,糧價平減,民情歡欣,社會才能平穩,天下便可大治。因之,在乾隆年間的清宮文書中,將下雪稱為「獲雪」「得雪」,並將奏報雪情這一舉動的最終情由上升為「感召天和」,「仰慰朕懷」。但是,也有那麼個把臣子不解其意,呈報實情者,山東巡撫崔應階便是這麼一位。

　　十二月二十二日,山東巡撫崔應階奏事:

臣查東省本年冬月惟濟南、武定、青州、萊州、登州五府屬於十一月二十六等得有瑞雪，前經臣將已報得雪之處奏明，茲複遵旨詳查，將各屬得雪寸數開具清單，恭呈御覽。其泰安、兗州、沂州、曹州、東昌五府屬尚未報有得雪之處，但距立春尚有二十餘日，各屬種麥地畝亦尚未乾燥，現今二十二日同雲遠佈，天氣清寒，似有降雪之象，容俟瑞雪普沾，臣即恭褶馳奏，仰慰聖懷。

「天運有常，不為堯存，不為桀亡。」[1]「天道圜，地道方，聖王法之，所以立上下。」[2] 照說皇帝老子也管不了老天爺的事，只是這臣子的奏褶如鯁在喉，這不是拿老天爺氣煞皇帝嗎？乾隆帝不願再往下想，只是倦倦地在褶子上批了個「覽」字。

又過了兩日，崔應階繕褶奏報山東省得雪。奏文如下：

十二月二十二日臣接奉諭旨，令將東省各屬曾否普沾雪澤，並得有分寸幾何，即速詳查具奏。經臣遵旨將十一月二十六等日已經得雪州縣開具清單，恭褶覆奏。茲省城濟南府於十二月二十三日巳時起至亥時止，得雪二寸有餘，遠處尚未報到，然是日同雲四合，風定氣寒，所及必廣。臘雪滋培，麥苗有益，農民預慶豐年，遠近喜躍。除查明各州縣得雪寸數，另行奏明外，臣謹先行繕褶馳奏，仰慰聖懷，伏乞皇上睿鑒。謹奏。

就此崔應階也贏得了乾隆帝「欣悅覽」的硃批。然而，這段由冬雪而引發的君臣間的心理糾葛並沒有就此而告終。

崔應階又在乾隆三十年（1765）正月十二日奏報曰：

1　《荀子・天論》。
2　《呂氏春秋・圜道》。

　　竊臣奏報上年十二月份糧價，並附奏十二月二十三日得雪分數情形一摺，於正月十一日奉到硃批：「覽，得雪分數尚欠沾足，於農功有礙否？欽此。」臣跪讀之下，仰見聖主念切民依，無微不至。臣查東省上年入冬以後，屢得雨澤，地土滋潤。臣巡查各處，察看麥苗青蔥暢茂，並不乾燥。於十一月望後地土始凍，麥根蟠結，旋得冬雪滋培，雖通省有得雪尚欠沾足之處，但臣在東五載，體驗二麥豐收，全恃春雨優渥，是以北省農民有「麥收三月雨」之言。將來春分以後，穀雨以前，得邀時雨數番，則通省麥收豐稔可必，就目下情形而論，實於農功並無妨礙。臣謹專摺覆奏，仰慰聖慈，伏乞皇上睿鑒。謹奏。

　　平心而論，乾隆帝對雪澤於二麥生長的作用，理解非常深刻，絕非信口開河，乾隆帝御製詩中信手拈來的詞句，足以令崔應階的觀點站不住腳。

　　乾隆二十四年（1759），遇一場夜雪，乾隆帝以此作詩云：「雖然所樂別有在，利麥祥占氾勝書。」所謂「氾勝書」，是西漢成帝年間氾勝之的農家名著（乾隆帝御製詩中向有省去專門用語中一二字的陋習）。《漢書・藝文志》載稱「《氾勝之》十八篇」，原書已佚，由後人以《齊民要術》及《太平御覽》等書中輯得。所記最突出的農業技術是溲種法、區田法，其次如種麥法等，各法中均有雪澤於二麥裨益的論述。

　　氾勝之曾以輕車使者的名義，在三輔（關中平原）提倡種麥，獲得豐收。他在實踐中將冬雪對二麥的作用總結得尤為精闢，他說：「冬雨雪止，輒以（物）藺之，掩地雪，勿使從風飛去。後雪，復藺之，則立春保澤，凍蟲死，來年宜稼。」又說：「後雪，復如此，則麥耐旱，多實。」氾勝之首創的溲種法云：「（溲種）無馬骨，亦可用雪汁。雪汁者，五穀之精也，使稼耐旱。常以冬藏雪汁，器盛，埋於地中。治種如

此，則收常倍。」這一高明的見解是後世總結的冬雪春化作用的先聲。

　　乾隆帝對冬雪的認識與《氾勝之》十分相近，因此他誦出了「利麥祥占氾勝書」。在乾隆帝早期的御製詩文中，提及冬雪保墒與除滅蝗蟲的詩句頗為多見。如乾隆八年（1743）的一首詠雪詩中道：

> 緬惟臘雪足，遺蝗入地深。
> 更擬餅餌富，慰我三農心。
> 況當苗秀時，時澤尤在今。

於另一首《進宮見路旁禾麥喜而作》詩中有云：

> 昨冬三白誠沾足，遺蝗入地無須卜。
> 今春靈雨復頻零，有秋早幸天錫福。

　　乾隆十七年（1752），乾隆帝聞山東得雪，誦詩誌喜，詩云：「遺蝗入地無復患，舉趾足可興鋤耰。」乾隆二十八年（1763），乾隆帝又為河南、山東皆得雪作詩，云：

> 畿輔昨魯雪，所惜止寸餘。
> 繼茲盈尺佳，尺心常企諸。
> 齊豫騰奏章，報雪一時俱。
> 雖亦未優沾，度寸三已逾。
> 慰遠益切近，敢云可待乎。
> 摛辭興弗軒，軒待六花敷。

　　很顯然，冬雪於二麥的抗旱保墒、除滅蝗害的作用，是其他天露無法取代的。但是春雨於小麥的潤澤也是顯而易見的，尤其是在春雨貴如油的北方。乾隆二十二年（1757），山東普降春雨，乾隆帝作《聞山東得雨誌喜》，詩云：

已悉春霖被全鄭，更希膏澤逮青齊。

封章忽接佳音報，喜在麥膌與菜畦。

　　乾隆十六年（1751），乾隆帝第一次南巡，途中接到京師得春雨的奏章。他體驗了南北不同的春雨，寫了一首誌喜詩，云：

江南恆苦春雨多，冀北恆苦春雨少。

苦少常年我慣經，苦多今來始略曉。

江南冀北皆赤子，目擊耳聞究殊道。

麥將欲秀菜綻花，春雨正佳未致潦。

苦多即目已紓懷，苦少馳望燕云表。

置郵喜復接佳音，一犁普遍今春早。

頃刻兼消兩地愁，況復溟濛煙景好。

　　南巡為乾隆帝帶來了更為直接的農事知識，因此，乾隆三十年時的他已對全國的農業狀況有了十分成熟的認識。山東巡撫崔應階所謂「二麥豐收，全恃春雨優渥，是以北省農民有『麥收三月雨』之言」，雖也非謬說，卻有失一地一域之偏頗。

　　乾隆帝想到古人「瑞麥生堯日，芃芃雨露偏」[1]的詩句，又想到崔氏「高古淡遠，不同凡響」的《研露樓琴譜》[2]，惺惺相惜之心不免油然而生，當下也算釋然。當年蘇東坡作《次韻王滁州》，有「斯人何似似春雨，歌舞農夫怨行路」句。乾隆十一年（1746），乾隆帝作《雪中過定興縣》，借蘇東坡詩句作：

1　張耒《餘瑞麥》，見《全唐詩》卷三一九。瑞麥即多穗之麥，古人以為祥瑞之兆。

2　崔氏一生為官，嗜好古琴。雍乾間與琴家王受白交往凡三十年，得其傳授。後崔氏將受白傳譜精選二十曲輯為《研露樓琴譜》。

坡翁一句記分明，將謂詼諧卻有情。

歌舞農夫怨行路，由來雨雪不相爭。

「由來雨雪不相爭」，這正是乾隆帝此刻的心情。而崔應階的「小諍」也顯示了儒臣「以道事君」，非一味屈從君主意志的「妾婦」姿態。如此思量一番，乾隆帝非常坦然平靜地在崔應階的奏摺上批了「知道了」三個字。

而臘月初七日，出身滿洲高佳氏的高誠[1] 奏報：「天津地方入冬以來，望雪甚殷。茲於十二月初五日戌時起至初六日戌時止，得有瑞雪，積地七寸有餘。……四野俱已沾足。詢之農民，僉稱當茲冬令得此雪澤，實於明春麥苗有益。再現在米糧錢價均屬平減，民情甚為歡暢。」

高誠的這份奏摺，也即乾隆帝硃批直隸總督方觀承初八日摺「竟不知保定尚未優沾，殊覺可惜，京師左近則皆被澤，天津亦奏報有五寸之澤矣」的依據，只是將高誠奏摺中所稱的「七寸」改為了「五寸」。這是乾隆帝胸中的一桿秤，臣子誇大報喜的事在所難免。

此外，還有山西巡撫兼管提督和其衷的奏報：「茲據太原、潞安、大同、朔平、寧武等府屬及保德、絳州直隸州屬，並歸化城各廳屬稟報，於十月初十、十一月二十三並十二月初六等日，各得雪一、二、三、四、五寸至八寸不等，次第消融入土。凡種植冬麥之地，俱得藉以滋長，即播種春麥、雜糧之區亦於春耕有益。」乾隆帝的硃批是：「覽奏分數，似覺尚欠沾足。」

初十日，陝西巡撫明德奏報：「陝西地方西、鳳、同、邠、乾一帶，全以麥種為重……種植二麥之處，必得冬雪滋培，始能根荄穩

1　乾隆二十八年（1763），高誠新任湖北按察使因案犯越獄離職，等待處理，此時，賞員外郎銜巡視長蘆鹽政事務。

固。前於十二月初四日戌時起至初五日寅時止，西安省城天降瑞雪，融化入土一寸，積地尚有二寸有餘，且連日無風，漸次俱已消化入土。並據附近省城之西、鳳、同三府屬各州縣稟報，初四、五等日各得雪一、二寸至四寸不等。滋於初八日午時起至初九日辰時止，西安省城又得瑞雪三寸，連日無風，漸次融化。臣探查四郊，一體均沾，於麥苗大有裨益。此皆仰賴聖主福庇，得以瑞雪應時，明歲二麥豐登可望。」乾隆帝硃批：「欣慰覽。」可以看出，將天時與王道仁政聯繫在一起的讚頌，該是乾隆帝最為受用的。

十三日，河南布政使佛德奏報豫省得雪。緊跟着，十五日，河南巡撫阿思哈又報豫省雪情，兩位大員奏報的當然是同一地的同一場雪。十七日，直隸總督方觀承奏：本月十六日，保定地區同雲曉佈，大雪繽紛，共有四寸，四野均沾。正當臘候，得此嘉澤，麥胎深固，閭閻實深歡慶。這份摺子得到了「欣慰覽」的硃批，算是天遂人願，君臣同喜。進入臘月下旬到轉年正月，全國着實下了幾場雪，在各省大吏中掀起了一陣奏報瑞雪的高潮。

二十日，湖廣總督吳達善奏報：「湖南長沙、常德、衡州、岳州等府於十一月二十七、八等日得雪情形，業經臣恭摺奏聞，此外各府州縣陸續申報同日得雪普遍，十二月初七、八等日，復報得雪二、三寸不等。迨回任查閱，湖北武昌、漢陽、黃州、德安、施南等府屬內據報，十一月二十七、八，十二月初七、初九等日有雪一寸至三寸不等，利川縣同日得雪積厚五寸。其餘各處有報隨下隨化者；有報頻得雨澤者，土脈滋潤，於麥豆甚為有益。兩省糧價均平，民情咸各舒暢。」乾隆帝硃批：「覽奏俱悉。」

二十二日，山西巡撫兼管提督和其衷奏報：「嗣據澤州、平定等府州屬稟報，於十二月初八、十七等日各得雪三、四寸不等。茲太原省城於十二月二十二日子刻起，同雲濃靄，瑞雪繽紛，至申刻末止，諒沾被

必廣，於春田大為有益，此皆我皇上愛養編氓，感召天和，是以瑞雪頻沾，豐登預兆，曷勝額慶。所有現得瑞雪緣由，理合恭褶奏聞，伏祈聖鑒，謹奏。」乾隆帝硃批：「欣悅覽。」

同日，大學士管陝甘總督楊應琚奏報：「陝甘地方大概多以二麥為重，其種植冬麥之處，必須瑞雪滋培，始克根荄穩固，即應種春麥之區，就須瑞雪渥沾，以待來年春播。前臣已將甘省十月、十一月各屬得雪日期，並附近省城各屬復於十二月初八日得雪一寸，遠處尚未報到緣由，於十二月十一日繕褶奏聞在案。迨後即據蘭州、鞏昌、平涼、慶陽、涼州、秦州、階州各府州所屬具報，均於十二月初七、八等日得獲瑞雪自二、三寸至五、六、七寸不等，內鞏昌、平涼、秦州各府州得雪更為優渥。又陝省西安、漢中、鳳翔、同州、乾州、商州各府州所屬亦於十二月初四、五、六，初八、九等日獲瑞雪一、二、三、四寸不等。其遠處各屬雖尚未報到，然勢頗廣遠，諒必均沾。麥地得此滋培，來歲豐收可望，兩省官民靡不歡欣鼓舞。所有兩省得獲瑞雪情形，臣謹恭褶奏報，仰慰聖懷，伏祈睿鑒。」乾隆帝硃批：「欣悅覽。」

二十三日，河南巡撫阿思哈奏報：「本月初五日，豫省河南、南陽、汝寧、陳州、汝陝等屬各得雪一、二、三寸不等，經臣於十五日奏報在案。今省城於十二月二十二日巳時起，同雲密佈，瑞雪繽紛，至戌時止，得雪三寸，四野均沾。又據近省之陳留等縣並衛輝府、延津、汲縣、淇縣等縣各報，同日得雪三、四寸餘不等。時值深冬，得此瑞雪，二麥大有裨益，民情甚為歡慶。正在繕褶具奏間，荷蒙聖慈垂詢，理合詳細奏覆，仰慰聖懷。現在雲氣稠密，尚未晴霽，各屬得雪必廣。容俟報到，隨時續奏所有瑞雪情形。」乾隆帝硃批：「欣悅覽。」同日，還有直隸總督方觀承奏報得雪褶。

另有河東河道總督李弘奏報：「東省地方今歲種麥甚廣，計自入冬以來，天氣晴和。麥地稍覺乾燥，奴才自德州查勘工程至河南交界黃林

莊一帶，民間正在望雪。今於十二月二十二日巳時起至二十三日午時，同雲密佈，瑞雪繽紛，濟寧州城內外積厚二、三寸不等。奴才隨差員分往四郊，逐一查看，雪已遍及，所積更為深厚。現在雲尚濃陰，降雪未止，二麥得此渥澤，發榮滋長，來歲可獲豐收。奴才目睹嘉應並小民歡欣之象，實深忭慶，理合恭褶奏聞，伏乞皇上聖鑒。」乾隆帝硃批：「欣慰覽。」

二十四日，太子太保大學士兼兩江總督革職留任的尹繼善奏報：「江省地方入冬以來，天晴日久，二麥菜豆正望雨雪滋培。茲於十二月二十三日，江寧省城密雨竟日，繼以瑞雪繽紛，積厚二、三寸，連融化入土者約有四、五寸不等，於菜麥大有裨益。看來雲勢寬廣，各屬諒可一體均沾，似此應時臘雪，實為豐年預兆。凡屬農民無不額手稱慶。至上江鳳潁一帶，據報於臘月初五日已得雪二、三寸不等，此次之雪，尚未據各屬報到所有得雪日期，臣謹繕褶恭奏，仰慰聖懷。」乾隆帝硃批：「欣悅覽。」

同日奏報雪情的大吏還有到江南籌辦南巡的兩淮鹽政高恆，奏文如下：

> 竊奴才於二十三日率同運使趙之壁（璧）赴高旻寺、金山、焦山一帶灑掃行宮，查看明春聖駕南巡渡江事宜。是日同雲四野，始而甘雨沾足，繼以瑞雪繽紛，除旋落旋消外，仍積厚寸餘，現尚霏微江岸，點綴山光。緣入冬以來，天氣久晴，正望雪澤，值此瑞應春前，官民商灶無不同聲歡慶。奴才目擊情形，曷勝忭舞，理合恭褶奏聞，仰慰聖懷。

乾隆帝見褶硃批：「欣慰覽。」同日，山東巡撫崔應階亦奏報東省得雪情形事。皇上的硃批是與「欣慰覽」相近的「欣悅覽」。

像兩淮鹽政高恆，本來公務在身，恰遇得雪，來個摟草打兔子，

繕褶奏聞一通，言上幾句冬雪及時、豐年預兆的話，博得皇上的歡心，如此這般上奏的大臣還是大有人在的。二十五日，刑部尚書、暫留江蘇巡撫任的莊有恭有奏瑞雪應時，仰慰聖懷事。莊有恭是這一年九月擢升刑部尚書的，現暫留任江蘇巡撫。十二月，他曾疏言：「松、婁二江宣泄太湖，為東南水利第一。雍正五年大挑後，今三十餘年，江身淺窄日甚，又一切濱湖港道，茭蘆充塞，淤佔成田。若不及早疏治，一遇積雨，數郡平田可慮。臣按上自太湖入運口，下至松、婁水口，應分別開寬疏浚，崑山、新陽之外壩張家橋，青浦之黃渡鎮應開月河，以資分泄。」詔可。[1]

乾隆三十年正月，命莊有恭為協辦大學士，仍管江蘇巡撫事。二月，乾隆帝南巡，賜以詩曰：「重教任蘇撫，近復擢秋卿[2]。豈不輕車藉，要資法綱平。蹕途暫留扈，翰幄自歸併。德政吳松在，何曾讓畢亨[3]。這便是莊有恭江蘇巡撫革職留任的由來。

莊有恭奏報得雪褶文如下：

　　竊照江蘇各屬本年入冬以來，天氣晴和，於差務一切工程均得乘時趕辦完竣，而二麥春花不無望澤。茲於臘月二十三日蘇州同雲密佈，密雨廉纖，入夜風加緊峭，六出爭飛，始猶隨雨旋消，繼乃積而滋厚，城內地面曉來已二寸許。臣於午後稍霽，查勘靈巖、寒山各處工程，則郊外山間寒深凍結，景象尤勝，覺隴畝皆瓊，群峰遍玉，鎧鎧一色，松梢竹杪，猶積三寸而贏，直一幅豐年兆瑞圖

1　《清史列傳》卷二一《莊有恭傳》。
2　《周禮》秋官掌刑律，故以秋卿稱刑部官員。
3　畢亨：明成化十一年（1475）進士，授吏部主事。歷右副都御史，仕至南京工部尚書。該句詩下注曰：「明畢亨開吳淞江，大惠民，前年莊有恭亦奏請疏治蘇、松湖泖圩蕩各工。」乾隆帝誇讚莊有恭治水有成，比之明代賢吏畢亨，可謂不遑多讓。」

也。正屆三九之時，得此應時瑞雪，黃童白叟莫不歡呼稱慶。從此氣機已動，自必續降嘉祥。理合專褶奏報，上慰聖懷。

莊有恭奏褶一通，文脈酣暢，情理並茂，真不愧為乾隆四年一甲一名進士和狀元郎。乾隆帝立批朱筆：「欣悅覽。」

二十七日，護理貴州巡撫印務調任雲南布政使錢度奏報三冬雨雪沾足，預兆豐年事。乾隆帝硃批：「欣慰覽。」同日，閩浙總督蘇昌奏報浙省地方得雪情形，仰慰聖懷事。乾隆帝硃批：「欣慰覽。」

二十八日，太子太傅內大臣[1]江南河道總督高晉奏報瑞雪應時、豐年兆慶事。乾隆帝硃批：「欣悅覽。」同日，浙江巡撫熊學鵬奏報雪情事。乾隆帝硃批：「知道了。」

二十九日，江西巡撫兼提督輔德奏報雪雨及時，農田得濟事。乾隆帝硃批：「知道了。」

乾隆三十年新年伊始，仍然有一些封疆大吏在繕褶奏聞，奏報瑞雪。正月初一日，山西巡撫兼管提督和其衷奏報：

（山西）省城於十二月二十二日申刻接續降雪，至二十三日酉刻方止，除消融外，積地六寸有餘。茲據太、平、潞、汾、大、朔、寧、澤、蒲九府及遼、沁、平、忻、代、保、解、絳、吉、隰十州屬各州縣均報稱，於十二月二十二、三等日各得雪三、四、五、六寸不等，次第消融入土，於春田大為有益。此皆仰託我皇上福庇，是以通省瑞雪普沾，農民歡忭，共慶豐登有兆。

乾隆帝硃批：「欣悅覽。」

---

1 內大臣：官名。清侍衞處之次官。武職從一品，共六人，鑲黃、正黃、正白上三旗各二人。

初三日，陝西巡撫明德奏報：

　　陝西省西、鳳、同三府地方於上年十二月初四、五等日，得雪一、二寸至三、四寸不等。旋於初八日午時起，至初九日辰時止，西安省城又得瑞雪三寸，隨經臣於初十日恭褶奏聞在案。嗣據西、鳳、漢、同四府，興、商、邠、乾四直隸州所屬各州縣稟報，各於十二月初八、九等日得雪二、三寸至六、七寸不等。續於十二月二十二日戌時起至二十三日申時止，西安省城又得瑞雪五寸，因連日無風，俱已消融入土。並據近省之西、鳳、同、邠、乾五府州屬稟報，於十二月二十二、三等日，各得瑞雪二、三、四、五寸不等。

　　臣查陝省十二府州，除省北之延、榆、鄜、綏四府州屬天氣寒冷，不種冬麥外，其西、鳳、同、邠、乾五府州種植冬麥者最多，而漢、興、商三府州亦各種植冬麥多寡不等，去秋雨澤沾足，二麥俱已布種齊全。今仰賴聖主福庇，種植冬麥之處均各連次得雪，普遍沾足。二麥得此瑞雪滋培，根荄穩固，豐登可望。且自得雪之後，各處糧價亦俱較前漸次平減，民情歡忻，氣象盈寧。所有陝省瑞雪頻沾情形，理合恭褶奏聞，伏祈皇上睿鑒。

乾隆帝硃批：「欣慰覽。」

初六日，又有兩通報鄂省雪情的奏褶。一通是湖北巡撫王檢的。云：「湖北各屬上年冬月雨雪應期，麥豆長發，業經臣將查報情形於十二月二十二日恭褶奏聞在案。武昌省城又於是日得雪，至二十三日積累六寸。彌望四郊，同雲密佈，隨據各府陸續報到，均於二十二、三、四日得雪一、二、三、四、五寸不等。瑞雪普遍，麥豆滋榮，且春融土潤，更於播種有益，仰託聖主福庇，今年豐稔可期。現在糧價平減，民情甚為歡暢。」乾隆帝硃批：「欣慰覽。」

　　一通是湖廣總督吳達善的。奏文云:「臣自長沙前至武昌,所有沿途雨雪及各屬報到情形,業經奏明在案。茲於十二月二十二日武昌省城地方先得微霰,隨下隨消,夜半後飛霙達旦,至二十三日午間,雪勢益大,積地六寸,實為深厚沾足。續據湖北、湖南各屬報到者,均於二十二、三、四等日同時得雪,除消融入土外,計積地一、二、三、四、五寸不等。此次得雪極為廣遠普遍,且節屆大寒,不但種麥之處得此培壓,蟠根深固,而土膏融沃於春耕最為得力,洵屬大田豐收之兆,且喜雪後即晴,小民歲事俱覺敷餘。各屬糧價如常,農情歡忭,地方寧謐。所有得雪沾足情形,理合恭褶奏明,伏祈皇上睿鑒。」乾隆帝硃批:「欣慰覽。」

　　乾隆三十年(1765)正月初八日,這一天,帝國大地南北天氣晴好,然而仍有兩位大員在上奏恭報瑞雪情形的褶子。其中之一是刑部尚書、暫留江蘇巡撫任的莊有恭,奏文曰:「新正初六日同雲密佈,入夜六出繽紛,疏密相間,直至初七日辰刻止。除融化外,在城積厚約有寸許。臣差查四郊,高下田疇約有二、三寸不等,二麥春花得借滋培,且相距立春尚有七日,仍屬應時臘雪,農民莫不歡呼稱慶。所有復得瑞雪情形,理合繕褶奏報,上慰聖懷,伏乞皇上睿鑒。」乾隆帝硃批:「欣慰覽。」

　　另一位是浙江巡撫熊學鵬,奏文曰:「杭州省城本年正月初七日子時起,瑞雪沾灑,至巳時積有三寸餘,四野普遍,農民相慶,春收可獲豐稔。」乾隆帝硃批:「欣慰覽。」

　　乾隆二十九年的臘月雪、三十年立春前的正月雪,幾乎灑遍了天朝的大江南北。到正月初八日,紫禁城似仍酣睡在皚皚的雪衣之中。據《大清會典》,宮殿苑囿冬季掃除積雪,由內務府移咨工部及各處隨時舉行。然而,下列乾隆帝御製詩可以證明,這座周長一千六十八丈三尺二寸,南北長二百三十六丈二尺、東西長三百有二丈九尺五寸的宮城仍

然覆蓋着積雪。從新正初一日起至初七日止，皇上寫下了多首詠雪的御
製詩：

竹室口號

收雪將來竹埭培，綠瓊枝覆白瑤堆。

笑非京洛程家宅，卻得遊楊砌下陪。

題涵春室

春節雖遲日[1]，春意遞新年。

雪積祥玉花，爆騰瑞靄煙。

宮城近六街，市語何喧闐。

昨歲幸遇豐，物價平於前。

婚嫁率乘時，景象熙京廛。

可遽雲返樸，通經貴達權。

鏡清齋

冰牀原輾鏡中來，據榻回看鏡面開。

自有一方呈照鑒，本無半點惹塵埃。

延虛恰喜欄邊竹，入影猶疑缶裏梅。

收得臘前雪盈盎，三清便與試茶杯。

另有《千尺雪》詩，乾隆帝幾乎每年新正時節必以此題作詩，詩云：

積餘雪色在山陰，落下銀淙雪有音。

指日寒山聽雪閣，異同此雪費推尋。

茗甌竹鼎伴清嘉，七字剛成趣亦賒。

1　此月十四日為乙酉年立春。

> 彩勝銀鐙概無設，室中宜樸不宜華。
>
> 年前三白佈祥霙，掩映軒櫺倍覺清。
>
> 若問予心喜所託，率因真澤匪虛名。

幾天來，全國上下，普天同慶，可以說是上至君王，下至黎民，無不心喜於新春新歲，尤喜在盛世又一年的豐稔可期。

乾隆三十年伊始，對於乾隆帝本人來說更是意義非同一般。乾隆帝有別於其他君主之處是，他二十五歲繼位為帝時，就將自己在位時間擬以六十年為期。他於乾隆四十三年（1778）東巡謁陵途中向人說出個中奧祕：

> 朕踐祚之初，曾焚香告天云：「昔皇祖御極六十一年，予不敢相比。若邀穹蒼眷佑，至乾隆六十年乙卯，予壽躋八十有五，即當傳位皇子，歸政退閒。第此意向未宣示，眾亦不能深悉也。迨朕六旬大慶後，即敕豫葺寧壽宮，為將來優遊頤養之所，臣工應莫不共聞共見。豈有所偽飾乎？」[1]

其中所謂「第此意向未宣示，眾亦不能深悉也」自不去說，而乾隆三十年正好是其默禱皇天，以六十年為期的一半，這對於自詡為一代明君的乾隆帝來說，當然是不可忘懷的。在《元旦試筆》中，他寫道：

> 順斗鴻龍又轂旋，蒼靈新祉錫敷天。
>
> 丕基敬繼五朝業，大寶欽登三十年。
>
> 益慎盈持將泰保，敢疏夕惕與朝乾。
>
> 乞漿得酒惟農諺，酉熟申堅願稔連。[2]

1　《清高宗實錄》卷一〇六七。

2　該詩下注曰：農諺云云：「歲逢申酉乞漿得酒，申年豐酉年必豐。」

> 曉瞻三素麗璿霄，元祚虔求玉燭調。
>
> 喜爆聲霆壖穴聽，祥霙積地簸鍾消。
>
> 宮梅得氣芳舒萼，苑柳迎春嫩擺條。
>
> 萬里伊犁喀什噶，面東昏賀紫宸朝。

這首詩坦然地表白了自己的政治胸懷，他上承祖輩五代之基業，開拓了「愛養百姓」「本固邦寧」的全盛之世。這一年乾隆帝正當五十五歲，已登基整整三十載，比起一周甲的預期執政時間，此時春秋正富；加之乾隆帝朝乾夕惕，勵精圖治，天下大治，國運昌盛。

上年十二月初六日，乾隆帝曾寫下一首《雪》詩，云：「入冬雖盼六花舒，又慮無厭蜀望予。」說的正是申年（乾隆二十九年，歲次甲申）秋成倍稔，是一個大豐收年。入冬後乾隆帝望雪甚殷，但卻自知求全不能太過，且地氣還算含潤，冬至亦遲，故不至迫切窘待。就在這樣的期盼心情下，終於得降瑞澤，而且尚在立春日之前，欣承之下，又生出一種全美之懼。現在正應了「歲逢申酉乞漿得酒，申年豐酉年必豐」的農諺，真有一種天遂人願、時來運轉之感。

京師民諺「善正月，惡五月」又為乾隆帝平添了幾分暗喜。他在一首《乙酉元旦》的詩中寫道：

> 歲時月吉慶三元，青陸祥光燭紫垣。
>
> 必世若稱王道始，後仁惟愧魯論言。
>
> 朝正敬受萬方賀，迓祉顒祈五穀蕃。
>
> 家宴乾清歌具爾，天潢奕葉衍長源。

《論語・子路》載，孔子說：「如有王者，必世而後仁。」「世」的古意為三十年時間。在孔子看來，假若有王者興起，一定需要三十年才能仁政大行。這可以說是喜上加喜，有了瑞雪的滋培，乾隆帝於初八日

前日發佈諭旨：

今春朕恭奉皇太后安輿，四巡江浙。東南黎庶望幸情殷，宜佈
渥恩，用光盛典。前此三經臨幸，恩旨疊頒，所有江南省積欠地丁
等項，蠲免至二百餘萬兩。維時地方大吏，率多遵循舊例，例所應
蠲者，不論災熟積欠，並予豁除。而於因災緩帶之項，其中有例不
准蠲者，轉未獲一體邀恩，於情理未為允協，因思成熟地畝，當年
出產本豐，自不難踴躍輸將，年清年款。其陳積未完者，實不免豫
覬恩膏，有心觀望，若因災停緩之糧，勢由歲歉不齊，致滋逋負，
初非玩戶抗延之比。今翠華所過，慶典聿修，而此等祓薄窮黎，未
蒙溉澤，朕心深為軫念。着加恩將江蘇、安徽乾隆二十五年以前，
節年因災未完，蠲剩河驛俸工等款，並二十六、七、八三年，因災
未完地丁河驛等款，以及二十八年以前，節年因災未完漕項，暨因
災出借籽種口糧、民借備築堤堰等銀一百四十三萬餘兩，又籽種口
糧內米麥豆穀十一萬三千餘石，概予蠲免。至浙江一省額賦，本較
江南為少，其積欠亦屬無多。着將乾隆二十六、七、八三年因災未
完地丁銀兩，並二十七年屯餉沙地公租，二十六、七兩年未完漕項
等銀十三萬二千五百餘兩，又二十八年借給籽本穀一萬三千七百餘
石，加恩悉行蠲免，以均惠愷。

該督撫等，其董率所屬，實力詳查妥協，副朕嘉予元元至意。
倘有不肖胥吏，從中舞弊，影射侵漁，察出即與嚴參，從重治罪。
該部遵諭速行。欽此。

乾隆帝曾諭告臣下：「誠以民為邦本，治天下之道，莫先於愛民。
愛民之道，以減賦蠲租為首務也。」[1]乾隆朝蠲免錢糧次數之多，數目之

1　《清高宗實錄》卷九。

眾，在歷朝歷代中可以說是空前絕後的。他曾五次「普免天下錢糧」，共蠲免賦銀二億兩。這絕非輕而易舉就能做到的，不僅顯示了乾隆帝軫念黎元的「愛民之心」，也體現了他令海內外「共享升平之福」的寬博胸襟。

說到申年的豐稔，那是全國範圍內的大豐收。然而帝國疆域遼闊，即使天恩浩蕩，也有不能周全的地方。這一年奏報朝廷的摺子就有大學士管陝甘總督楊應琚的《奏報督辦甘省被旱州縣賑濟情形摺》、安徽學政梁國治的《奏報地方被水撫賑及雨水糧價情形摺》、陝西巡撫明德的《奏報雨水田禾及趕運賑恤甘省糧石情形摺》、甘肅布政使恆光的《奏報查察河東各屬災賑糧運地方情形摺》及湖廣總督吳達善的《奏報湖南益陽縣加賑情形摺》，等等。各地或偏災不重，或賑恤及時，多未釀成一方之災害，唯甘肅的旱災與湖北的澇災令乾隆帝安心不下。

在蠲免南巡沿途積欠的同時，乾隆帝毅然宣諭天下，加賑甘省鄂省災民。在諭蠲免令的同一天，乾隆帝諭示：

> 去歲甘省夏秋偶被偏災，各州縣業經降旨，令該督等加意撫綏，照例給賑，並蠲免本年額賦，以示優恤。但念該處地土瘠薄，當此青黃不接之時，例賑將停，麥秋未逮，小民口食，恐尚不免拮据，着加恩將災重之皋蘭、金縣、渭源、靖遠、紅水縣丞，沙泥州判、鹽茶廳、山丹、東樂縣丞，平涼、隴西、通渭、會寧、安定等十四州廳縣，無論極次貧民，概行展賑兩個月。稍重之漳縣、固原、張掖、武威、鎮番、平番、古浪、永昌、西寧、中衛、靜寧、隆德、莊浪、靈州、花馬池州同等十五州縣，無論極次貧民，概行展賑一個月。該督其董率屬員，實心查辦，毋令胥吏侵蝕中飽，務俾貧民均沾實惠，以副朕軫念邊氓之至意。該部遵諭速行。欽此。

次日，乾隆帝諭旨：

上年湖北黃梅等各州縣，偶被水災，已經疊降諭旨，加恩賑恤撫綏。嗣據該督撫等奏報，被水之區，補種收成均有六、七、八分不等，民情已為寧貼。第念藉賑貧民，向資官廩，入春東作方興，正在青黃不接之際，若驟行按例停止，未免糊口維艱，深為軫念。着再加恩，將被災較重之文泉、監利、黃梅三縣及毗連之廣濟一縣，無論極次貧民，俱展賑一個月，並酌借籽種，以資耕作。其沔陽、漢川、漢陽三州縣及勘不成災之江夏、武昌、咸寧、嘉魚、蒲圻、興國、大冶、黃陂、黃岡、蘄水、黃安、蘄州、石首等十三州縣，收成究屬稍歉。亦着該方官，酌借常社等倉穀石，接濟口糧籽種，俾得盡力南畝，以待麥秋。該督撫等董率屬員，實心經理，務使小民均沾漑澤，副朕加惠元元至意。該部遵諭速行。欽此。

與三道上諭同時，乾隆帝做御詩三首。《降旨免江浙積欠詩以誌事》云：

> 曰體曰助重時巡，嗟爾司農聽絆緰。
> 百姓已皆注耳目，三年又復有遺陳。
> 持籌漫計贏巨萬，投匭都教豁窶貧。
> 仍慮十行或遺略，屆期應更細咨詢。

《降旨加賑甘肅去歲被災州縣詩以誌事》云：

> 新正將南巡，頒諭豁逋賦。
> 江浙人則幸，他亦予民庶。
> 弗被災或可，被災深廑慮。
> 甘肅昨夏旱，申命已周助。

正供早與豁，恤民何礙屢。

加賑宣恩綸，極次計月付。

推行在有司，其善實惠佈。

又，《隆旨加賑湖北去歲被水四縣》云：

萬方豐歉一心存，酌劑寧教靳德言。

被水雖雲僅四縣，望賙亦廑有黎元。

旬宣洛爾頒錢穀，老幼俾其獲飽溫。

豐省實多報欠少，慶斯即是沐天恩。

寫完了最後一首詩，許是乾隆帝該寬衣入睡了……

壹．

後宮朝祭　弗墜遺風

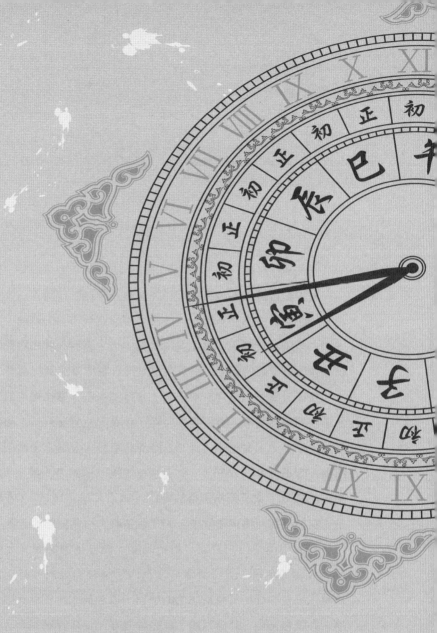

寅正

四時　朝祭

清晨四時許，例行的坤寧宮朝祭舉行。這是薩滿教
的儀式，祭奉的神祇因某種自然物或人物有惠於部
族而偶有增加。被賜食那難以下咽的不放鹽的半生
的祭肉，在當朝的臣子看來是一種可以炫耀的殊榮。

　　東方微微露出些許白色，約摸在寅正時刻，伴隨着三弦、琵琶的合奏，一曲祭神曲悠然響起。它並沒有喚醒京城市井的鼾睡，只是像幽靈一樣，縈繞在皇宮殿宇的上空。所幸的是，滿族人並未將征服者的神祇強加在漢族百姓的頭上，只是清皇室每日在坤寧宮例行朝祭。

　　祭天於堂子，祭神於坤寧宮，這是清皇室入關後保存的舊俗。堂子為滿族神廟的稱呼。努爾哈赤時期，曾在興京赫圖阿拉、遼陽東京城建堂子以祭神，天命十年（1625）遷都盛京後，又建堂子於盛京城大東邊門內。崇德元年（1636），皇太極在瀋陽改國號為「清」，登上皇帝寶座，並確立了堂子祭為國祭的地位。順治二年（1645），在紫禁城東南長安左門外御河橋東建堂子，即今台基廠大街北口路西一帶。

　　皇太極稱帝後，訂立了后妃制度，冊立了清朝歷史上的第一位皇后，移住清寧宮，並將清寧宮作為內廷祭神的場所，訂立了一套祭祀規制。設祭神場所於皇后居處的中宮，取義於「帝王應天顯命，洪敷化理，必肇自宮壺，乃達家國，以迄於萬方[1]」。坤寧宮祭神，正是移植了瀋陽清寧宮舊制，於坤寧宮中供奉神位，由皇后每日行禮，或設一女官代之，該女官冊立「食三品俸，名曰薩滿」。

　　乾隆帝於十二年（1747）頒行了《欽定滿洲祭神祭天典禮》，用滿

1　中國第一歷史檔案館藏宮中詔書第一二九號。

文印刷出版，以此來規範滿洲族群的祭祀。全書備載祭神、祭天、背燈、獻神、報祭、求福等各種祭祀活動的祭期、祭品、儀注、祝辭及所用器皿形式圖等，是滿洲薩滿祭祀禮俗的集大成者。為使其純一篤實的民族精神得以延續，乾隆帝親自為該書作序，於每一卷修成，「必親加釐正，至精至詳」，期望此書成為滿洲祭祀活動的準則，「庶滿洲享祭遺風，永遠遵行弗墜」。

隆重的祭禮

坤寧宮位於交泰殿後，帝宮中軸線南向正中，宮廣九楹。左邊東暖殿和右邊西暖殿，建於康熙三十六年（1697），東暖殿中懸掛乾隆帝御筆手書《坤寧宮銘》，其中有云：

> 昔在盛京，清寧正寢。建極熙鴻，貞符義審。思媚嗣徽，松茂竹苞。神罔時恫，執豕酌匏。

這段文字充分表達了乾隆帝祭神時的虔誠。其中「執豕酌匏」一句講的是，祭祀時，將院子中的一根叫作「索莫」（somo）的杆子立起，稱之為立杆祭天。索莫杆子頂端有一個用錫做成的斗，形如淺碗，祭祀時殺豬一口，男子們脫帽向索莫杆子行禮，婦女不得參加。人們還將豬腸及肺肚等內臟放在錫做的斗中，用來餵飼烏鴉。據説，此舉是因為烏鴉救過滿洲祖先，因此，滿洲人以報恩的方式加以祭祀。這在《滿洲實錄》中有詳細記述，並配有《神鵲救樊察》圖。鴉鵲作為滿人的圖騰，是絕對禁止捕殺，絕對忌食的。其宗教意義在於，標誌出神靈的來路，並建立起與它的連接。

坤寧宮左右之東西暖殿又與昭仁、弘德二殿相對。東暖殿之東為永祥門，稍北為基化門；西暖殿之西為增瑞門，稍北為端則門，俱

為西出。宮東廡為壽膳房，西廡為壽藥房，宮後北正中為坤寧門，門東西兩廡，西廡西北隅為太醫值房。坤寧宮、永祥門、基化門、增瑞門、端則門，皆因襲明制，唯坤寧門承明代舊名，移御花園之南，是一套自成一體的宮苑建築群。滿族人的神祇將在這裏接受宮堂崇祀的榮光。

坤寧宮的主人是皇后，在明代，這裏便是皇后的寢興之所。清襲明制，皇后居中宮，主內治。順理成章，皇后也是坤寧宮朝祭的主祭人。朝祭設於日出之前，分為月祭、常祭兩種。月祭於正月初三及每月初一寅時舉行，常祭則是在上述日子以外的每天同一時辰舉行。乾隆三十年正月初八日這一天舉行的是常祭。

日復一日的祭祀莊重而繁縟。坤寧宮朝祭伊始，預先將鑲紅片金黃緞的神幔用黃棉線繩穿繫其上，懸掛在西山牆所釘雕龍頭鬆金紅漆三角架上，再以淨紙兩張各四褶，並用縷線四掛於神幔兩端，异供佛之鬆金小亭連座，奉安於南首啟旁門，次於神幔上懸菩薩像，又次懸關帝神像，均置於大炕上，東向供奉。在乾隆帝心中，民族精神和民族傳統至關重要。這樣一個場面是薩滿教認為神無處不在、可隨處祭拜觀念的再現，也充斥着騎馬民族於山巔、於草原享祭神靈的遺風。

朝祭所供神位有釋迦牟尼佛、觀世音菩薩、關聖帝君，一個混雜的多神崇拜的排列。將神祇置於炕上進行祭祀，概為滿族薩滿教祭神之特質。而這些置於薩滿教萬神殿崇高位置的「客神」，又證明了佛教及漢族文化對薩滿教的巨大影響。

炕上另設置紅漆大低桌兩張，桌上各供香碟三隻，淨水三盞，方切灑糕分為十盤，以九盤供於桌上，一盤供於桌下。北首炕沿前鋪黃花紅氈，設司祝叩頭小低桌。司俎太監等預先在中間屋內鍋前地上，設油厚高麗紙二張，進包錫紅漆大桌二張，西向，分為兩行，各置於油厚高麗紙上。屆時司香點香，司俎太監、司俎等進豬二頭於坤寧宮門外之右

首，皆北向。

　　一切準備停當，時辰已到，奏三弦、琵琶之司俎太監二人，司俎官、司俎八人，首領太監二人，依次進入。三弦、琵琶在前，其次十人分作兩層排開，均向前盤膝而坐。

　　這時奏起三弦、琵琶，鳴響拍板。其後司俎薩滿巫師二人屈一膝跪，拊掌，司香舉神刀授給司祝，司祝乃執神刀進司俎等。此刻復奏三弦、琵琶，鳴拍板，拊掌。司祝行一叩頭禮，興，司俎等唱着「鄂囉囉，鄂囉囉……」，用滿語俚歌助讚。

　　司祝擎神刀禱祝三次，誦歌一次。擎神刀禱祝時，司俎等復歌「鄂囉囉」，誦神歌三次如前儀。這樣往返九次而告一段落。司祝跪下一叩頭，興，然後再禱祝三次，以神刀授於司香。這時又奏起三弦、琵琶，鳴響拍板，眾人起立，避於兩側。司香移司祝叩頭小低桌於北首。

　　皇后在北行禮。司俎官、司俎等都退至門外，留司祝、司香、司俎婦人、太監等在內。

　　皇后進至朝祭神位前，合掌致敬。她星眸半閉，雙脣輕輕地嚅動着。皇后儀態端莊，頭着染貂朝冠，朝冠上綴紅纓，中安金累絲三鳳冠頂一座，嵌三等大東珠一顆，二等東珠九顆，三等東珠四顆，四等珍珠三顆，另有小珍珠四十八顆；紅纓上周飾金鳳七隻，嵌二等東珠六十三顆，小珍珠一百四十七顆，貓睛石七塊。朝冠後飾金翟鳥一隻，上嵌小珍珠十六顆，貓睛石一塊。翟尾繫鑲青金石、金桃花垂掛一件，上嵌二等東珠六顆，二等珍珠五顆，三等珍珠六顆，四等珍珠三百零二顆。額戴鑲青金石金約（箍飾）一圈，嵌二等珍珠十三顆，後繫鑲松石、青金石垂掛一件，嵌二等東珠十六顆，二等珍珠五顆，三等珍珠十六顆，四等珍珠三百二十四顆。頸懸鑲珊瑚金領約（項圈）一件，嵌二等珍珠十一顆，三等珍珠四顆，二等珍珠四顆；及珊瑚背雲（扁圓狀的墜飾）二個，松石墜角（珠玉狀的墜飾）四個。耳飾金珥三副，鑲頭等珍珠

十二顆。胸前掛朝珠三盤，中束珠　、珊瑚二。其珠光寶氣早已是無以復加，光彩炫目，令人仰慕。

皇后身着石青色朝服朝褂，片金緣，繡文，前後繡有立龍各二，華貴無比。下通襞積（衣裙上的褶襉），四層相間，上為正龍各四，下為「萬福萬壽」，領後垂明黃條，其飾珊瑚墜角。厚實的綾緞與精巧的紋飾在月光雪色的映照下，雍容華貴，令人歎為觀止。作為一個人口較少的群體，要來統治這樣一個巨大的帝國，其招數之一就是在維護舊制的同時，用華麗的儀表來迷眩你的眼睛。皇后的朝袍色用明黃，披領及袖俱石青，片金如貂緣，肩上下襲朝褂處亦加緣，繡文為九條立龍，間以五色雲。中無襞積，下幅八寶平水，披領繡行龍二，袖端為正龍各一。袖相接處又有行龍各二。領後垂明黃條，其飾珊瑚墜角。朝袍內另有朝裙，亦為明黃色，片金加海龍緣，上用紅織金壽字緞，下為石青行龍妝緞，皆正幅，有襞積。煌煌粲然，無與倫比。

是時，司祝先跪，皇后隨之亦跪。司祝祝畢，皇后向神佛行禮，興，退。司祝叩頭，興，合掌致敬。司香撤去佛、菩薩前供淨水二盞，闔供佛於小亭門，撤菩薩像，恭貯於黃漆木筒。隨後，司俎、太監等恭舁供佛小亭並所供二香碟移奉於坤寧宮西楹大亭，又將香碟供於小亭座，移置於後。復移神幔稍南位，這時關帝神像居正中，所供淨水並香碟皆移正中，奏三弦、琵琶，鳴拍板，誦神歌。神歌的祝辭曰：

上天之子，佛及菩薩，大君先師，三軍之帥，關聖帝君：戊戌年生小子烏拉納喇，今敬祝者，豐於首而仔於肩，衞於後而護於前。畀以嘉祥兮，齒其兒而發其黃兮。年其增而歲其長兮，根其固而身其康兮。神兮眂我，神兮佑我，永我年而壽我兮。

佛多媽媽

禱祝辭中自稱「戊戌年生小子」的便是皇后本人烏拉納喇氏。她生於康熙五十七年（1718），於雍正年間被冊為皇四子弘曆的側福晉。乾隆帝登極不久就被冊立為妃。乾隆十三年（1748）三月，孝賢皇后去世後，因宮中無人統攝，時為嫻貴妃的烏拉納喇氏於七月被冊立為皇貴妃，攝六宮事。乾隆十五年（1750）又冊立為后，主內治。

坤寧宮「西大炕供朝祭神位，北炕供夕祭神位」[1]。這一天申時的夕祭，皇后將移祭佛立佛多鄂謨錫瑪瑪，即所謂「樹柳枝求福之神」，或為保嬰童而祀。此時未滿五周歲的皇子有皇十五子和皇十六子，後者因早殤而未命名，前者即後來的嘉慶帝。如果說朝祭釋迦牟尼佛、觀世音菩薩、關聖帝君還與中原漢族文化相通的話，那麼夕祭之居右的穆哩罕神群、居左的蒙古神和居中的畫像神，實即滿族「祖先影像」。而「樹柳枝求福之神」——佛立佛多鄂謨錫瑪瑪則完完全全是一個滿族特有的宗教神。此神的祭祀與坤寧宮朝祭的其他諸神不同，為求福時所專祭。其祝祭諸神中，唯有佛立佛多鄂謨錫瑪瑪隨時可以附祭求福。

佛立佛多鄂謨錫瑪瑪在民間亦呼「佛多媽媽」。「佛多」（fodo）是滿語，意思是「求福跳神豎立的柳枝」，「媽媽」或「瑪瑪」（mama）是滿族對老年婦女的尊稱，直譯為「柳枝祖母」。佛多媽媽是滿族淵源流長的始祖母女神。早在人類洪水時期，就有「佛多媽媽與十八子」的神話。

相傳古時候，洪水泛濫，世上一切生靈都被淹沒了，一切生命都停止了。只剩下一塊石頭，叫烏克伸；還有一棵柳樹，叫佛多媽媽。它們兩個分兩處噴火，這樣洪水漸漸消退了。後來，它們不知為什麼打起來

1　嘉慶《大清會典事例》卷八九四。

了，阿布卡赫赫（即天女）看到後勸解說：「不要再打了，你們可以結成夫妻。」石頭烏克伸和柳樹佛多媽媽結合後，生了四男四女。這四男四女又相互結為夫妻，生兒育女。後來四女都同自己的丈夫反目，把丈夫殺死，帶着兒女們向北遷徙，來到了現在的黑龍江下游，成為赫哲等民族的祖先。若干年後，石頭烏克伸和柳樹佛多媽媽又生了四男四女，他們又互為夫妻，生兒育女。接下來四女又與自己的丈夫反目，殺夫後帶着兒女們向南來到了現在的黑龍江上游，成為達斡爾、鄂溫克等民族的祖先。再後來石頭烏克伸和柳樹佛多媽媽又生了一男一女，他倆結成夫妻，生兒育女，經過世代繁衍生息，由此孕育了後來的滿族。

關於佛多媽媽的神話還有柳葉生人，柳枝變美女與人結合生育了滿洲，女真天母阿布卡赫赫的女陰變成柳葉，落到人間，生育了萬物與族群，佛多媽媽也是由女陰——形體為柳葉演化的女神，等等。因此，皇后所祭「佛立佛多鄂謨錫瑪瑪」只是為省音而稱為「佛多媽媽」，她是柳葉之神，同時也是生殖神、祖先神，她具有守護與賜福的神力，是滿洲的保護神。

如此求福祭禮的儀式，必須在祭前數日，由行祭祀的司俎官、司俎與司香等，選無事故的滿洲九家，攢取棉線並綢片，敬捻線索二條，並縫紉小方戒綢三片。在釀醴酒前一日，司俎官二員帶領司俎二人、司俎薩滿巫師二人前往瀛台，會同奉宸苑官員監視，砍取高九尺、圍徑三寸之完整柳樹一株，以黃布袱包裹齎至，暫置於潔淨處，屆期安設樹柳枝石於坤寧宮戶外廊下正中，柳枝懸掛上鏤錢淨紙條一張與三色戒綢三片。

神位仍如朝祭儀式，懸掛神幔供畢，大低桌上供香碟三隻，醴酒三盞，豆擦糕九碟，爍糕九碟，打糕九盤。炕沿下供醴酒一樽。西炕南首設求福紅漆高桌一張，桌上供醴酒九盞，煮鯉魚兩大碗，稗米飯兩碗，水子兩碗，其爍糕、豆擦糕、打糕皆於桌上，各以九數層累擺列。高桌

後西炕上設褥二牀，以練麻一縷繫於神箭之上，以九家中攢取之各色棉線捻就兩條，暫懸掛於神箭之上，神箭立於西炕下所設酒樽之北。其捻就黃綠色棉線繩索上，以各色綢片夾繫之，其首端繫於西山牆所釘鐵環，末一端則穿出戶外，繫於柳枝。一切就緒，司香婦人等鋪上叩頭用的黃花紅氈。

此時，皇后親詣行禮，入坤寧宮，立於南首。司俎首領太監、司俎太監等如朝祭儀式，席地列坐，奏三弦、琵琶，並鳴拍板。司祝進，擎神刀，誦神歌，禱祝三次：

> 佛立佛多鄂謨錫瑪瑪之神位，戊戌年生小子烏拉納喇，今敬祝者，聚九家之彩線，樹柳枝以牽繩。舉揚神箭，以祈福佑，以致敬誠。憫我戊戌年生小子，憫我戊戌年生小子，綏以多福，承之於首。介以繁祉，服之於膺。千祥薈集，九斂阜盈。亦既孔皆，福祿來成。神今貺我，神今佑我。豐於首而仔於肩，衛於後而護於前。畀以嘉祥兮，偕老而成雙兮，富厚而豐穰兮，如葉之茂兮，如本之榮兮。食則體腴兮，飲則滋營兮。甘旨其獻兮，朱顏其鮮兮。歲其增而根其固兮，年其永而壽其延兮。

太監等隨歌不住唱和「鄂囉囉，鄂囉囉」，似在驅趕附體的惡魔。

禱畢，司香舉線索、練麻、神箭授於司祝，司香及司香婦人舁西首所設求福高桌移出戶外，供於柳枝前。司祝左手擎神刀，右手持神箭，隨出戶外，立於桌前。這時司香婦人在檻內鋪上一塊黃花紅氈，皇后在檻內東首而跪。司祝於桌之右首，對柳枝舉揚神箭，以練麻拂拭柳枝，再次誦神歌。禱畢，司祝東向鞠躬，舉揚神箭，奉練麻於皇后，皇后三抒而懷之。是時，鳴拍板，司祝再次誦神歌，太監等再次附和唱誦「鄂囉囉」。

於此皇后一叩頭，興，坐於西炕所鋪褥上，將桌上供酒淋灑於柳

枝上，並將桌上所供糕點夾於柳枝所有枝杈之間。同時，司香及司香婦人將求福高桌置於原處，司祝也進於神位前，舉揚神箭，又如前誦神歌一遍。禱畢，再次奉練麻於皇后，皇后三捋而懷之，如前儀。每一捋，太監等仍歌「鄂囉囉」。司祝以神刀授於司香，取神箭上所繫之線索兩條，其神箭亦授於司香，司香以神箭置於原處。

　　皇后進於神位前，跪於常祭行禮處。一司祝奉一條線索於皇后繫掛。另一司祝於西首跪祝，祝畢，一叩頭，起身合掌致敬，皇后也同時一叩頭，然後起身，仍回坐於西炕所鋪褥上。司祝及司香等將所供福胙盛於碟內請皇后受福，受福畢，這套儀式才告結束。然而，即便是皇后還宮，所餘福胙均不得出戶，俱分給司俎及宮中太監等食之，不能有分毫剩餘。魚之鱗刺也須由司俎官等持出，投於潔淨河中。柳枝上所夾之糕點亦令眾人食之，不得稍有餘剩。皇后所掛線索，過三日後方可解下，並由皇后本人親持入坤寧宮，授於司祝，司祝接受後貯於一囊內懸掛起來，皇后一叩頭後還宮。

　　整個儀式莊重肅穆，雖然佛多媽媽在神格上似遜於朝祭其他三神位——釋迦佛、菩薩與關公武聖，但在其親疏上，祭柳枝求福之神卻是「一切禮儀，俱行之已久，燦然美備，無可置議」[1]。因此，對於滿洲人來講，那釋迦牟尼佛乃是至上神，是非敬不可的；那觀世音菩薩也是大慈大悲，沒有不禮的道理；那關聖帝君則是忠義的化身，又是要做給漢人們看的。以上三神是尊而不親，唯有「佛立佛多鄂謨錫瑪瑪」才是滿洲人的祖先神、保護神，在諸神中，她卑而不疏，植根於滿洲人祖祖輩輩精神家園的中心。

1　《欽定滿洲祭神祭天典禮》卷一「祭神祭天議」條。

受胙神肉

正當坤寧宮中等人唱着神歌「鄂囉囉」的時候，主廚太監早已將兩口活豬準備就緒。這兩口豬便是朝祭所用的「神豬」。老滿洲的習慣，這神豬原必須是家養的，也必須是純黑色的。選定後在豬的耳朵上作一記號，便可稱為神豬。神豬要特殊餵養，待膘肥肉厚時方能宰殺。後來，沒有家養神豬的話也可以購買他人養的豬，但必須遵循的戒律是，其重量至少要在二百斤左右。皇家的神豬就自不必說了。

司祭的人們把神豬的嘴和蹄用麻繩捆綁起來。因釋迦如來、觀音是不茹葷、不視殺生的，故司香敬請如來、觀音安奉於西暖閣內大佛亭，置於神幔後西大炕正中繪花紅漆抽屜桌。待到把關帝神像移至正中，所供淨水並香碟祭神之物擺放妥當之後，奏起三弦、琵琶，鳴響拍板，人們回坐原處。這時司香婦人斂氈三折鋪於近炕沿處，司香舉台盞授以司祝，司俎太監等便將大大的神豬舁置炕沿下，豬首西向擺放好，司俎薩滿巫師上前屈一膝跪下將豬按住，司俎官及司俎首領太監、內監等又一次奏起三弦、琵琶，鳴起拍板，拊掌。在這當兒，司祝跪於炕沿下那三折紅氈之上，斜向西南舉台盞，獻淨水一次，司俎等照例唱着神歌「鄂囉囉」。獻畢，司祝致禱，以二盞淨水合注於一盞之中，司俎薩滿巫師執住豬耳，司祝接過那盞淨水，將水灌入豬耳內。

按《重訂滿洲祭神祭天典禮》，「太古無酒，用水行禮」，即「用淨水灌豬耳，古名曰元酒」。滿洲人的信仰，當水灌入豬耳內後，要觀察豬的耳朵動不動。如果豬耳馬上抖動，則是吉兆，意味着神靈已經接受了這一神豬，人們當下歡呼行禮；如果豬耳不動，就繼續灌水，直至抖動為止，如果還不動，就要更換神豬了。

一切進行順利，司祝停止灌水，唱起神歌。神歌的主祭人仍然是皇后，祝辭很短，唱道：「上天之子，三軍之帥，關聖帝君：戊戌年生小

子烏拉納喇，戊戌年生小子烏拉納喇，敬獻粢盛，嘉悦以享兮。」祭奉的神祇是關聖帝君。唱罷，司祝以台盞授予司香，並向神豬叩頭，瞬間三弦、琵琶、拍板戛然而止。司俎薩滿巫師執豬尾移轉豬首向東，司俎太監等進前舁豬暫順於包錫大桌之上。

此時，司香舉台盞授於司祝，司祝接受台盞。眾人舁第二口豬入門，然後獻淨水灌豬耳如前儀，獲得豬耳抖動的吉兆後，也將其置於包錫大桌上，令二豬皆首西向橫臥。每張包錫大桌前，各有兩名司俎婦人舉一銀裏木槽盆預備接血。司香婦人撤出氈墊，進上紅漆長高桌，置於西炕前，以接血木槽盆列於高桌上，撤去所供糕點。司俎太監左手行刀，將尖刀刺入神豬的心臟。待到其氣絕後，司俎等人轉豬首順桌向南直放，然後去其皮，按節解開，分成九塊，煮於大鍋內。不過其頭上留一小撮毛小鬏鬏，用紅絨頭繩紮着，還有頭、蹄及尾俱不去皮，唯燎毛弄淨，亦煮於大鍋內。據説煮豬的湯，是進關後從東北盛京清寧宮的鍋裏舀出來的，用專車運到北京，以此來弘揚祖宗一脈相承，啟發後人慎終追遠之志。

坤寧宮的正殿就像是一間極大的廚房，灶王爺的神位也設在這裏。這裏有井臼，還有柴米油鹽醬醋茶，還帶有宰割場，還安有兩口大鍋。鍋是特別的大，説是能夠煮一整頭肥豬。司俎們將髒腑置於錫裏木槽盆內，抬出置於另外的房內，整理潔淨，並舁進用於盛血的木槽盆，就地安置。一司俎薩滿巫師進前屈一膝跪於高桌前，灌血於腸，並將其煮於鍋內。司俎太監等置皮於木槽盆內，撤去包錫的兩張大桌及油厚高麗紙，一下子宰割時落下的血污全無，一切動作井然有序，絕無慌亂。唯有豬膽與豬蹄甲貯於一紅漆小木碟內，置於炕上所設之大低桌北首邊上。

等肉熟至七八成時，司俎太監細切胙肉一碗。每碗擺設一雙筷子，供於大低桌正中。以二豬之肉分置兩銀裏木槽盆內，前後腿分設四角，

胸膛向前，尾椿向後，肋列兩旁，合湊畢，置豬首於上，復以臁貼連油整置於鼻柱上，供於神位前長高桌。祭牲擺放的同時，司香點燃香柱，司香婦人鋪好黃花紅氈，設司祝叩頭小低桌一張。這時，一司香舉淨水碗，一司香舉空碗，二人齊進拱立。司祝進跪，又一司香舉台盞授予司祝，司祝進跪獻淨水凡三次，其間所有奏三弦、琵琶的司俎太監，鳴拍板的司俎官，首領太監、司俎以及拊掌的司俎薩滿巫師等均進前列坐，司祝每一獻，即將獻之淨水注於空碗內，復自盛淨水碗內挹新淨水注於二盞內，以獻神祇。每一獻，司俎等齊歌「鄂囉囉」。三獻畢，司祝以台盞授於司香，一叩頭，興，合掌致敬。三弦、琵琶、拍板戛然而止，眾人俱起立，退下。司祝跪祝之。皇后親詣行禮如前儀。神肉前叩頭畢，撤下祭肉。

按清皇室的規定，凡坤寧宮朝祭，禮成後撤下的祭肉，不得出戶，盛於盤內，於長桌前按次陳列，或皇帝率皇后受胙，或率王大臣等食肉之處，請旨遵行。皇后會在東暖閣率貴妃以下受胙分嚐，同時還要向慈寧宮的太后、太妃們恭進。如遇皇帝、皇后不受胙之日，則令值班大臣、侍衛等進內食之，謂之欽點坤寧宮吃肉。

這神肉對於他們來說，絕非什麼美餐。所謂神肉立念肫誠，卻不放鹽，味道當然不會太好吃，僅在使人緬懷滿族先人外出狩獵野餐的情景。皇帝欽點坤寧宮吃肉，大臣沒有拒絕的道理。然而，祭肉不好吃是現實，不僅漢大臣難以下咽，就是在京的滿大臣，在經歷了中原文化百餘年的熏陶後，也頗有些難以接受。因此，有的太監與大臣關係熟的，便悄悄塞給他一包鹽，撒在肉上，遮一遮膩味。

宮中的太監們更是乘機搞小動作，開始是私藏好肉，把一些平常不怎樣的肉拿出來給大臣們吃，弄得人們越發不要吃了，最後竟還發生過太監將神豬肉偷出去賣掉的事。乾隆帝發覺後很是氣惱，曾命令吃肉時派御前侍衛到現場監督，發現作弊者立即治罪。

　　乾隆八年（1743），乾隆帝首次到盛京謁陵，並在清寧宮舉行祭禮活動，當時就曾將不遵守祭祀習俗的王公大臣們訓斥了一通。其諭如下：

　　　　爾等得與朕在清寧宮內祭祀，皆祖宗所賜之福，亦係滿洲之舊例也。今觀滿洲舊例，漸至廢弛。且如怡親王弘曉不佩小刀，是何道理？朕敬閱《實錄》內載皇祖太宗諭曰：「今宗室之子弟，食肉不能自割，行走不佩箭袋，有失滿洲舊俗，後之子孫，何所底止？」是太宗當時是教訓諸子，早念及後之子孫，遺棄舊俗矣。況怡賢親王，昔時恪守制度，爾等之所共知。弘曉縱不顧祖先成憲，獨不念及乃父乎？[1]

　　這一維繫民族感情、增強民族意識的政治需要，乾隆帝在《欽定滿洲祭神祭天典禮》卷首表達得十分明確：「皇上訓示，謹遵繕成全部，永遠奉請自王以下宗室、覺羅[2]以及奉祭覺羅神之滿洲人等……庶為臣僕者，仰沐皇仁，滿洲舊俗不致淹沒，而永遠奉行矣。」

　　食祭肉畢，司俎太監等撤出皮骨皮油，送交膳房，其骨、膽、蹄甲由司俎官送至潔淨處火化後，投之於河。隨將神幔收捲，其所掛紙錢，待存俟月終便貯高麗紙囊內，除夕送赴堂子，與堂子內所掛淨紙及神杆一同火化。至此，一場幾分神祕、幾分粗獷的坤寧宮朝祭儀典宣告結束，而一日兩祭——朝祭和夕祭的儀典將周而復始，一天天地沿續下去。

　　這一天，乾隆帝未親詣朝祭[3]，他在用心靈與祖先的靈魂對話。整個儀典幾乎用去了一個時辰，太陽已經照亮了全部紫禁城的屋宇，與

1　《清高宗實錄》卷二〇二。
2　覺羅：滿語，原意不明，可能是一處滿族的居住地，因以為姓。清制，凡顯祖塔克世本支之子孫為宗室，腰束黃帶子；旁支為覺羅，腰束紅帶子。
3　據光緒《大清會典事例》卷一一八二，「請坤寧宮朝祭、夕祭神」，「皇帝不親詣行禮」。

白雪相間的瓦壟閃爍着刺眼的光芒。這時,乾隆帝的視線由仰視蒼穹,轉而正視那被陽光映白的地平線,這是用儒家的理性精神來統治着的龐大帝國。在蒼穹與地平線之間,對於大清皇帝來講,這僅僅是仰視與平視的區別,而實現這一轉變,卻在清兵佔領了盛京以後,進行了短短幾十年的政治試驗之後就順利地完成了。這不能不說是中國歷史上的奇跡。

然而在仰視與平視之間,卻有一條巨大的鴻溝,這中間充斥着代表理性的深厚的儒家文化。對於這種文化深層的現象,似乎不可能像軍事進攻那樣迅速予以瓦解。入關後的滿洲皇帝敏銳地捕捉到溝通彼此的方法,既沒有終止吃不帶鹽的肉以祭神的故俗,又很快與留着大清髮辮的漢族士大夫一同盡享吟詩作畫的雅興了。

乾隆三十年正月初八日的太陽完全升起來了。

貳．

大內起居　皇家用度

寅正至卯正

　　四時至六時　更衣　早膳

四時許，乾隆帝於養心殿起牀。赴中南海同豫軒進
早膳。在這裏引出了皇帝的回部愛妾香妃的故事。
內務府是皇帝的大管家，皇帝的吃喝拉撒睡都由它
來管理。這時，首要之務是乾隆帝將在數日後第四
次巡幸江南。

　　在那個年代，天家皇室與民間黎庶，包括達官顯貴，有着絕對的本質區別，相距之遙差着幾重天，不可度量。皇位不僅宣示着至高無上的國家權力，而且其所彰顯的等級浸透在一個龐大、豐富的文化體系之中。宮廷禁苑，似海似淵，深得夠不着邊。「天不變，道亦不變」，這是千百年來一條實實在在的道理。

　　乾清宮自明代至清初，一直是皇帝的寢宮。作為「天子之常居」，它對應的是天文上紫微垣中的天皇大帝星。乾清宮至乾清門之間的甬道代表着天空紫微垣前方的「閣道」，雄偉闊大，巍巍乎窮極宏麗。

　　養心殿位於乾清門之西，遵義門之內，並不在紫禁城的中軸線上，在這座雄偉的建築群中算不上顯赫。自雍正帝始，已將養心殿繕茸一新，成了皇帝寢息常臨之所，不再去那乾清宮。雍正帝何以移皇帝寢興之所出乾清宮而至養心殿，實難琢磨。而自此以後，清帝何以皆未遷出養心殿，更是一個謎。有人說，這是出於皇帝安全的考慮，似有些道理，但也不盡然。明朝以乾清宮為帝后所居，妃嬪亦得以次進御。那乾清宮後暖閣為明嘉靖帝的寢宮，設屋凡九間，有上有下，上下共置牀二十七張，天子隨時隨處居寢，制度殊異，簡直像是在迷宮裏捉迷藏。這大概是為了安全吧，卻還是有「壬寅宮變」的爆發。嘉靖二十一年（1542）十月，在妃嬪曹氏、王氏的策動下，十多名宮女合謀，欲絞殺皇帝於乾清宮。此後，還發生了「紅丸案」「移宮案」等，乾清宮成了多事之宮。

清代的皇帝入主紫禁城後，實際上，只有康熙帝長住乾清宮，順治帝經常在養心殿居住，最後死於養心殿。繼雍正帝後，乾隆帝纜膺大寶，設寢宮於養心殿，相仍無改六十餘年。

養心殿的殿座呈工字式，前後殿共十二楹，中為穿堂，東西配殿十楹，後殿左右圍房二十餘楹。前殿七楹，中三楹為當陽正座，後殿五楹，前朝後寢，穿堂相連，便於皇帝往來。後殿明間設有坐榻，東次間設寶座、紫檀長條案，西次間有紫檀大龍櫃、坐榻。東、西稍間即龍牀之所在。一個寢宮兩張龍牀，比起明嘉靖皇帝的一個寢宮上上下下二十七張牀已算少的。

寢宮內陳設非常豪華，亦非常雅緻。兩間臥室中，以東室更為精美，龍牀通體鑲嵌玻璃水銀鏡，牀上鋪着大紅氈、明黃毯，這些都是只有皇帝才能享用的特殊物件。據乾隆三十年十一月二十六日（1766 年 1 月 6 日）的宮中檔案記載：「用紅花氆氌（藏族地區出產的一種羊毛織品，可以做牀毯等）十一丈二尺，計氆氌二個，除用下剩七尺，做養心殿後殿大褥單二個。」如此算來，每個褥氈用氆氌五丈二尺又五分，實在是張碩大的龍牀。

「請駕」

約摸到了寅時正刻，乾隆帝御寢的後殿東稍間裏有了動靜，這是皇上要起牀的信號。當班的太監也有所警覺，一般情況，這陣子乾隆帝也該起駕了。早睡早起，吸天地陰陽之正氣，這是清宮裏祖宗定下的家法。這時太監與宮女們不吭不響地聚集到後殿。

皇上屋裏的燈一亮，在房內的兩個值夜太監，迅速到寢室的門口候着，兩個在宮門口值夜的太監便向另外兩個做粗活的太監打招呼。寅正時宮門已經下鎖了，做粗活的太監從養心殿外搭來一桶熱水，在門外預

備着。由於這些親侍與皇上天天打頭碰面，因此只需請跪安不磕頭，只聽到東室裏傳出一聲「恭請皇上聖安」，候在外面的人便知道這當兒皇上開始下地了。在後殿門口值夜的兩個太監才敢開始放其他的太監、宮女邁進寢宮的門檻，寢宮半掩的大門也就打開了，宮門的戒嚴算是解除了。

這時，值夜的太監連同在初八日白天當班的太監、宮女齊刷刷地向寢宮裏行跪安禮，衝着寢宮裏皇上的人影喊一聲「恭請皇上聖安」。禮畢，該幹什麼就忙乎什麼去了。等皇上寢宮挑起半個門簾時，就暗示寢室裏可以進人了。

先進去的宮女是司衾的，給皇上疊好被子，跟着用銀制的淨盆端好一盆熱水，淨盆下有黃龍緞面的軟墊，伺候着皇上淨臉。皇上淨臉後，淨盆由太監傳出寢宮將剩水倒掉，並將淨盆洗淨。這些年皇上已不多去西頭的「淨房」洗漱了。等到皇上用燗熱的毛巾擦完臉，仰着臉養神，專門負責梳頭的太監頭頂着黃雲龍緞面套的包袱邁入了寢宮的門檻。這包袱裏裏的是梳頭剃須的家伙，只見他雙腿向正座請了跪安，把包袱從頭頂上捧下，然後向上一舉，由宮女接過來，接着呼喊一聲清脆的：「恭請皇上聖安，奴才給您請萬安啦！」侍寢的在臥室裏回應一聲：「進來吧，XXX！」這是替皇上傳的話。梳頭太監進屋後向皇上磕頭，然後打開黃雲龍套包袱，拿出梳子、篦子、剃刀等工具。皇上要天天梳頭、編辮、剃須，十天還要剃一次頭。有言道「伴君如伴虎」，這才是真正地老虎嘴上拔毛呢。

在皇上梳頭的同時，司帳、司衾的兩個宮女已整理好牀上的一切，退出寢宮，只有伺候梳頭的太監捧着匣子在旁邊侍立着。寢室外面的一間為皇上更衣、沐浴所用，管服飾的太監此時已準備好當天的服裝鞋襪。乾隆三十年正月初八日的《穿戴檔》記載：上（指乾隆帝）戴小毛熏貂緞面冠，穿黃緙絲面貂皮邊青白臁皮朝袍，白布絨襪，月白春綢厚

絲棉套褲，青緞羊皮裏皂靴。腰繫祖母綠空鈕帶，正珠數珠。

　　管服飾的太監伺候着皇上穿戴停當，侍寢的宮女把寢室的窗簾打開，在廊子下盯着窗簾的總管太監，像得到一聲號令一樣，率領着幾個隨從太監，在廊子的滴水底下，一齊跪在台階上，高呼一聲：「恭請皇上聖安！」幾乎是同一時刻，皇上由寢宮走出，這在宮裏叫作「碰頭彩」，圖個君臣吉祥。

　　卯正一刻，內請乾隆帝起駕，乘四人暖轎至同豫軒進早膳。

御膳與御穿戴

　　養心殿南為養心門，門南為御膳房，再南為南庫。御膳房之匾額「膳房」，為聖祖康熙帝的御筆。明朝時，養心殿之南為祥寧宮，宮前向北者曰無梁殿，是嘉靖帝煉丹之所，清皇室的御膳房就設在這遺址上。

　　按清宮的法度，皇帝有御膳房，皇后有內外膳房，壽康宮皇太后有外膳房，皇子、皇孫娶福晉後則有飯房。膳房管理，總管大臣無定額，特旨簡派。雍正元年（1723）奉旨，總領授為二等侍衛，飯房人授三等侍衛、藍翎侍衛。第二年奏准又添設主事一員，漢字筆帖式二員，此外還有尚膳正、尚膳副等職名，正副俱係侍衛。乾隆十五年（1750）奉旨：內右門內太監等預備膳之膳房，着改為內膳房，其飯房着改為外膳房。乾隆二十年（1755）奏明，每屆十年，欽派王大臣等將內膳房、外膳房所用金銀器皿共同查驗數目，將不堪應用者，奏明交廣儲司銀庫，並依原式打造。以上俱可詳見於《欽定總管內務府現行則例·御茶膳房》。

　　《大清會典》規定，皇上所食稻米取諸玉泉山下，受玉泉山水灌溉之稻田。御膳日常用水必取之於玉泉山的泉水。每天都有馬或騾子拉的水車，水車上蒙蓋着象徵皇家的明黃緞，往返於紫禁城與玉泉山，取玉泉山之泉水以供御用。御膳房不用牛肉，唯用牛乳，由慶豐司專供。其

餘山珍海味及諸乾鮮菜蔬，皆由專處所貢。

據《養吉齋叢錄》，膳房恭備御膳，其物品及某物，為何人烹調，須逐日開單具稿，呈內務府畫行。進膳之物按時備供，不設飲。皇上一日只用膳兩次，卯正二刻早膳，未正二刻晚膳，申酉以後如需飲食，則內宮別有承應之處，所用飲食隨意命進，無定制供給。

御膳房在宮裏是個大機關。房內有百餘個爐灶，都排成號，規矩非常嚴格。一個爐灶配有三個人，一是掌勺的，二是配菜的，三是打雜的。由此估算，御膳房內的作業人員也要有三四百號（御膳房設官員及廚役等三百七十多人）。打雜的對各種菜、各種原料，必須先進行擇、選、挑、洗、刷，各項程序必須做得異常精細，工作完備以後，經內務府派來的筆帖式逐件檢查，合格後才交給配菜。配菜的則經過割、切、剁、片，把各種菜、各種調料準備好，又經過另外一個筆帖式檢查，按照膳譜的配方，檢查一遍，然後準備傳膳。「傳膳」的指令一經下達，由掌勺的按照上菜的次序，聽總管的指揮安排，做成一道道的菜，並按順序呈遞上去。這段時間裏內務府的人，御膳房的總管、主事，眼睛盯着每一個菜盛進碗裏或碟裏。碗和碟都是銀制的，如果菜裏有毒，銀就會呈現黑色。

菜做好後交給太監，用黃雲緞包好，按次遞上。黃雲緞包袱不到餐桌前絕對不許打開，宮廷裏對膳食管理非常嚴格，生怕有人暗害，平常任何無關人員都不許進出御膳房。幾乎哪一道菜是哪一個人洗的，哪一個人配的，哪一個人炒的、做的，都清清楚楚，將來如果怪罪下來，或是受獎賞，都可賞罰分明，有個着落。

據《嘯亭雜錄》記載，乾隆帝自奉儉約，深惜物力。初即位，不許街市用金銀飾，禁江浙組繡，代以刻絲（緙絲）。御膳房日用五十金，皇上屢加核減，至歲末年用僅二萬餘金，近侍因資金匱乏而叫苦不迭，而皇上卻不予理睬。而《春水室野乘》所記載的情況就大相徑庭了。故

事是，乾隆帝一次召見臣下汪由敦，問：「卿昧爽（拂曉之時）趨朝，在家亦曾用點心否？」汪對曰：「臣家計貧，每晨餐不過雞子四枚而已。」皇上愕然曰：「雞子一枚需十金，四枚則四十金矣，朕尚不敢如此縱欲，卿乃自言貧乎？」汪不敢質言，則詭詞以對曰：「外間所售雞子，皆殘破不中上供者，臣故能以賤值得之，每枚不過數文而已。」皇上乃頷首不再追問。如照前《嘯亭雜錄》所載，御膳房歲用僅二萬金。而如依《春水室野乘》所記，御膳房每枚雞子需十金，那麼御膳房一年之中僅能做兩千枚雞子的御膳，這豈不是天大的笑話。因此，《嘯亭雜錄》之作者定為御用，故而一副裝腔作勢的頌聖口吻；而《春水室野乘》的筆者也過於野逸，分明是在調侃乾隆帝與他的臣子汪由敦，雖然情趣盎然，卻言之無信。

宮裏的祖宗傳下來的家法很有些不尋常，康熙帝愛吃什麼？雍正帝愛吃什麼？乾隆帝又愛吃什麼？恐怕無人知曉。不但外人不知道，連伺候他們的廚子也不知道。說皇帝、皇后、皇太后愛吃些什麼，這是宮中的大忌諱，宮裏的什麼事，皇帝的一舉一動都要上檔，而唯有宮闈之事與皇帝愛吃什麼，絕不寫，也寫不成，這是不許讓人知道的事。

因此，皇帝、皇后、皇太后絕不會像下館子那樣，點上幾樣菜讓廚役去做。皇上吃飯每次要幾十種，甚至上百種菜，把這些菜都擺上來，任皇上隨意挑選，今兒愛吃這一口，明兒興許愛吃那一口。這又是宮廷裏的規矩了，就是吃菜不許過三匙。據說其家法特別嚴格，這樣其他的人就更難猜透皇上準定吃某道菜了，這叫作天意難測。今天，人們通過審閱上百年的《御茶膳房檔案》，從中才能看出一些蛛絲馬跡。

乾隆朝以前的帝王飲食，一般以偏溫熱的鹿、熊、麤、雞、牛、羊為主；而乾隆帝則以滋陰的燕窩、鴨子等食品為主，幾乎是餐餐都要有燕窩做的菜或湯。其主副食之豐盛，與《黃帝內經》所倡「五穀為養、五果為助、五畜為益、五菜為充」，以及精粗相宜、葷素搭配的中原飲

食養生之道相合。同時,在乾隆時期的御膳中,仍然保留着滿族膳食的習慣,特別是他們入關前所食用的一些食品一直保留着,如鹿尾、鹿筋等,但用量較前是大為減少。後來形成的所謂滿漢全席即是以乾隆御膳為藍本的。

《周禮·天官·塚宰第一》云:「膳夫掌王之食飲膳羞,以養王及后、世子。凡王之饋,食用六穀,膳用六牲,飲用六清,羞用百有二十品,珍用八物,醬用百有二十甕。王日一舉,鼎十有二,物皆有俎。以樂侑食,膳夫授祭,品嘗食,王乃食。卒食,以樂徹於造。王齊,日三舉⋯⋯」自古以來,君王的膳饈過程,就是一個朝廷禮儀的過程,而到清朝,這個過程開始有所減省。

乾隆三十年正月初八日的《御茶膳房檔案》載:

「寅正一刻請駕,卯正一刻同豫軒進早膳⋯⋯」

乾隆帝的四人暖轎前頭少不了打燈籠的太監,後面隨着手持各式家伙的隨從,先是金香盒二、金提爐二、金水瓶二、金盂一、金盥盆一,合稱金八件。還有持拂塵的,抬金杌、金交椅的,鹵簿之定物一樣不少。暖轎後是一隊侍衛,皆持豹尾槍、儀刀、弓矢、黃龍大纛。一行人呼啦啦地出養心殿的養心門,向東再出遵義門,然後奔南,出隆宗門,再出西華門,這才算是出了紫禁城。再向西去,便是所謂「三海」中的中南海,時稱西苑。

西苑周不過十里,然以勝朝遺蹟,加之國家百餘年延美承平,時復葺綴,「一亭一榭,各標勝概」。西苑的東門榜曰西苑門,入門為太液池,池內可以泛舟。乾隆帝暖轎一行人循池岸而南過日知閣,閣後左門東南為春及軒,軒左為交蘆館,又左為芸齋。芸齋稍南為賓竹室,室南為蕉雨軒,軒南曰雲繪樓,樓西有室,曰韻磬。又西南為清音閣,過清音閣沿堤而南便是同豫軒。其鄰為寶月樓,與北向的瀛台隔池相望。今

天，乾隆帝就要在這同豫軒進早膳。

同豫軒與寶月樓都建於乾隆年間，皆具有園林自然清新的雅趣。這從同豫軒的對聯中便可窺得一二。其東室聯曰：魚躍鳶飛參物理，耕田鑿井樂民和。內室額曰大圓鏡，曰小方壺。聯曰：夏屋暢清吟，風篁半嶺；春城通曉望，煙樹萬家。西室聯曰：麗日和風春澹蕩，花香鳥語物昭蘇。置身於此，盡覽天然野趣，而得幽隱之便。

二十年（1755），乾隆帝御製《同豫軒得句》，云：

因迴為高得軒榭，蠡窗俯處見閭閻。
對時育物恆關切，士習民風借驗覘。
春色滿皇州入詠，後樂以天下同忱。
心殷保泰戒鳴豫，周易分明注福謙。

二十八年（1763），乾隆帝又御製《同豫軒》詩，云：

碕岸周遭鏡影皚，中央金碧煥瀛台。
東南綴景茲堪憩，西北遵王方遞來。
窗俯六街驗蕃庶，民猶三代慎栽培。
曰同固可然艱矣，言倡斯非益戒哉！

此時回部極西愛烏罕部之愛哈莫特沙汗及哈薩克西部烏爾根齊部之哈雅布汗、啟齊玉蘇布之努喇麗汗、凹圖爾汗以次奉表貢馬。

乾隆三十年（1765）新正後沒幾天，即初八日之前的一天，乾隆帝再作《同豫軒》詩，云：

新舊萃藩封，三接不可缺。
賚與宴並行，所以聯情悅。
涓休月之六，嘉饗答韶節。

同豫此臨憩，紫光待整設。
軒墀既靜佳，甌研亦清潔。
羲經在棐幾，玩象觀辭說。
雷出地奮軋，撫辰敬斯切。

據這三首詩中的「因迥為高得軒榭」與「軒墀既靜佳」兩句可知，此軒建築在一座高台之上，從這裏可以「窗俯六街驗蕃庶」。這些詩句為今晨乾隆帝的早膳塗上了一層神祕的色彩，而令這層色彩更為濃郁的倒是與同豫軒相鄰的寶月樓。

《欽定日下舊聞考》卷二三載：

寶月樓，乾隆戊寅年建，與同豫軒、茂對齋東西相望，北對迎薰亭，南臨皇城。樓上恭懸皇上御書，額曰仰觀俯察。聯曰：佳興四時同，圖呈苑裏；清光千里共，鑒徹池心。樓下東室北間，額曰錯繡，曰捲綃。聯曰：雲容水態從頭會，秋月春風取次拈。又曰：玉宇近高寒，欄憑十二；慶霄增朗徹，界俯三千。又曰：煙雲舒捲攬勝賞，松石古澹怡遠情。南室額曰芳援，曰玉萃。聯曰：雲斂琳霄目因迥，水澄蘭沼意俱深。又曰：寫影水中央，萬川同印；澄輝天尺五，一鏡常懸。又曰：風物似登瀛，景呈瑤島；雲山疑罨畫，影漾金波。寶月樓西為茂對齋，聯曰：舒捲天真任嵐靄，飛沉自得樂禽魚。茂對齋右為涵春室，室內額四，曰花港，曰淥淨，曰魚樂，曰晚春，皆御書。齋西為延賞亭。

前文已引過這首御製詩──《題涵春室》，其中有：「宮城近六街，市語何喧闐？昨歲幸遇豐，物價平於前。婚嫁率乘時，景象熙京塵。」也許這些詩文太容易作為市井傳說的材料，一個風流的傳奇故事很快有聲有色地從宮中傳了出去，並在民間廣泛流傳。這個隱匿在神祕色彩裏

面的人物就是出身維吾爾族的香妃,她在宮中的稱謂是容妃。由於乾隆帝御製詩與前代帝王陳後主、隋煬帝、李後主、宋徽宗迥異,詩中絕不帶酒色之辭,更無卿卿我我之語,因此詩中也就看不到香妃的倩影。然而,乾隆帝不寫香妃,並不意味着身邊沒有這麼一位西域美人。傳說,寶月樓就是乾隆帝特別為香妃所建。香妃入宮後思念故鄉和親人,乾隆帝將她的一部分族人遷居北京,於西長安街路南建回子營、清真寺。這樣香妃便可以登寶月樓眺望族人的居處房舍,以慰鄉思。因此寶月樓俗稱拜望樓。

1914 年,在紫禁城西南部設古物陳列所,其中展示了一幅《香妃戎裝像》,説明文字中有如下描述:

> 香妃者,回部王妃也。美姿色,生而體有異香,不假熏沐,國人號之曰香妃,或有稱其美於中土者。清高宗聞之,西師之役,囑將軍兆惠一窮其異。回疆既平,兆惠果生得香妃,致之京師。帝命街內建寶月樓居之。樓外建回營,毳幕韋韝,具如西域式。又武英殿之西浴德堂,仿土耳其式建築,相傳亦為香妃沐浴之所。蓋帝欲借種種以取悦其意,而稍殺其思鄉之念也。詎妃雖被殊眷,終不釋然,常出白刃袖中示人曰:「國破家亡,死志久決,然決不肯效兒女子汶汶徒死,必得一當以報故主。」聞者大驚,但帝雖知其不可屈而卒不忍捨也,如是者數年。皇太后微有所聞,屢戒帝弗往,不聽。會帝宿齋宮,急召妃入,賜縊死。[1]

關於香妃的身世,現代史學家已有詳細的考證。所謂「香妃」,即由容妃附會而來。她的曾祖是回疆白山派著名領袖阿帕克和卓之弟喀喇

---

[1] 參閱孟森《香妃考實》一文附錄——《香妃戎裝像並原附事略》。

瑪特，喀喇瑪特之子墨敏生子六人，其第三子阿里和卓即是容妃的生父。阿里和卓死，容妃隨其五叔額色尹、六叔帕爾薩與胞兄圖爾都長大。故容妃與回疆叛亂之小和卓霍集占是遠房堂兄妹。額色尹一家曾反對霍集占等叛亂，清軍平回疆後遷居北京。現存清宮檔案中一份《容妃遺物褶》，記載容妃死後其所遺衣物分送各處，名單中即有「丹禪」（娘家人）公額思音（即額色尹公爵）、帕爾薩、圖爾都之妻（即容妃之嫂）及容妃之姊妹。這份檔案中所載容妃的娘家人甚明。

容妃約在乾隆二十五年（1760）初入宮，時為二十六歲。二月初四日新封和貴人，並賞賜珍珠、首飾、金銀、緞裘等物。乾隆二十七年（1762）晉封容嬪，乾隆三十三年（1768）晉封容妃。容妃病逝於乾隆五十三年（1788）四月十九日，享年五十四歲。她在內宮住了二十八年，頗得皇帝寵愛。容妃死後，葬於清東陵純惠皇貴妃園寢。她的神位在明樓東部第二排第一號，墓已被盜掘，且常年失修，墓穴塌陷。1979年至1982年，考古部門將地宮清理修整，清理出頭骨、部分殘骸、六顆牙齒和一條花白的髮辮。經醫學鑒定，其體型與維吾爾族屬相符，棺木上有尚能辨認的用維吾爾文書寫的古蘭經文。這座墓穴的主人，應是乾隆的維吾爾族妃子容妃無疑。

同時，平定回疆後，遷來北京之維吾爾族確實不少。霍集斯、額色尹、圖爾都等封為王爵、公爵、台吉，例歸理藩院管轄，而大批留京的樂工、匠藝人等則編成一佐領，任命白和卓為佐領，歸內務府管轄。為了安置他們，在西長安街路南建房一百四十七楹，以資居住。並在其西建一清真寺，為維吾爾族奉教禮拜之地，乾隆帝還為清真寺親作碑記。[1] 因之，西苑南牆之外成為香妃瞻望以寄託鄉思之所也是事出有因。

然而，在乾隆御製詩中，西望的不是香妃，而是乾隆帝本人。乾隆

1　參閱戴逸《乾隆帝及其時代》第九章《關於香妃的傳說》一節。

帝在同豫軒吟哦「窗俯六街驗蕃庶」，這是二十八年（1763）的事。在此之後，三十四年（1769）又御製《寶月樓》詩，云：「冬冰俯北沼，春閣出南城。寶月昔時記，韶年今日迎。屏文新薜祿，鏡影大光明。鱗次居回部，安西繫遠情。」乾隆帝的詩句並不難懂，他還註釋：「牆外西長安街內屬回人，衡宇相望，人稱回子營，新建禮拜寺正與樓對。」其實，不用在乎此樓為誰而造，因為樓上的帝妃與樓下的回子營所具有的同族關係似已明明白白，且乾隆帝常臨於此，並且以此景為題的詩頗多，也是不爭的事實。民國元年（1912），中南海改為總統府，開闢南門，寶月樓適居其中，即就此樓改為府門，即今日中南海臨長安街之南大門——新華門。同豫軒遺址便在此東側不遠之處。

今天，乾隆帝早膳的膳單是：掛爐肉野意熱鍋一品、燕窩掛爐鴨子（一品）、火熏攏鴨子熱鍋一品、糟春筍肥雞（一品）、香蕈春筍東坡肉一品、綠豆菜炒肉絲一品、小葱蝦米炒豆腐一品、鹿筋燉鴨子一品、肥雞徽州豆腐一品、青韭炒肚絲一品、黑糖糕一品、年糕一品、棗泥饀一品、豬肉餡包子一品、豇豆粥一品、三仙鴨湯一品、老米溪膳一品……後送果子粥一品。雖說與《周禮》的王膳相比已不那麼講奢華的排場了，但是其豐美、精細也不是民間所能比的。

依宮裏的法度，如沒有特別意旨，任何人都不能與皇上同桌用膳。皇太后、皇后也不例外，妃嬪就更不必說了，一般都在自己宮中用膳。

正月初七日，奏事太監早已傳旨，明晨乾隆帝要到同豫軒進早膳。內務府上下早就做了準備。卯正一刻，皇上邁入同豫軒，太監們早已先在此佈好了膳桌。正堂的中間是皇上的膳桌，此外還在兩旁擺設有三張方桌。膳食從膳房送進來後，迅速按規矩在膳桌上排列好，同時也在另三張方桌上設擺各種菜肴、饃饃等，這叫作「額食」。平日，皇上用膳之後，便將大多數未下過筷的菜肴及額食桌上的食物原封不動地賜給后妃、皇子或王公大臣們，而受這剩膳的人們無不感恩戴德，出府跪迎，

叩謝龍恩。清宮的這套進膳禮儀，源於漢人寫的《孝經》：「禮者，敬而已矣。」敬的極致便是區別長幼尊卑，尊親、養老、祭祖、祭神。

皇上進膳時，另有四個體面的太監垂手站在皇上的身旁和身後，還有一個老太監侍立於一旁，專給皇上佈菜。除去幾個時鮮的菜外，各種御膳早已上了桌。傳膳的老太監喊一聲「膳齊」，方請皇上入座。這侍膳的老太監專看皇上的眼色，皇上用眼看哪個菜，他便把哪個菜挪到皇上跟前，再用羹匙給皇上舀進布碟裏。如果皇上嚐了後說一句「這個菜還不錯」，就再舀一次，跟着侍膳的老太監就把這個菜往下撤，不能再舀第三匙。假如要舀完第三匙，站在旁邊的四個太監中為首的那個太監便發話了，喊一聲：「撤！」這個菜就十天半個月的不能露面了。這四個身旁侍立者為首的是執掌家法的。這是皇上也不能破的家法。這老祖宗早就定下的家法是要皇上謹慎小心，切勿貪食，免遭人算計，下毒。

說到宮中使用的食具，有金、銀、玉、瓷、琺琅、翡翠、漆以及瑪瑙製的盤、碗、匙、筷等，這些都是民間不能有的。瓷器多由江西景德鎮的官窯每年按規定燒製。御膳房裏，除瓷器外，金銀器也很多，一般保持在三千多件。這一天，乾隆帝進膳還用了熱鍋與暖碗，是用來為膳食保溫的。

乾隆帝進膳的速度之快在宮內是聞名的，不消一刻，他已經推開餐具起駕了。

比較起膳食來，清宮服飾保存的滿族特徵要更多一些。早在崇德年間，皇太極就以金史為鑒，認定本國言語、衣冠不可輕變。他諭示諸王、貝勒等：服制者，立國之經。我國家以騎射為業，不能改變國初之制。後來乾隆帝更進一步闡明，遼、金、元諸君，不循國俗，改漢、唐衣冠，致使傳之未久，趨於滅亡，深感可畏。所以力主不改祖宗服制，並制定了完整的清代冠服制度，明顯地保存了滿族舊制。譬如，綴有紅

纓的覆缽形夏冠和折簷的冬冠,均以頂子[1]作等級的標誌;此外還有披肩和箭袖,即馬蹄袖。然而從乾隆年間所定冠服制度及清帝服飾的演變來看,都大量沿用了明代的舊制。例如,皇帝禮服的重要標誌十二章[2],就是參照明代帝服的規定,只是把位置改動了一下。乾隆帝把這種沿襲解釋為遵循古禮,但這種古禮並不是滿族人的祖制。

皇帝的冠服有冬、夏之分,其中服裝按不同用途,分為規格最高的禮服,包括端罩、袞服,是舉行大典時穿的;規格稍次,又稱龍袍的吉服;日常穿着的常服;巡狩穿用的行服;還有雨天穿的雨服等。皇冠也有朝冠、吉服冠、常服冠、行服冠等多種。同時在以上種類中又有不同的料質、顏色、飾紋,再加上替換衣件又多,因此,皇上的冠服實在是琳琅滿目,應有盡有。

皇帝的冠袍帶履,由內務府的四執庫管理,隨時伺候穿戴。以乾隆二十九年十二月十九日(1765 年 1 月 10 日)乾清宮宮殿監副侍馬國用、張玉致四執庫守侍陳璉、王進忠、趙進玉的一份行帖[3]為例,便可窺見乾隆帝衣服庫裏的存物一斑:

上用貂尾緞台布裏冠三頂,內貂尾根一頂;

黃妝緞面紅片金裏大坐褥二個,台子係內庫;

黃妝緞面月白雲緞裏小坐褥二個,台子係內庫;

青素緞面月白雲緞裏大坐褥四個,台子係內庫;

---

1 頂子:或作頂戴,清代用以區別官員品級的帽飾。清制,從皇帝到各級官吏,都要在所戴冠帽上用各種寶石和金屬裝飾品區分官爵品秩,不得僭越。因而成為功名、前程的代稱。以紅寶石為最高,依次為珊瑚、藍寶石、青寶石、水晶、硨磲、素金、鏤花陰文金頂、鏤花陽文金頂。通常皇帝可以賞給無官的人某品頂戴,亦可以對次一等官另賞加較高的頂戴。如革職或降職時,即革除或摘去所戴頂子。

2 十二章:古代祭祀禮服上的圖案。最早的記載見於《尚書·益稷》。天子在最隆重場合,穿十二章禮服。其次,視禮節輕重而定。

3 中國第一歷史檔案館藏《宮中檔案》第二五七七號。

賞用石青上用素緞面六等貂皮長褂十件；

石青上用素緞面烏雲豹長褂十七件，皮子豐毛係內庫；

石青上用素緞面猞猁猻長褂四件，豐毛係內庫；

石青上用素緞面黑豹皮長褂一件，皮子豐毛係內庫；

石青上用素緞面天馬皮長褂十件，皮子豐毛係內庫；

石青官用素緞面青下頜長褂六件，皮子豐毛係內庫；

……

宮中袍褂用料之考究令人咋舌。各種綢、緞、紗、羅、緯絲自不必說，孔雀羽毛、金線、穿珠裝飾以及珍貴皮毛，都是由宮中派員到江寧、蘇州、杭州三織造衙門監督生產的。袍褂等衣服也是由宮廷如意館畫師先畫樣，經皇帝審定，再由三織造精製而成，穿戴之昂貴，不言而喻。

再者，衣服庫上用的皮毛來源又是怎樣呢？據乾隆三十年（1765）正月戶部郎中劉某的一份咨報案文：「乾隆二十九年十二月初十日，據山海關副都統咨准，吉林將軍咨寧古塔副都統所委，防御章京德爾賽呈送內務府貂皮二千四百三十四張，進關緣由咨報，前來相應，抄錄清字原文，知照內務府。可也。」由此可見，東北地方是宮中所用皮毛的主要供應地。

皇家後勤：內務府

明代的內廷混亂，進而導致社會動盪，最終落得國家覆亡的悲劇。這在很長的時間裏時時敲打着紫禁城新主人的腦袋。

明朝內廷機構不斷擴大，竟設有十二監、四司、八局共二十四衙門，僅服侍帝后的太監、宮女就達數萬人之眾。宮監權勢更是日益膨脹，以致內而服食起居、庫藏、賞齎，外而軍營、廠獄、礦關、開採，

無不以宦官領之。甚至皇帝閱批文書，都要由秉筆太監代理。於是乎，一時間內監擅權，貪贓枉法，殘害忠良，朝綱大亂。

清朝鑒於明朝內監禍國的教訓，從創國之初，就注意內廷機構的建置和限制宦官的權力。愛新覺羅氏以八旗制度興起於東北，太祖努爾哈赤曾宣令各旗主所屬之包衣佐領專供旗主役使。滿語的「包衣」就是漢語的「家奴」。皇帝領有上三旗，即擁有上三旗之包衣。為了統一管理三旗包衣，特別設立了內務府衙門。內務府堂官叫總管內務府大臣，滿語稱包衣昂邦，即包衣大。《大清會典》曰：總管內務府大臣「掌上三旗包衣之政令與宮禁之治」。

內務府初設，規制比較簡陋。《清史稿·職官志五》載：「初制，設內務府，以舊屬司其事。入關後，明三十二衛人附之。設內管領處，置內管領八人。設茶飯處，置總領各三人，飯上人三十有五人，茶上人十有七人。承應長十人，庖長三人。」這樣簡單的機構與人員，顯然不能適應入主中原後皇室內廷的需要。加之順治帝年幼，需要懂宮廷規矩禮儀的內監服侍，於是在順治十年（1653）仿照明朝內監制，廢除內務府，設立十三衙門。

十三衙門設置後，內監又活躍起來，他們「廣招黨類，恣意妄行」，相濟為惡。順治十五年（1658），順治帝的親信太監吳良輔受賄案發，並涉及大學士陳之遴等許多重要官員，這些人皆被處分，而獨有吳良輔因受皇帝庇護而未被繩之於法。順治十八年（1661）正月，順治帝患痘，而猶於初二日親送吳良輔至法源寺落髮。正月初七日，順治帝駕崩。太后即傳世祖遺詔，先誅吳良輔，而後廢十三衙門，復設內務府。順治帝在遺詔裏説：「祖宗創業，未嘗任用中官，且明朝亡國，亦因委用宦寺。朕明知其弊，不以為戒，設立內十三衙門，委用任使，與明無異，以致營私作弊，更逾往時，是朕之罪一也。」這個遺詔代表了以太后、四大輔臣為首的滿洲貴族統治者的意志，即嚴禁內監擅權，保

持內務府幹練、淳樸的作風，以使最高統治者保持勤儉進取的精神，完成統一全國的大業。內務府自復設以後，終清一代，未有更改。但隨着內廷機構和各項規章制度的不斷完善，內務府在十三衙門的基礎上，逐步建立起了廣儲、會計、掌儀、都虞、慎刑、營造、慶豐等七司，並設上駟、奉宸、武備三院，以及御膳房、御藥房、內管領處、敬事房、三織造等機構。設立內務府以管理宮廷事務，為前朝官制所未有，是清朝的一個創舉。凡內務府職員選除、財用出入、宴饗祭祀、膳羞服御、賞賚賜予、教習訓導之事，皆統管於內務府大臣。內務府大臣管轄之下，設敬事房以管理太監，太監的人數也由明代的數萬人減至三千人，並規定太監品級最高不過四品。只許在宮中供灑掃役使，嚴禁干預政治。

乾隆帝待太監最嚴，命內務府大臣監攝。凡預事之差者，必改易其姓為王，以其姓多難辨，宵小無由勾結。乾隆初年，乾隆帝選秦、趙、高三字為奏事太監之姓，藉此以自儆。其中秦為先朝之舊閹，偶有過失，譴罰必嚴。

據記載，一日乾隆帝於乾清宮西暖閣閱窗中，望見西廊下有二職官自南而北，一太監自北而南，交臂不顧，竟不讓道。遂嚴諭總管太監約束，毋許肆慢，謂再不謹遵，當將總管太監一併治罪。由此可見，乾隆帝嚴厲約束閹寺不使其縱恣越軌。

內務府總管大臣要由皇上特簡，管員無定額，一般為四至六人，最多時為九人，最少時為二三人。凡皇家的衣、食、住、行等各種事務都由內務府承辦。內務府總管大臣統稱為堂官，其辦公之處為內務府堂。設有坐辦堂郎中一人，他是內務府中最主要的辦事官員，上可代總管大臣，處理一切事務；下可指揮群僚，查七司三院題本、堂稿、黃藍冊以及文職銓選等事。主事二人，秉承堂郎中之意旨，辦理行政事務。主事之下，設筆帖式若干人分掌各項具體事務。

下設的主要辦事機構有：

　　廣儲司，為內務府庫藏及出納總匯之所，掌「庫藏出納之政令」。下設銀、瓷、緞、皮、茶、衣等六庫。上文提到的衣服庫即其衣庫。每庫設員外郎三員，其下設司庫，無品級司庫、委署司庫等分掌庫藏之事。又設銀、銅、染、衣、繡、花、皮等七作，另設帽房、絨線房。各設司匠、領催、匠役，以承做各項活計。

　　會計司，掌「徵三旗莊賦、園賦而稽其出納。凡選宮女太監則掌其政令」。乾隆三十年（1765）正月初八前一日《御茶膳房檔案》載：「正月初七日，御花園挑選女子，賞女子八百五十四人，用菜一百七十四桌，每張熱鍋一個，用豬肉一斤八兩，蒸食一盤，爐食一盤。」如此之類的事亦屬會計司操辦。這裏所説的選女，當是宮中的選看秀女。秀女是皇帝及皇子、皇孫、親王、郡王等擇妻的對象，自順治年間成為一項定制。每隔三年進行一次，由戶部下發行文，命將應選秀女逐級呈報。秀女一般為八旗官家十三至十七歲的少女，出身須在滿洲或蒙古護軍、領催以上，漢軍筆帖式、驍騎校以上，備選為妃、嬪、貴人等，或為近支宗室指婚。

　　另有一種情況，每年進行一次，按例引看內務府所屬內佐領、內管領下秀女。選女程序首先由總管內務府奏準，咨行宮殿監奏請皇帝欽定選看秀女的時間、地點。屆時，由宮殿監率各處首領，在太監的關照帶領下引看，然後引出，賞食宮飯、車銀。所賞車銀由廣儲司支領。此種形式的秀女是補充為內庭各主位下隨侍之宮女。至二十五歲遣還本家，任憑婚嫁。以上兩種情況中，十三歲以上秀女，經選驗未中者可聘嫁，未經選閱者一律不准私自婚聘，違者，自都統、參領、佐領、驍騎校、領催、族長及本父母皆分別議處。

　　此次選秀女，一下子就集中了八百五十四人。疑為屬於選看內廷各宮隨侍宮女。清制規定內廷各位下使用宮女數額：皇太后十二名，皇后十名，皇貴妃八名，貴妃八名，妃六名，嬪六名，貴人四名，常在三

名，答應二名。

掌儀司，「掌內廷禮樂之事。考太監之品級。凡果園之賦覆焉」。前文坤寧宮朝祭應由該司經營。

都虞司，「掌府屬武職官之銓選，覆官兵之俸餉、賞恤。凡山澤采捕之事掌焉」。

慎刑司，「掌讞三旗之獄」。凡審擬罪案，設處官員，太監治罪，官員降調開復處分，行取囚糧等均由該司管理，凡徒罪以上，及杖一百以上，枷示刺字，須交刑部辦理。

營造司，「掌宮禁之繕修，率六庫三作以供令」。凡宮禁之內繕修工作及炭薪陶冶等事都由它管理。據《大清會典》載，凡二百兩以上工程，歸工部，或總理工程處，營造司所掌只是零星小工程。所謂六庫三作為：木庫、鐵庫、器皿庫、柴庫、炭庫、房庫，鐵作、花爆作、油漆作。

慶豐司，「掌牧牛羊之政令」。凡宮中所用牛羊肉和奶酪的供應都由該司負責。上文也已提到御膳房與慶豐司之間的關係。

另外，還有「掌御馬之政令」的上駟院，「掌備器械以供御，官用皆給焉，掌工作之禁令」的武備院，其下機構、職官與編員也不在少數。

奉宸苑，總理皇家苑囿事務的內廷機構，雍正六年（1728）設奉宸苑堂官，定為三品卿職。乾隆十四年（1749）定為卿二人，「掌苑囿之禁令」。隸屬於奉宸苑的苑囿有：景山、瀛台、長河、玉泉山稻田廠、南苑、圓明園、暢春園、清漪園、靜明園、靜宜園等處所。

御船處（管船處），乾隆十六年（1751）成立，管理各園河道所用船隻事務。包括在熱河行宮、湯泉行宮、盤山行宮、黃新莊行宮各設總管、苑丞等職，管理行宮陳列等事項，並於各行宮設立千總武職，任守護之責。

掌關防管理內管領事務處，亦名內管領掌關防事務衙門。承應內廷灑掃糊飾，供應宮內酒菜及各種器皿，並管理該管領下戶口、田產、官員俸餉，兵丁錢糧之收管出入。所屬官三倉、恩豐倉、酒醋房、青菜庫、內外餑餑房、車輛庫、家伙倉、蠟備倉、冰窖、蘇拉處等。

管理三旗銀兩莊頭處，簡稱錢糧衙門，掌三旗各莊糧稅徵收，治其賞罰與其優恤之事。

官房租庫，掌內外城官房之租課，按月徵收，以供營造司之用。

御茶膳房，如前所述，供大內之食飲膳饈。所屬有茶房及膳房。茶房又分清茶房、御茶房。膳房分內膳房、外膳房。內膳房之下分四局，即葷局、素局、點心局、飲局，後又添設餑餑局。並附設肉房、乾肉庫等。

御藥房，掌供內廷所用藥材和丸散之事。設有員外郎、主事、庫掌等職官。

御書處，掌宮廷鐫刻碑帖事務，包括摹刻、拓裱皇帝御筆和御製詩文，以及製作宮廷用墨。

武英殿修書處，掌繕刻裝潢各館書籍之事。

造辦處，掌製造一切內廷器用。附設有如意館、金玉作、鑄爐處、造鐘處、炮槍處、鞍甲作、弓作、琺瑯作、玻璃廠、銅盉作、輿圖房、匣裱作、油木作、燈裁作、盔頭作，並設有活計庫以儲存製成物品。各種器用必有賬目，往來必有行帖，如乾隆三十年（1765）正月的《如意穗賬》記：正月初五日，敬勝齋拴紫檀嵌玉如意用蘋果綠如意穗一個。又正月初六日，胡世傑傳旨要三色如意穗子二十六個，換乾清宮等處如意穗用二十一個，下剩月白如意穗五個。由此不難得知宮中各項賬目之細緻。

犧牲所，掌喂養祭祀需用牲畜等事。初隸於太常寺，乾隆二十六年（1761）歸併內務府，以內務府大臣輪流值年管理，下設兼管司員等職。

不用說，前述坤寧宮朝祭之犧牲——兩口肥大神豬便是由該處提供的。

御鳥槍處，掌御槍之承應。養鷹鴿處，掌飼養鷹、狗隨圍進哨，以供苑畋之事。管轄番役處，掌緝捕之事。

三旗參領處及三旗包衣各營，設守衛宮城的護軍驍騎、前鋒等營，備紫禁城宿衛及扈從、儀仗等事。

同時，內務府還對雍和宮、寧壽宮、中正殿等處設官管轄，看管陳設，輪流值宿。並管理景山官學、咸安宮官學、蒙古官學、長房官學，負監視督理之責。

內務府還在江寧、蘇州、杭州設三織造，每處各設監督一人，分掌所駐地方供應皇帝和皇族及官用緞匹，歲終奏銷造冊呈內務府，以副冊送廣儲司查核。又設織染局，掌織造皇室所用緞紗染彩繡繪之事。順治十八年（1661）設，原隸工部，康熙十二年（1673）改為內務府管理。乾隆十六年（1751）移織染局於萬壽山。

乾隆二十六年（1761）又設總理工程處，凡宮殿之修理費用在二百兩以上者，俱歸工程處。置官有勘估大臣、承修大臣、查驗大臣，辦事司員除設委署主事一人，其餘皆由各司院臨時派員兼辦。

內務府又下設盛京內務府，置總管大臣一人，以盛京將軍兼充，分設廣儲、會計、掌儀、都虞、營造各司，置庫使、催長等職，分任盛京宮殿陳設、物品儲藏、營造諸務，並福陵、昭陵祭祀守護等事。設陵寢內務府，在薊州設東陵總管內務府大臣，以馬蘭鎮總兵兼充，並在各陵設司員、管領等職；在易州設西陵總管內務府大臣，以泰寧鎮總兵兼充。兩陵各駐有包衣三旗兵丁，備供各陵祭祀守護等事。

內務府另一重要機關是敬事房，是管理太監、宮女及宮內服役人員的機構。具體管理帝后的生活並負責宮內陳設、打掃、守衛，傳奉內務方面的諭旨。敬事房設大總管、總管、副總管、首領等宦官。他們分別編入內務府三旗各內管領下，其升遷調補、獎懲、錢糧均由內務府大臣

裁定。可見清廷對太監管制相當嚴格。

再者就是乾隆朝的南府，順治初襲明舊制設教坊司以供宮中奏樂演戲諸事。雍正七年（1729）改教坊司為和聲署。自乾隆朝在南府排戲，嗣後關於奏樂演戲遂由南府任之。後來又改稱升平署。

內務府除設有上述機構之外，或因時因事設置了一些臨時機構，以致機構和職官不斷膨脹，除去直屬機構外，還有若干附屬機構，職官吏役之眾以萬計。乾隆時期的內務府應是當朝之第一官衙。

檔案中的第四次南巡

自二十九年歲末至三十年年首，朝廷首推之政要當屬聖駕即將南巡。

乾隆二十九年十二月二十四日（1765 年 1 月 15 日），內閣奉上諭：「前經禮部奏請，於正月初五日舉行祭辛典禮，是以降旨於初九日啟鑾，恭奉皇太后安輿巡幸江浙。但初五日在立春以前，為時尚早，應俟春後初辛舉行，於義方協。所有祈穀典禮，着於十五日舉行，啟鑾之期，着改為十六日。」此諭之前的十二月二十二日，乾隆帝對以下奏報的硃批是：「知道了，欽此。」

> 恭照明春聖駕南巡，隨往江浙大臣、官員兵役、執事人等，前曾奏明，統以六千馬匹核計隨往，餘俱留往。
>
> 又經奉旨，令各衙門將應行減派人員，自行奏減各在案。今據各該處冊報，隨往渡黃上船人數共二千八百七十一人，比照上屆三千二百三十人之數，共減去三百五十餘員。各臣等按其品級之大小及差使之緩急，照從前之例酌量分派，共需馬五千二百四十一匹，尚未及奏明，統以六千馬匹核計之數。至渡黃以及各名勝處原奏派馬俱在四千匹以內，今照依原奏或按人減馬，或按差減人，渡

黃時應需馬三千五百零四匹，各勝處應需馬三千五百三十九匹。謹
開列清單進呈，俟發下時，行知兩江總督查照，並交兵部照例辦給
馬匹，一面知照各該處將單內隨往名勝處所減派人數，自行通融辦
理。至船隻一項，仍令該督遵照從前原定章程，預備上用船隻及裝
載御用什物等船，敬謹預備，其隨往官兵人等需用船隻，可按從前
奏定船數，將現在該省所有船隻照單內人數分別派撥。至浙省應如
何給票監放之處，即照江省之例一體辦理，應令兩江總督轉知浙江
地方，遵照可也。謹奏。[1]

　　早於以上諭旨，內務府在二十九年下半年就已為皇上南巡作籌備。
這一情況具體體現在內務府的《來文簿》中。

　　十月十一日，值年旗為轉知內閣抄出，明年皇上南巡裁減各該處隨
圍官員、兵丁等事。

　　十三日，提督衙門為咨送隨圍南巡之兵丁等數目事。

　　十四日，鑾儀衛為支領皇上南巡沿途需用蠟燭事。

　　十九日，鑾儀衛為明歲帶往江南去轎上幃子等物，由本府交次處代
往事。

　　三十日，鑲黃滿為支領江南隨圍副都統安太幫銀事。

　　十二月初，山東巡撫為咨明年南巡需用車數數目，並押車員弁職名
查照事。

　　初五日，工部為咨送南巡途間需用柴炭印票事。順天府為知會明歲
南巡車輛價銀預先領給事。上駟院為領取伊處隨往江南官員等應得幫銀
事。初十日，右翼前鋒統領努三為咨送明年隨往江南去，參領侍衛八格
等應得賞銀事。

1　《乾隆朝上諭檔》第四冊，第一六〇〇號。

到了十二日，至內務府辦理預領應得賞銀事的驟然增多，想必南巡隨往人員已經敲定：

鑲紅護軍統領弘方為領取隨往江南之護軍參領保□等應得賞銀事。

值年旗為轉知經總理行營王大臣奏，為明年隨江南去之官員、兵丁等得給賞銀事。

提督府為領取明年隨江南去之伊處官員等應得賞銀事。

三旗鳥槍營為領取隨往江南去之護軍校富德應得賞銀事。

正紅護軍統領慶太為領取隨往江南去應得賞銀事。

三旗虎槍營為領取隨往江南去藍翎侍衛阿爾蘇那等應得賞銀事。

向導處為領取隨往江南去之前鋒護軍參領五福等應領賞銀事。

都察院為領取隨往江南去之副都御史呂制應得賞銀事。

左翼前鋒統領馬常為領取隨往江南去前鋒參領應得賞銀事。

正藍護軍統領德蘇為領取隨往江南之護軍參領那蘇圖等應領賞銀事。

左翼前鋒統領為領取隨往江南去之護軍校等應得賞銀事。

正白護軍統領弘方為領取隨往江南去之護軍參領瑞華等應得賞銀事。

鑲黃滿為得給明春隨往江南去之署理副統德勒克應得幫銀事。

鑲黃護軍統領為領取隨往江南去之護軍參領等應得賞銀事。

正黃護軍為領取隨往江南去之護軍參領等應得賞銀事。

鑲黃蒙為隨駕南巡去之副都統弘昫得給賞銀事。

鑾儀衛為備差江南圍之更夫得給賞銀事。

鑾儀衛為咨領備差江南隨駕鑾儀使常岱賞銀兩事。

上駟院為隨駕南巡之大臣塔克圖得給賞銀事。

鑾儀衛為領取隨往江南去之伊處校尉寶成應得幫銀事。

上駟院為領取隨往江南去之侍衛等應得賞銀事。

另外，工部為咨查次年皇上南巡沿途茶膳房等處需用冰塊數日事。

順天府為咨明年江南去之本府需用之車輛數目事。

十四日，鑲白護軍統領為領取伊部往江南去應得賞銀事。

鑲藍漢為領取副都統范時綬隨往江南去應得賞銀事。

正紅護軍統領慶太為領取隨往江南去之護軍校來福應得賞銀事。

戶部為領取伊部侍郎于敏中等隨往江南去應得賞銀事。

禮部為領取隨往江南去之侍郎雙慶應領賞銀事。

鑲白旗為領取隨往江南去之護軍參領等應得賞銀事。

鑲藍護軍統領定住為領取隨往江南去之護軍統領全德應得賞銀事。

正紅護軍統領慶太為領取隨往江南去之護軍參領等應得賞銀事。

鑲藍護軍統領為領取隨往江南去之護軍校四保應得賞銀事。

十五日，光祿寺為領取隨往江南去之伊處傅為貯應得賞銀事。

又，工部為知會明年南巡沿途需用冰塊，照預備事。

十六日，兵部為知會明年隨往江南去，各處應領本價銀兩事。

正藍滿為領取隨往江南去之官員等應得賞銀事。

十七日，順天府為咨查江南去之車輛、人員職銜事。

侍衛處為領取隨往江南之伊處主事福保等應得賞銀事。

工部為知會隨往江南去之侍衛應領賞銀事。

十八日，鑾儀衛為支領隨駕江浙去鑾儀使明之恩賞銀兩事。

十九日，正藍蒙為支領隨往江南領催泰山兩個月銀糧事。

正黃滿為咨送派出江南送糧披甲人數目事。

二十日，正藍滿為領取隨往江南去之披甲人顧祖成應領賞銀事。

正黃漢為領取隨往江南去之披甲人等應得賞銀事。

二十一日，戶部為給發南巡派出之官兵等應支路費銀兩事。

侍衛處為領取往江南去侍衛應得賞銀事。

正紅漢為領取隨往江南去之披甲人顧思應得兩個月錢糧事。

正黃蒙為往江南去之前鋒護軍等應得賞銀事。

至此，戶部為給發明年駕幸南省派出官兵人等支給路費銀兩事致件

內務府。

二十二日，正黃護軍統領為派出江南去之護軍戴明阿賞給事。

正紅滿為領取往江南去之披甲人等應領兩個月錢糧事。

正黃滿為領取往江南去之披甲人等應得兩個月錢糧事。

正紅滿為領取往江南之軍機處披甲人等應領賞銀事。

正黃為轉知往江南去之官員等預領滿俸業經戶部給發事。

鑲黃為護軍統領富玉派往江南去之官員應得賞銀事。

正紅滿為領取往江南之伊旗披甲人等應得領賞銀事。

正紅滿為支領往江南去之披甲人穆特布賞銀事。

正紅滿為領取往江南去之伊旗佐領德承應領賞銀事。

鑲黃滿為咨領江南應差人六十七賞銀事。

二十三日，向導處為知會往江南去官兵等派出阿管理事。

二十五日，鑲黃滿為轉知明年江南去之大臣官員等應領先得給幫銀，業經戶部發事。

二十八日，禮部為知會，駕幸江南改為正月十六日起鑾事。

至此，內務府為乾隆第四次下江南的籌備工作似乎緩慢下來。

二十九日以後，只有一件來文，即正黃滿為領取派往江南去之披甲人烏拉齊應得賞銀事。

內務府《來文簿》的記錄，為了解乾隆帝南巡的籌備情況添加了豐富而生動的資料。而內務府的賞銀事僅僅是乾隆南巡支出的一小部分，據估計，每次南巡的開銷至少也要 300 萬兩銀子。耗資之巨早為世人所詬病。就在其第二次南巡後不久，一位耿直的官員就上疏批評南巡是一種花費過於昂貴的享樂。

其實，乾隆南巡放在 18 世紀的世界任何地方都可以說是最為壯觀的政治之舉。如他的詩中所說：「問俗來南國，諮戒重木朝。」南巡一路，他有機會會見地方官員和江南的各界精英、觀摩軍事訓練、巡視江

河堤壩、調查鹽務和皇家織造、訪問學堂和書院以倡導學術風化、視察當地農業、接觸農民等。

南巡不僅加強了清廷對中國南方的民事管理，而且或有展示其軍事力量、錘煉軍隊方面的考量，大量隨往江南的綠營與八旗官兵脫離京城安逸的生活去經歷旅途的鍛煉，構建了一個機動性的以馬背和營帳為標誌的朝廷形象。

在政治上，外出巡視也往往為乾隆帝擺脫官僚體制所施加的束縛提供了一種可能，即直接參與管理庶務，了解民情，並從中發現管理上的弊病。在經濟上，乾隆南巡，就當時的國帑而言，也完全在可以承受的範圍之內。

叁．

恭讀聖訓　鑒往知今

卯時

六時至七時　讀聖訓

六時三十分，乾隆帝前往乾清宮西暖閣閱讀前朝聖訓。
本朝皇祖金戈鐵馬開創基業的事跡令他熱血沸騰。
同時，遵循儒道、選拔秀民的祖訓又使他冷靜從事。
在這裏，他接受着雙重的訓導。

　　是日《穿戴檔》載，乾隆帝於同豫軒用過早膳之後，直奔「乾清宮西暖閣視事」。視的什麼事？該檔並沒有交代。

　　關於乾清宮，在前面已經提到。據《清世宗實錄》卷一載，雍正帝登基後諭示內務府總管等：「朕思乾清宮乃皇考（康熙帝）六十餘年所御，朕即居住，心實不忍，朕意欲居於月華門外養心殿。」這樣他將皇帝的寢興之所移出了乾清宮。

　　乾清宮裏的龍牀似乎已被皇上冷落了。然而，後來的皇帝們仍然在此「臨軒聽政，歲時於內廷受賀、賜宴及常日召對臣工，引見庶僚，接覲外藩屬國陪臣，咸御焉」。[1]

　　更為重要的是，當朝皇帝要在此閱讀前朝皇帝的聖訓。前輩治國理政當然會帶有不同風格，皇祖康熙帝是以身垂範，寬以待人；皇考雍正帝則事必躬親，高度獨裁。乾隆帝又該何去何從？他似乎走上了一條折衷路線，如他所說：「朕仰承聖訓，深用警惕，茲當御極之初，時時以皇考之心為心，即以皇考之政為政。惟思剛柔相濟，不競不絿，以臻平康正直之治。」[2] 他似乎在尋找寬鬆與威壓之間的平衡點。

1　《國朝宮史續編》卷五四《宮殿四‧內廷一》。
2　《清高宗實錄》卷四。

粲然備陳的乾清宮

乾清宮，廣九楹，通面闊近三十米，深五楹，通進深十四米有餘，建築面積一千四百餘平方米。重簷廡殿頂，上覆黃琉璃瓦，自台面至正脊通高二十餘米，簷角臥九獸，上層簷單翹雙昂七踩斗拱，下層簷單翹單昂五踩斗拱，殿內外梁枋飾金龍和璽彩畫，三交六碗菱花槅扇門窗。殿內明間、東西次間相通。

殿內正中設寶座，左右列圖史、璣衡、彝器，門楣南向，懸掛着「正大光明」匾。據説，此匾上的字原來是順治帝所書，後康熙帝摹勒上石，原跡藏於故宮御書處，後乾隆帝摹拓成匾。後來嘉慶二年（1797）十月二十一日酉刻乾清宮突遭大火，火勢先是從乾清宮的東暖閣東面穿堂的楠木格子燒起，雖宮中組織了潑水救火，但因天乾物燥，已無力回天，乾清宮化為灰燼。匾額被毀，嘉慶帝又命人重新摹拓並懸掛，相沿至今。

殿前露台上設有銅龜、銅鶴各二，晷影、嘉量各一，寶鼎四尊。中為甬道，與乾清門相屬。左右丹陛南出者二，東西出者各一。據記載，乾清宮的陛墀是明代取西山漢白玉石為之，每間一塊，長三丈，闊一丈二尺，厚二丈五尺，鑿為五級，以萬人拽之，築成如此萬年不動之基。時人有詩云：「歷陛升階白玉墀，文石欄楯光陸離。」

丹陛之下有文石台二座，上安設社稷、江山金殿，為順治十三年（1656）五月所置，每日遣宮監致祭，供奉香燭。宮之東為昭仁殿，殿後室曰五經萃室，西為弘德殿。昭仁殿之左東出者為龍光門，弘德殿之右西出者為鳳彩門。乾清宮始建於明永樂十八年（1421），正德、萬曆年間兩次毀於火，萬曆三十三年（1605）重建。清襲明制，順治元年（1644）興修，順治十二年（1655）重建，康熙八年（1669）再度修繕。為此，康熙帝諭令工部：「前奉太皇太后（即孝莊文皇后博爾濟吉特氏）

諭，謂乾清宮、交泰殿棟梁朽壞，宜撤舊重建，以為朕宮……其毋事華麗，止令樸質堅固……」

清代皇帝常在這裏御宴慶典，每逢慶典「乾清宮廣集簪裾，肆筵授幾。斯時也，蟾光鼇炬，焜耀堂廉，彩樹瓊葩，雜羅樽俎。許笑言之勿禁，寬儀法之不糾」，更是「天漿下賜金屈卮，酒行以次光風吹」。康熙帝與乾隆帝都曾在此舉行過著名的千叟宴、宗親宴，尤為盛事。

乾清宮作為常日臨御之地，殿內球圖法物，粲然備陳，而且專藏實錄、玉牒、寶笈、瓊函。順治年間被召賜入乾清宮的大臣如此描述：「……殿中書數十架，經史子集、稗官小說、傳奇時藝，無不有之。中列長幾，商彝周鼎、哥窯宣爐、印章畫冊畢具，廡下珠蘭、建蘭、茉莉百十盆。」

其中藏有太祖努爾哈赤實錄，內有戰圖八冊，乃盛京舊本，記載了努爾哈赤以一次次戰爭及一次次軍事勝利崛起於白山黑水之間。乾隆帝以尊藏之峽，子孫不能盡見，因於辛丑（乾隆四十六年）春，命依式重摹二本，一本藏上書房，一本恭送盛京珍藏。

殿中還藏有《乾隆皇帝南巡圖》，凡十二卷，盛於雕漆匣，裝池極精。第一卷《啟蹕京師》，第二卷《過德州》，第三卷《渡黃河》，第四卷《閱視黃淮河工》，第五卷《金山放船至焦山》，第六卷《駐蹕姑蘇》，第七卷《入浙江境到嘉興煙雨樓》，第八卷《駐蹕杭州》，第九卷《紹興謁大禹廟》，第十卷《江寧閱兵》，第十一卷《順河集離舟登陸》，第十二卷《回鑾紫禁城》，蔚為大觀。

另藏有眾多的玉牒，又稱宗室玉牒、覺羅玉牒，以顯祖宣皇帝塔克世之本支為宗室，其伯叔兄弟之支為覺羅。每遇丁年，纂修玉牒一次。其私生子則不入屬籍，賜姓曰覺羅禪。修牒時，以黃皮、紅皮別之，修成分藏於乾清宮正殿及東暖閣。玉牒例由宗人府開館纂修，據《清高宗實錄》記載，宗人府進呈新修玉牒。乾隆帝親詣乾清宮東暖閣恭閱行

禮，然後送皇史宬尊藏。

東暖閣匾曰抑齋，西暖閣匾曰溫室。東暖閣、西暖閣作為乾清宮的組成部分，亦是清帝政治活動的重要場所，因此這裏的陳設格外莊嚴凝重。

兩側安有格架，陳設各種書畫古玩，外覆紗簾緞罩以作保護。長幾上擺列着周代青銅虎一具，其體素面，上有一虎形鈕，形態肅穆。錞，即《周禮》之金錞，也作錞于，為古時軍旅樂器，常與鼓配合，用來在戰爭中指揮進退。《周禮注》云：「以芒筒挴之，其聲極振，眾乃歡服。」《國語 · 晉語》：「戰以錞于、丁寧，儆其民也。」虎錞的陳設使閣內既典雅又不失陽剛雄健之氣。如御製《題歲朝圖》詩云：「錞于歷周代，溫室貯乾清。手澤欽淳樸，心傳符一精。」

在西暖閣內書案上還陳放有晉王廞璧水硯一方，高案上陳放有元代澄泥龍珠硯一方，另外於東暖閣的書案上陳放有晉玉蘭堂硯一方。這三方硯都是清建國之初所有之物，因而乾隆帝每一濡毫，式欽手澤，必油然緬懷先皇初創之豐功偉績。

同時，閣內還藏有五方鐫刻乾隆帝御題的硯，即漢磚多福硯、宋端石九芝硯、宋端石荷葉硯、宋端石睿思東閣硯、松花江玉翠雲硯。這五方硯是乾隆帝登極克承大統之前所用之物，將之置於西暖閣內，無非是昭示當今皇上性行敦樸、追慕儒家道統之念。

在閣內的陳設中，尤以皇祖康熙帝的舊物最為顯赫，比如他生前御用之「敬天勤民」印璽。另外，長幾上供有兩支木根如意，亦為康熙帝時之寶物。一名執友，上刻黃山主人延齡長命客，乾隆帝曾屢次為之題詠以志念。長幾上另供有一盞吉祥草，乃康熙帝親手栽植，乾隆二十八年御製《題歲朝圖》詩序記：「歷數十年弗敢移置，適回部貢果至，盤貯其側，天然歲朝吉語。」

乾隆帝還作有《乾清宮五屏風銘》識語，記載他十二歲進宮時，

「每侍皇祖於乾清宮，得瞻御座後屏風集諸經銘語」的情景。這也是祖孫倆的一種緣分，在上百名同輩中，獨有他「特被恩寵，迥異他人」。六十九歲的康熙帝對這位十二歲的皇孫「親授書課，教誨有加」。

《清宮詞》注上如此寫道：「高宗天挺奇表，芝庭方廣，隆準頎身。十二齡時，謁聖祖於圓明園之鏤月開雲，見即驚愛，命宮中養育，撫視周摯。」相傳十二歲的弘曆能背誦宋朝大儒周敦頤的《愛蓮說》，康熙帝偶舉以試之，他不僅背誦如流，且融會貫通，解釋透徹，康熙帝對其喜愛有加。

他曾隨康熙帝秋獮射鹿，時年甫十二，賜居避暑山莊的萬壑松風讀書。一日，御舟泊晴碧亭，他遙聞皇祖呼名，即趨巖壁而下，康熙帝顧謂「勿疾行，恐致蹉跌」，愛憐異常。乾隆帝每憶此景無不感慨，曾作詩《恭瞻萬壑松風圖感而有作》，云：

> 當年諸孫行，惟我承恩最。
> 賜居亭畔室，虯枝森一帶。
> 盛夏如秋深，日夕靜相對。
> 諰諰吹衣襟，穀神守清泰。
> 轉瞬成昔遊，感企瞻圖畫。

康熙帝往木蘭秋獮，他也隨往，入永安莽喀圍場。皇祖用槍射中一隻大熊，見熊已倒地，便命他往射，意在讓他得到初次打圍就獵獲大熊的美名和吉兆，不料差點出了大禍。他剛剛上馬，那頭受傷的大熊突然立起。年方十二歲的他面臨這一龐然大物的拼死反撲，毫不驚慌，控轡自若。這時皇祖趕快再發一槍，將熊擊斃。待康熙帝回到帳中，親述於妃嬪說：「是命貴重，福將過予。」

這段經歷也是乾隆帝永生不得忘懷的。因與皇祖的這段親情，乾隆時期，乾清宮儼然是清代皇室列祖列宗，尤其是皇祖康熙帝的舊物陳列

室。乾隆帝本人也在一天之中精力最為充沛的早晨來此閱讀列祖列宗的實錄、聖訓。這便是乾隆帝正月初八日在乾清宮西暖閣視事的內容。

乾隆帝每日盥沐、進早膳之後，如在宮中，必於乾清宮西暖閣或養心殿暖閣及弘德殿，覽閱先皇實錄、聖訓，除巡狩、齋戒外，日以為常，寒暑不問，從未間斷。實錄、聖訓皆收存於內閣大庫，每前一日，中書啟鑰，用黃綾袱包裹，盛以楠木匣，次日早同奏章送入御覽之處，以行成制，恪守不懈。

「體皇祖之心為心」

皇考雍正帝突然駕崩，關於其死因的種種說法撲朔迷離，讓人難以看清其中的真相。登基之初，乾隆帝改變了皇考在位時的一些具有標誌性的威壓政策。雖然他一再表示：「內返竊深慚悢，每自思念受皇父深恩，時聆訓誨，至諄且詳。又為之擇賢師傅，以受業解惑，切磋琢磨，從容於藏修息遊之中。」而在人們的感覺上，他更熱衷於渲染祖孫之間帶有親昵色彩的承繼關係。

乾隆帝對皇祖康熙帝推崇備至，常講要「以皇祖之心為心」，「以皇祖之事為事」。以皇祖為楷模，效其所行，法其所事，達到皇祖所取得的偉大成就，在此基礎上有所發展，功業更著，這是乾隆帝畢生追求的目標。

如果說，乾隆帝初登皇位，在二十五歲的年華即成為流御華夏、撫有萬方的皇帝，這時在他的心底，一定會將他本人與皇權的最初結合予以考慮，他需要這至高無上的皇權嗎？皇權將為他帶來些什麼？回答或許是，年輕的皇帝僅僅希望萬眾仰望他的才華。

的確，乾隆帝從小受到非常好的教育。六歲就學，九歲受書於謹厚剛誠的庶吉士福敏，據說他能過目成誦，課業長進很快。後來，他又從

十七叔果親王允禮學火器，從二十叔貝勒允祎學騎射。加之他本人勤學苦練，技藝日增，深通家傳妙法。

雍正十一年（1733）正月，雍正帝封他為寶親王，從此命他代祀北郊，並讓他了解對準部用兵的軍機大事。雍正十三年（1735）春，貴州苗疆騷動，雍正帝特命他與果親王允禮等為辦理苗疆事務大臣，直接處理涉及改土歸流是否堅持實行的重要政務。

正是由於即位前的政治訓練，乾隆帝繼承皇位後，即寬大為政，以代嚴苛之弊，罷開墾、停捐納、重農桑及汰僧尼之詔累下，使得萬民歡悅，頌聲如雷。當時，吳中地方流傳的民謠唱道：「乾隆寶，增壽考；乾隆錢，萬萬年。」乾隆帝初繼大統，就得了「萬方忭舞」的好名聲。

整整三十年過去了，乾隆帝已漸入老年，春秋五十有五，但政治生命正如日中天，尚在中年，論其政治，應屬安定成熟期；論其世道，該算是盛世中的穩定升平期。

《清聖祖仁皇帝聖訓》卷三七中一段有關賞賚的記事，乾隆帝不知讀了多少遍：「康熙二十二年癸亥正月乙卯（十三日），上召大學士、九卿、詹事、科道等，賜上元節宴於乾清宮。宴畢，諭曰：『從來君臣之分，雖甚尊嚴，上下之情，貴相浹洽。觀古昔盛時，惟堂廉不隔，用成交泰之美。今卿等朝夕勤勞，出入奏對，朕心時切嘉念。特將內廄馬匹，擇其馴良於控御者，頒賜卿等，加以內纻，卿等其各承受，示朕優眷之懷。』」皇祖求賢若渴之心昭然可見。每讀至此，乾隆帝不由得浮想聯翩。在清朝興起的過程中，有很多明朝的文臣武將是堅決反對這個來自東北的政權的，他們或為明朝君主出謀劃策，或口誅筆伐攻擊大清的統治者。在清朝的統治即將成為事實或已經成為事實時，還有不少人寧可為明朝君主而死，甚至舉家殉難，也不肯接受清朝的統治。這曾經使乾隆帝的列祖列宗感到馳騁沙場也未曾有過的震撼。清朝開國元勛范文程說過：「治天下在得民心，士為秀民，士心得，則民心得矣。」這

番話準確道出了清朝統治者對知識分子社會地位與作用的認可。在漢族傳統觀念中，主張優禮和崇拜「天地君親師」，知識分子的社會地位與國君和祖宗相提並論。因此以滿族為主的清朝統治者為維持其統治，早就有重視包括漢族在內的知識分子的傳統。除自太祖、太宗及順治帝以來一般的振興文教之外，從康熙十八年（1679）起，還開創了「博學鴻詞」科，作為發展文化和籠絡文人學士的特殊措施。康熙帝為此發佈諭旨：「自古一代之興，必有博學鴻儒，振起文運，闡發經史，潤色詞章，以備顧問著作之選。朕萬幾餘暇，遊心文翰，思得博學之士，用資典學。我朝定鼎以來，崇儒重道，培養人材。四海之廣，豈無奇才碩彥，學問淵通，文藻瑰麗，可以追蹤前哲者？凡有學行兼優，文詞卓越之人，不論已仕未仕，令在京三品以上及科道官員、在外督撫布按，各舉所知，朕將親試錄用。其餘內外各官，果有真知灼見，在內開送吏部，在外開報督撫，代為題薦。」當年三月初一，被薦舉的博學鴻儒有一百四十三人，授以翰林等官。

雍正朝也曾特諭內外大臣薦舉博學鴻詞，但是「詔書初下，中外大吏，以事關曠典，相顧遲回。逾年，僅河東督臣舉一人，直隸督臣舉二人，他省未有應者」[1]。乾隆帝繼位後便要求各地加緊辦理，使雍正朝不能實現的舉博學鴻詞再見重光。乾隆元年（1736）九月二十八日，乾隆帝親自在保和殿主持考試，應試的士人有一百多名，最後取中十五名。十月五日，乾隆帝在養心殿接見了這十五人，並分別授以翰林院編修、翰林院檢討、翰林院庶吉士之職。

乾隆三年（1738）二月二十四日，乾隆帝在紫禁城文華殿首舉經筵大典。大典之上先由講官阿山、任蘭枝進講《論語·為政》中「道之以

1　《清史稿》卷一〇九《選舉志四》。

德，齊之以禮，有恥且格」一節。講完後，乾隆帝發表學習體會說：「政刑者，德禮之先聲；德禮者，政刑之大本。捨德禮而求政刑，必成雜霸之治。即政刑而寓德禮，乃見純王之心，一而二，二而一者也。若雲德禮之外，別有所謂政刑，則非聖人垂教之本意矣。」乾隆帝講完，講官班第、孫嘉淦進講《尚書・虞書・舜典》中「咨十有二牧，曰食哉惟時」一節。乾隆帝又闡發其義曰：「自昔聖帝明王，以堯舜為極則。堯之命羲和也，曰敬授民時；舜之咨十二牧也，曰食哉惟時。其重民天而厚民生之心，若合符節。而探本究源，則莫切於時之一字。知其時，則恆雨恆暘，動關深宮之慮，祁寒暑雨，時切蔀屋（貧者之居）之憂。夫其川澤山林，非時有禁，宮功蟊鼓，非時不使，猶其後焉者也。」乾隆帝講完，大學士張廷玉等又做了一番總結。整個過程，講官和侍班官一直跪聽皇上闡發經義，唯值講官有站立宣講經義的機會，待張廷玉講完，各位大臣向乾隆帝行二跪六叩禮，算是禮成，經筵大典結束。在天下文人的心目中，乾隆帝再一次加深了他是一位能遵循儒學之道的聖王印象。

清朝的政權，說到底應是滿族貴族與漢族地主的聯合統治，其中尤為特殊的是將孔子作為其正統文化思想的象徵。還在關外之時，滿族人就在盛京修建孔廟，祭祀孔子。入關後在北京國子監旁建起孔廟，尊孔子為「大成至聖文宣先師」。順治十四年（1657）又改稱「至聖先師」。康熙帝南巡時，曾親自去曲阜祭祀孔子，寫下了「萬世師表」的匾額，高懸於大成殿中。雍正二年（1724），孔廟失火，清政府撥款修葺。八年（1730），孔廟完工，雍正帝派皇五子弘晝、淳郡王弘曕前往告祭。

乾隆朝的尊孔更是超過其他任何一個朝代，其熱忱在清帝中也是數第一的。乾隆三十年以前，他曾於十三年、二十一年、二十二年和二十七年四次到山東曲阜祭祀孔子；乾隆三十年之後，又四次至曲阜祭孔。他以天子之尊，先後八次到當地向孔子頂禮膜拜，創造了空前絕後的歷史紀錄。

乾隆帝第一次到曲阜祭孔時，還寫下了《闕里孔廟碑文》：

> 登夫子廟堂，躬親盥獻，瞻仰睟儀，展敬林墓，徘徊杏壇，
> 循撫古檜，穆然想見聖德之形容，愀乎若接。夫聞聖人之風，誦其
> 詩，讀其書，皆足以觀感興起。況親陟降其庭，觀車服禮器，得見
> 宗廟百官之美富，有不益增其向慕，俯焉而弗能自已者歟？

字裏行間充滿着對孔子發自內心的敬仰之情。

遙想順治帝當年，儘管在入關後力圖學習漢文經籍，但是卻並不能獨立起草漢文制敕。事實上，當他最初親政時，甚至不曾親自批註漢文奏章，而是向某一大學士口述上諭，然後由大學士內三院臣僚書紅成文。這就給了大學士們相當大的斟酌處理的權力。當時大學士陳名夏就有好幾次改動了重要文件中的措詞，或者乾脆在最後書紅時刪掉某些他不同意的辭句。順治帝在處理政務時，要花越來越多的時間與大學士們一起討論，制定行政命令。在這方面，順治帝對他的大學士們是既支配，又依靠。

到了康熙帝與雍正帝的時代，情況有了根本性的改變。他們不僅深諳漢學，倡導宋學，而且周圍已經形成了一個供其駕馭的漢族文人集團。從乾隆朝起，清政權建立已逾百年，其統治愈加鞏固，清朝已成為中國歷史上又一個正統政權。因此，這時與其說乾隆帝還在利用漢族士大夫集團，不如說他已經融入了中華民族的傳統文化，且如士大夫一般行事。他一反過去大清仇視明朝忠臣義士的態度，而表彰他們為明朝殉難的節操。在乾隆帝認為，兩軍對峙，各為其主，竭忠效命是天經地義的事。

乾隆帝很敬佩著名反清人物史可法、劉宗周和黃道周等人的大無畏氣概，稱：「史可法之支撐殘局，力矢孤忠，終蹈一死以殉。又如劉宗周、黃道周等之立朝謇諤，牴觸僉壬，及遭際時艱，臨危授命，均足稱

一代完人。」如此之高度評價，在當時連他們的後代都是不敢想像的。

乾隆帝不僅希冀人們將其視為仁慈的文殊菩薩，也希冀在人們心中，他是一位儒家正統文化統治者的完美代表。他提到應該褒獎的明朝官員還包括：守城戰死與被俘處死之人，不甘國破而在家自盡之人，拋棄妻子、田園為明朝復國流離顛沛之人，至死不肯到清朝當官之人。在乾隆帝看來，犧牲戰場算是「捨生取義」，能保持臣節者可稱「疾風勁草」，因而表示要拋棄前嫌，遵照封建正統觀念予以表彰。他說：「凡明季盡節諸臣，既能為國抒忠，優獎實同一視。」乾隆帝還命令大學士、九卿、翰林、詹事、科道等官，根據《明史》《通鑑輯覽》等書所載史實，查核人頭，考其事跡，按照原官給予謚號。

乾隆帝這樣做，不僅是關照漢族文人所鍾情的藝術、文學和哲學的品味，而且意在博得漢族士大夫的政治支持，使那些恆志於「為天地立心，為生民立命，為往聖繼絕學，為萬世開太平」的儒生們為之歎服。同時，他也逐漸成為深諳漢文化的一代天子。乾隆帝酷愛漢字書法，造詣較高，長期書寫不倦，從北京皇宮到各地名勝，所到之處，無不題字，墨跡之多，罕與倫比。他還精於詩詞文賦，喜歡舞文弄墨。僅編成的《御製文集》就有九十二卷，收文賦一千三百五十餘篇。《御製詩集》四百三十四卷，收詩四萬一千八百餘首，數量之多，歷史上還無人能與其相提並論，可算是我國作詩最多的帝王。

乾隆帝還癡迷於歷朝歷代的古玩文物、珍版圖籍、書法繪畫。他以國家最高權力者的身份大力蒐集天下古玩。在他的倡導下，開創於宋代的金石學又在乾隆朝盛極一時，臣子們爭先恐後地為皇帝考據器物，由此出現了《西清三編》《祕殿珠林》《寧壽鑒古》及《石渠寶笈》等，共有數百卷之多。

作為少數民族出身的清朝皇帝，掌握漢族文化，無疑是維護其統治的有效手段。乾隆帝非常重視讀書人，不同意蔑視書生的世俗偏見。他

個人即自詡為書生，並且稱讚他左右的王公、大臣都是書生。當上皇帝不久，乾隆帝即公開為「書生」正名，說：「朕自幼讀書宮中，講誦二十年，未嘗少輟，實一書生也。」並帶着讚揚的口吻表示：「書氣二字，尤可寶貴，果能讀書，沉浸醞釀而有書氣，更集義以充之，便是浩然之氣。人無書氣，即為粗俗氣、市井氣，而不可列於士大夫之林矣。」

乾隆帝合上聖訓，凝視那已被陽光映白的地平線，感歎皇祖對漢文化的精熟深通，感歎皇祖優待秀民的高明政策，更感歎漢族古老文化的源遠流長與博大精深。

「正大光明」匾額之後

乾隆帝在內臣的簇擁下，走出西暖閣。每當他從這裏走過，都要下意識地微微側目去看那懸在殿堂中間的「正大光明」匾額。那一瞬間，他心中不免會掠過一絲孤獨。這份孤獨就藏在那匾額之後，無論匾額後面是否有確立儲君的祕詔，這都是他一個人要承擔的重大謀略和祕密，更何況如今他已是五十五歲的人了。

密立儲君開創於雍正帝，是由在位的皇帝選定繼承人，祕密寫名，裝在錦匣裏，藏於「正大光明」匾後。一旦皇帝駕崩，便取下錦匣，打開事先寫好的諭旨，看選定誰為皇儲，然後由他繼位當皇帝。它不同於中國傳統的嫡長子繼承制，有一定的選賢任能之妙。甚至若發現預立者有問題，還可以更換；同時，它和原來清朝不立儲君法也完全不同，可以避免「倉猝之間，一言而定大計」可能出現的失誤。另外，皇帝雖然立了儲君，卻又不公之於眾，被立的皇子本人不知道，其他的皇子也不知道。這樣既可以防止皇帝與儲君之間的矛盾，又可以防止諸皇子與儲君及皇子之間為爭奪儲位而進行的爭鬥。再者，也防止了攀龍附鳳之輩乘皇子爭奪皇位之爭結黨營私，對國家造成危害。

　　皇位更替，「有嫡立嫡」「無嫡立長」的原則長期以來對君權的轉移產生着一些作用。康熙帝晚年出現的儲位之爭，前後持續了不少於二十年的時間。儘管雍正帝是皇位之爭的勝利者，而他作為當事人，還是非常厭倦這種爭鬥的。所以他即位之後，當其寶座基本坐穩，便着手解決皇位繼承問題。為此，他於雍正元年（1723）八月十七日，在乾清宮西暖閣召集總理事務王大臣、滿漢文武大臣、九卿等，向他們面諭建儲之事。「我聖祖仁皇帝，為宗社臣民計，慎選於諸子之中，命朕纘承統緒，於去年十一月十三日，倉猝之間，一言而定大計。薄海內外，莫不傾心悅服，共享安全之福。」然而，「聖祖之精神力量，默運於事先，貫注於事後，神聖睿哲，高出乎千古帝王之上，自能主持，若朕則豈能及此也」。由此，他道出了對「倉猝之間，一言而定大計」之法的不同認識。

　　「皇考當日，亦曾降旨於爾諸臣曰：『朕萬年後，必擇一堅固可託之人，與爾等作主，必令爾等傾心悅服，斷不致貽累於爾諸臣也。』朕自即位以來，念聖祖付託之重，太祖、太宗、世祖創垂大業，在於朕躬，夙夜兢兢，惟恐未克負荷。向日朕在藩邸時，坦懷接物，無猜無疑，飲食起居，不加防範，此身利害，聽之於命，蓋未任天下之重也。今躬膺聖祖付托神器之重，安可怠忽，不為長久之慮乎？當日聖祖因二阿哥之事，身心憂悴，不可殫述。今朕諸子尚幼，建儲一事，必須詳慎，此時安可舉行？然聖祖既將大事付託於朕，朕身為宗社之主，不得不預為之計。」

　　於是，雍正帝闡明了他的建儲辦法。「今朕特將此事，親寫密封，藏於匣內，置之乾清宮正中，世祖章皇帝御書『正大光明』匾額之後，乃宮中最高之處，以備不虞。諸王大臣咸宜知之，或收藏數十年，亦未可定。諸王大臣等當各竭忠悃，輔弼朕躬，俾朕成一代之令主，朕於爾等亦必保全成就，篤厚恩誼，豈非家國天下之大慶乎。朕意若此，諸王

大臣其共議之。」當下在場諸王公大臣異口同聲:「皇上聖慮周詳,臣下豈有異議,惟當謹遵聖旨。」

雍正帝見到諸王公大臣完全贊成,龍心大悅,對大家說:「爾諸臣既同心遵奉諭旨,朕心深為慰悅。」於是命令其他諸臣退下,只留總理事務王大臣,當眾將密旨封於錦匣,收存於乾清宮「正大光明」匾額後,認定萬無一失後才離去。這是中國歷史上第一次推出祕密建儲制度。

被雍正帝寫在密旨上的第一個被預立的祕密皇太子是誰?十二年後,雍正帝駕崩,這個祕密終於大白於天下。正是當年十三歲、以英俊與才華出於眾兄弟之上、曾受到皇祖鍾愛的弘曆,也就是後來的乾隆帝。

乾隆元年(1736)七月初二日,乾隆帝於養心殿西暖閣召見總理事務王大臣和九卿,諭遵皇父之制,密立儲位。「國本攸係,自以豫定為宜。惟有循用皇考成式,親書密旨,照前收藏。」着總理事務王大臣親看宮中總管太監,將裝有密旨的錦匣收於乾清宮「正大光明」匾額之後。並宣諭,待將來皇子年齒漸長,「識見擴充,志氣堅定,萬無驕貴引誘之習,朕仍應佈告天下,明正儲貳之位」。這位密旨中指定的儲君,就是孝賢皇后富察氏所生皇次子永璉。不料乾隆三年(1738),九歲的永璉患了重病。十月十二日,乾隆帝親奉皇太后至寧壽宮探視,然而永璉竟於當日去世。乾隆帝悲痛萬分,下諭輟朝五日,並諭和碩莊親王允祿、和親王弘晝及軍機大臣:

> 二阿哥永璉乃皇后所生,朕之嫡子,為人聰明貴重,氣宇不凡,當日蒙我皇考命名永璉,隱然示以承宗器之意。朕御極以後,不即顯行冊立皇太子之禮者,蓋恐幼年志氣未定,恃貴驕矜,或左右諂媚逢迎,至於失德,甚且有窺伺動搖之者。是以於乾隆元年七月初二日遵照皇考成式,親書密旨,召諸王大臣面諭,收藏於乾清宮正大光明匾之後。是永璉雖未行冊立之禮,朕已命為皇太子矣。

今於本月十二日，偶患寒疾，遂致不起，朕心深為悲悼。朕為天下主，豈肯因幼殤而傷懷抱，但永璉係朕嫡子，已定建儲之計，與眾子不同，一切典禮，着照皇太子儀注行。

不久，禮部奏行皇太子喪儀，皇上素服七日，若臨皇太子金棺處，釋縷緯。官員軍民人等，在京四十日、外省二十日停止嫁娶作樂，煞是鄭重。

直至乾隆四十八年（1783）九月三十日的上諭，仍然能看到乾隆帝對此事所懷遺恨。諭曰：「朕登極之初，恪遵家法。以皇次子乃孝賢皇后所生嫡子，為人端重醇良，依皇考之例，曾書其名，藏於乾清宮正大光明殿匾額後。乃稟命不融，未幾薨逝。遂命大學士鄂爾泰、張廷玉將其名撤出，進諡為端慧皇太子。」

乾隆十二年十二月二十九日（1748年1月29日），乾隆帝遭受到第二次大的打擊——他心愛的皇七子、孝賢皇后所生永琮，年方二歲，以痘殤。他悲傷地諭告王大臣：

> 皇七子永琮，毓粹中宮，性成夙慧，甫及兩周，岐嶷表異。聖母皇太后因其出自正嫡，聰穎殊常，鍾愛最篤，朕亦深望教養成立，可屬承祧。今不意以出痘薨逝，深為軫悼。建儲之意，雖朕衷默定，而未似端慧皇太子之書旨封貯，又尚在繈褓，非其兄可比，且中宮所出，於古亦無遭殤追贈概稱儲貳之禮。但念皇后名門淑質，在皇考時，雖未得久承孝養，而十餘年來，侍奉皇太后，承歡致孝，備極恭順。作配朕躬，恭儉寬仁，可稱賢后。乃誕育佳兒，再遭夭折，殊難為懷。皇七子喪儀，應視皇子從優，着該衙門遵旨辦理，送入朱華山園寢。

乾隆帝兩次欲立嫡子為儲君，均未能如願，痛定思索，認為此舉有

所不妥，因而遭到祖宗的譴責，才有此難。他在宣佈處理永琮喪事的上諭中說：「復念朕即位以來，敬天勤民，心殷繼述，未敢稍有得罪天地祖宗。而嫡嗣再殤，推求其故，得非本朝自世祖章皇帝以至朕躬，皆未有以元后正嫡紹承大統者，豈心有所不願，亦遭遇使然耳，似此竟成家法，乃朕立意私慶，必欲以嫡子承統，行先人所未曾行之事，邀先人所不能獲之福，此乃朕過耶。此朕悲悼之餘，尋思所及，一併諭王大臣等知之。」

兩次痛失親子，這對於乾隆帝的精神打擊是異常沉重的，而打擊尤甚的是他們的親生母親——皇后富察氏。在永琮夭折之後，她悲痛欲絕，終在乾隆十三年（1748）春伴隨乾隆帝東巡的途中，一病不起，逝於返京的御舟之中。

「二十二載伉儷相得」，一旦永訣，乾隆帝陷入極度的悲痛之中，而宗廟社稷付託不得其人的煩惱，更是憂得他日夜不得安寧。他變得暴躁易怒，他抓住皇后喪葬中一些細微末節的問題興師問罪，在平靜的宦海中掀起了重重波瀾。在皇后死後的半年中，有一百多名大臣或被革職，或被降級，或被罰俸，甚至被處死。乾隆帝的雷霆之怒從外廷襲到內廷，當時已二十一歲的皇長子永璜首遭禍殃。永璜在皇后去世後，因為死去的不是自己的親生母親，故而沒有表現出十分的哀痛。這是乾隆帝所不能容忍的。同時遭禍的還有皇三子永璋，乾隆帝曾一度對他產生過好感，並寄予希望。但在皇后去世時，十四歲的永璋的表現也令乾隆帝不滿。乾隆帝在盛怒之下，斷然宣佈，此二人斷不可承繼大統！為了表明自己的決絕之意，乾隆帝對天發誓：「朕為人君，於常事尚不食言，於此等大事，又有食言之理乎？」永璜遭此嚴重的鞭撻，抑鬱寡歡，終至染疾在身，一年以後，於乾隆十五年（1750）三月十五日命歸黃泉。永璋也在惶恐不安中於乾隆二十五年（1760）死去。

皇后死後的第二年，即乾隆十四年（1749），皇九子早殤，未命名；

又過了兩年，即乾隆十六年（1751），皇十子早殤，未命名；乾隆二十年（1755），皇十三子永璟早殤；乾隆二十七年（1762），皇十六子早殤，未命名。一連串的家庭悲劇接踵而來，使乾隆帝一次次地受到精神上的挫傷。

從表面上看，乾隆帝是一位多子的皇帝。名義上曾擁有十七位皇子，但有七位皇子不滿五歲即夭折，其他十位雖長大成人，卻只有六位活過了三十歲。能夠考慮立為皇儲者，已是寥寥無幾。那為數不多的幾位長大成人的皇子，又難以令他滿意。皇八子永璿剛愎自用，不為乾隆帝喜歡。皇十一子永瑆詩文精潔，尤善書法，名重一時。士大夫得其片紙隻字，視若珍寶，乾隆帝亦深愛其才。但永瑆天性隱忮，好以權術馭人，不講信義，唯知逢迎權要，守財如命，持家十分苛虐，不是做君主的料。

這時，乾隆帝欲立為皇儲者是皇五子永琪。永琪為愉貴妃珂里葉特氏所生，其母於雍正年間入宮，乾隆初年被封為貴人，乾隆六年封愉嬪，乾隆十年封為愉妃，死後以貴妃入葬。永琪少時能講滿語，騎射嫻熟，深得乾隆帝喜愛，這是乾隆三十年正月間乾隆帝心中裝着的皇儲（這一年永琪被封為榮親王）。

想到這裏，乾隆帝坦然邁過乾清宮的門檻。

又記：

皇五子永琪於乾隆三十一年（1766）死去。乾隆三十年以後，乾隆帝僅生一子，即皇十七子永璘。這是一位好遊嬉，不喜讀書，不務正業的公子哥兒。他曾半開玩笑地對人說：「使皇帝多如雨落，亦不能滴吾頂上。」乾隆三十年，繼皇后烏拉納喇氏隨乾隆帝南巡至杭州，與乾隆帝發生齟齬，竟一氣之下剪去髮辮，觸犯滿洲禁忌，從此被冷落。第二年烏拉納喇氏於孤寂冷漠中死去。乾隆帝令治以皇貴妃之禮，並削奪其皇后位號。她所出的皇十二子永璂自然也被排除在立儲之外。

　　母以子貴，天經地義，而雍正朝與乾隆朝卻有不同的選擇。雍正帝最寵愛的是年羹堯之妹，原藩邸的側福晉年氏，雍正帝對於尚在幼年的年氏之子福惠是比較器重的。年氏與其子福惠雖都死在雍正帝之前，可是在祕密立儲時福惠還在，雍正帝卻選中了嬪妃等級低下的鈕鈷祿氏所生的弘曆，這說明他擇嗣的依據不是生母，而是皇子本人。

　　乾隆帝則有不同，皇后富察氏在乾隆帝心目中更受愛重。乾隆元年（1736），永璉被密定為皇太子。皇太子早夭後，此後的立儲，乾隆帝仍然摻雜着對皇子生母的好惡，這種感情因素對於他選擇儲君起着較重的作用。

　　乾隆三十八年（1773），乾隆帝祕密立儲，被選中承繼皇位的是皇十五子永琰（即位後改名顒琰），為令貴妃魏佳氏於乾隆二十五年（1760）所生，即後來的嘉慶帝。

　　全新時代並未如期而至。乾隆帝所期許的「我朝聖聖相承，乾綱獨攬，政柄從無旁落」宏願也未得以實現。由於雍正帝設計祕密立儲制度的核心政治理念是有利於在位皇帝的政治統治，因此，實際上這種以孝忠於在位皇帝為立儲基本條件的、由上而下的「選拔」制度一經出現，就已經為清代後期皇權的弱勢命運埋下了伏筆。以表面上平靜的政權過渡為基本特徵的祕密立儲，最終換來了儲君在後來政治作為上的壓抑與無能。看看清代後期一代不如一代的皇帝，就會令人感到，他們並不是政治鬥爭的強者，而是政治強人手中的玩偶，政柄旁落終成定局。儘管說後來的皇帝素質每況愈下，和生育率過低，可供選擇的皇子太少有關。然而，由此也可以進一步證明，這套皇位繼承制度在設計之初就有着嚴重的缺陷，因為它本身排斥了包括生育能力在內的其他重要選拔條件。祕密立儲，最終非但未能解決結黨營私、攀龍附鳳的舊病，而且還使皇權政治患上了軟骨、陽痿的新症。這實在不是什麼好法子。

肆·

重華聯句　君臣之道

辰初至巳初

　　七時至九時　更衣　小憩　聯賡對詩

七時許，重華宮茶宴開始。紫禁城好像是一個詩的
王國，而乾隆帝本人就是那至高無上的國王。君臣
二十多人聯賡對詩，他們用華麗的辭藻來讚美一尊
雪象。這場隔年後雪是下在上年臘月二十三日的「二
寸沾」，相去已有半月，然而與會的人們仍興致高昂。

　　皇上到乾清宮西暖閣讀聖訓的當兒，早在黎明前就候在乾清門外的二十四名當朝重臣，在奏事官員的帶領下，由乾清門魚貫進入內廷。如果這時有人去眺望天空，會感受到它的肅穆。太和殿前的天空很大，已經留在身後。宮牆高聳，接下來的本來晴好的天空變得狹長。

　　乾清門是紫禁城內廷的正宮門，正南是太和、中和、保和三大殿，過了此門則是乾清、坤寧、交泰三殿，連同東西六宮，共為十五宮，構成了內廷的主體建築群，正合星辰紫微垣兩藩十五星。

　　乾清門門廣五楹，中三陛三出，各九級。四周圍以漢白玉石欄，門前有兩座鎏金的銅獅。門之東為內左門，西為內右門，皆南向。乾清門一帶既是有清一代御門聽政處，也是聯絡外廷與內廷的咽喉要道。

四任「丞相」

　　頭一天，內務府總管王常貴傳旨：「正月初八日叫漢大人進重華宮做詩，茶膳房伺候果盒。欽此。」

　　正月初八日行請轎輿，官宅伺候，乾隆帝用豐登寶盒一副，賞郭什哈昂邦、漢大人用鼓盒、果盒十二副。

賞阿哥師傅張泰開、汪永錫[1]、李中簡、倪承寬、盧文弨、金甡、謝墉、汪廷玙、劉星煒、奉寬、陳兆崙菜三桌。每桌熟鍋一個、葷菜二盤、素菜二碗、點心二碗、粉湯。

賞懋勤殿翰林王際華、陳孝詠、蔣棚早晚菜二桌。

賞南書房翰林董邦達、竇光鼐、彭啟豐、錢汝誠、裘日修早晚菜二桌，共四桌。每桌八碗，內有葷菜二碗、素菜二碗、熱鍋二個、點心二盤、粉湯。

上記初八日在皇宮中有飯局的十九人中，除去阿哥師傅李中簡、懋勤殿翰林陳孝詠、南書房翰林董邦達[2]三人，其他十六人等均參加了重華宮茶宴對詩。

另外，除去觀保一位，傅恆、劉統勛、阿里袞、陳宏謀、舒赫德、阿桂與于敏中都是在清史中有傳的赫赫有名的人物。他們中間的四位還是乾隆年間的四任「丞相」，其影響一直延續到乾隆末年。

其一是傅恆，他是現任首席軍機大臣。滿洲鑲黃旗人，出身於顯赫隆盛的簪纓世族富察氏家族，曾祖哈什屯，曾任內大臣；祖父米思翰，任過戶部尚書；其父李榮保是察哈爾總管。傅恆是李榮保的第十子。更為重要的——傅恆是孝賢皇后的弟弟，也就是說是乾隆帝的小舅子。

同滿族大多數官員一樣，傅恆沒有科甲頭銜，而是以侍衛登上仕途。乾隆五年（1740），被任以藍翎侍衛，為六品以下的小官。兩年之後即授總管內務府大臣，管理圓明園事務。由此官運亨通，步步高升。乾隆八年（1743），擢戶部右侍郎。十年（1745）六月，任軍機處行走。

1　清宮檔案中記錄正月初八日，二十三名大臣參加重華宮茶宴對詩聯句。但實際參加對詩的大臣有二十四名，最後一名汪永錫似是臨時加入的。

2　據《乾隆三十年王公文武大臣等職名黃冊》，董邦達正月初六日胃氣疼，正月十五日病。因此，在正月初八日這一天，他很可能胃疾複復發，只參加了皇宮飯局，而在重華宮茶宴中缺席。

十一年（1746）七月轉左侍郎；十月，授內大臣。十二年（1747）二月，
充會典館副總裁；三月，遷戶部尚書，授議政處行走，兼鑾儀衞事；六
月，充會典館正總裁。十三年（1748）三月，命傅恆等總理皇后喪儀；
四月，加太子太保、協辦大學士；六月，充經筵講官。

時遇大兵征討大金川逆酋莎羅奔，經略大學士、首席軍機大臣訥親
久戰無功被殺，二十五六歲的傅恆登上了首席軍機大臣之位，成為清代
歷史上最年輕的宰輔。

乾隆十三年（1748），對於皇帝和他的大臣們來説，幾乎都是充滿
坎坷的一年，而傅恆卻是一個例外。對他來説，這是時來運轉、飛黃
騰達的一年。這一年九月，傅恆被任命暫管川陝總督，經略軍務，受命
於危難之中。隨即晉升保和殿大學士，位至卿相，前往金川主持征討。
為了保證傅恆用兵無阻，將士聽命，乾隆帝還不吝賞格，不惜權力，打
破常規，賜傅恆花翎二十、藍翎五十、白銀十萬兩，作為嘉獎軍前立功
將士之用，其奏章許於沿路開看。十一月，傅恆啟行，乾隆帝賜宴重華
宮，親至堂子行告祭典禮，並命皇子及大學士來保等送至良鄉。

兩個月後，傅恆剛抵達四川，乾隆帝又頒佈了對他的嘉獎令：晉銜
太保，加軍功三級。傅恆年不過三十，出師尚未立功，便驟然晉至三公
之位，如此恩典實在是出人意外。

一個月後，即乾隆十四年（1749）正月，傅恆親自督師攻下金川險
碉數座的奏報遞達京城。傅恆還表示要親任其難，直搗逆酋巢穴，於四
月間奏捷。但是，乾隆帝通過傅恆的奏章，已知前線缺糧缺馬，軍需供
給匱乏，需要速戰速決；而金川叛民的碉卡險隘林立，易守難攻，「攻
一碉難於克一城」。當他聽説傅恆要誓與金川戰爭相始終時，唯恐傅恆
年輕氣盛，因求功心切而陷在這場進退兩難的戰爭裏。因為，對乾隆帝
來説，用傅恆督師的真正用意，不在於克復一地一域，而在於歷練大
臣，幫傅恆樹立威望。

因而，傅恆剛剛小有奏捷，乾隆帝便又下令班師，召傅恆還朝。其旨稱：「傅恆自奉命以至抵軍，忠誠勞勤，超出等倫。辦事則巨細周詳，鋤奸則番蠻懾服，整頓營伍則紀律嚴明，鼓勵戎行則士氣踴躍。且終宵督戰，不避風雪，擊碉奪卡，大著聲威，誠克仰副委任。……經略大學士傅恆乃朝中第一宣力大臣，素深倚毗，豈可因荒徼小丑，久稽於外？朕心實為不忍！即擒獲渠魁，掃蕩穴巢，亦不足以償勞。此旨到日，傅恆着即馳驛還朝。」乾隆皇帝唯恐傅恆有違旨意，還搬出向不預政的崇慶皇太后諭令傅恆罷兵。

旋踵而來的欲加之恩，不僅令滿朝文武心中惑然，即傅恆本人也感慨交集，誠惶誠恐。他上疏堅請進兵，力辭公爵。在傅恆來說，此時唯有肝腦塗地，效命疆場，方能報答皇帝的不世之恩。

傅恆沒能揣摩到聖上的真實意圖，這使乾隆帝心急如焚。他手諭傅恆，以數千之言，反覆諭令其班師還朝，聲稱「大學士輔弼元臣，抒誠讚化，名耀旂常，正不必與兜鍪閫帥爭一日之績」。

而傅恆真可謂吉人天佑，就在他躊躇再三，對班師還朝頗有勉為其難的苦衷時，金川土司莎羅奔等因久戰乏力，畏死乞降。於是歷時兩年之久的金川之役以傅恆親往督師告捷。

從此，傅恆便以本朝第一功臣的地位，在朝廷中樹立起了軍功威望。他不僅完全取代了訥親的地位，以保和殿大學士太保一等忠勇公的頭銜，擔任軍機處領班大臣，而且備受榮寵，成為名符其實的乾隆朝宰輔大臣。一直到乾隆三十五年（1770）七月病歿，他執掌樞垣達二十年之久。

傅恆作為椒房貴戚，又早年入侍禁宮，論閱歷自是比不上那些起自微官末秩的達官顯貴。如果說他的能力和識見高人一籌，那也只能歸結為其寬厚謹慎的秉性。他為人雍容謙和，禮謙下士，恭謹事上，給人一種與世無爭之感，不僅與同朝的大臣們相處融洽，即使高高在上的皇帝，也會因對其擺布隨意，得心應手而倚毗尤深。

　　與傅恆同時的清人趙翼在《簷曝雜記》中描述說：「傅文忠（傅恆）文學雖不深，然於奏牘案卷，目數行下。遇有窒礙處輒指出，並示以宜作何改定，果愜事理，反覆思之，無以易也。余嘗以此服公。」傅恆非科舉出身，卻能在那些出自文宗士子之手的文翰中找出紕漏。一次，他為兩江總督尹繼善在乾隆帝南巡時增華揚麗之事，命司屬代作詩文相嘲，其屬員詩中有「名勝前番已絕倫，聞公搜訪更爭新」之句，傅恆聞後，將「公」字改作更為熨帖的「今」字。這使頗為自負、以文學才子自詡的趙翼也心服口服。傅恆的確是個有福的宰相，乾隆十三年由皇后之死而掀起的一場軒然大波，終於在傅恆主外廷、烏拉納喇氏主內廷之後平息了下去，着實過了不少年的太平日子。傅恆本人不僅輕而易舉地成了紫光閣群英圖中的第一功臣，而且成了名副其實「德心孚契」的太平宰相。

　　然而好景不長，邊境再起事端。作為清王朝屬國的緬甸，於乾隆二十七年（1762）冬對雲南邊境發動進攻。泱泱大國，豈能受小國之辱。乾隆帝一向認為「我大清國全盛之勢，何事不可為」，於是便在收復失地之後，接受了雲貴總督楊應琚的建議，於乾隆三十一年（1766）出征討伐緬甸。

　　這是一次窮兵黷武而又毫無所獲的戰爭，先是楊應琚慘敗，繼之明瑞身亡。在連續受挫之下，乾隆帝不得不派出朝廷重臣傅恆，命傅恆為經略，阿里袞、阿桂為副將軍，舒赫德為參贊大臣。很明顯，這是一場只能勝不能敗的戰爭。

　　乾隆三十四年（1769）二月，傅恆率師啟程。三月底，當他抵達雲南之後，便不顧當地氣候惡劣，不聽眾人關於宜待霜降瘴消之後出師的建議，馬不停蹄地出兵入緬。傅恆是在用自己的性命來詮釋對皇帝的忠誠，並真正做到了鞠躬盡瘁，死而後已。

　　傅恆出師三個月後，與緬軍相持於老官屯一帶。在雙方膠着的過程

中，清軍因水土不服，染瘴病而死亡的人數與日俱增，隊伍已由三萬人減至一萬人，傅恆本人也染上了非常可怕的瘴癘。

戰爭實在無法打下去了。臥病在牀的傅恆更是騎虎難下。雖說乾隆帝已有撤兵之旨，但傅恆因難以覆命而猶豫不決。正在這時，緬甸方面遣使求和，傅恆又一次體面地於乾隆三十五年（1770）春班師還朝，卻不幸於當年七月因瘴癘而與世長辭。

傅恆的死，使乾隆帝深為震悼，如失左右手，親臨其第酹酒，賦詩詠之：

> 瘴徵方欣輿病回，侵尋辰尾頓增哀。
> 鞠躬盡瘁誠已矣，臨第寫悲有是哉！
> 千載不磨入南恨，半途乃奪濟川材。
> 平生忠勇家聲繼，汝子吾兒[1]定教培。

一年以後，乾隆帝出巡畿輔，駐蹕天津行宮，而此地恰恰是傅恆去年自雲南前線還朝覆命之地。觸景生情，乾隆帝感慨萬分，又賦詩追念故人：

> 去歲滇南力疾回，恰斯面晤憶生哀。
> 樸齊即景依然也，前席言人何往哉！
> 自古同為閱世客，衹今誰是作霖材？
> 自憐無助涓埃者，後進方當竭力培。

---

1 傅恆的幾個兒子都得到乾隆帝的倚重。長子福靈安，多羅額駙，雲南永北鎮總兵，病死於征緬之役。二子福隆安，和碩額駙，尚乾隆帝女和嘉公主，理藩尚書，一等忠勇公。還有福長安，官至戶部尚書，封侯爵。尤其是他的另一個兒子福康安，更是乾隆朝最重要的將軍，功勳顯赫，官至武英殿大學士，生封貝子，死後追贈嘉勇郡王。詩中的「汝子吾兒定教培」真正落到了實處。關於福康安的身世，有人懷疑他是乾隆帝的私生子，所以特受寵任。傳言頗多。

乾隆三十九年（1774）二月，乾隆帝路經傅恆墓，賜奠並再賦御詩：

> 佳城咫尺躓途旁，蒞止因之酹桂漿。
>
> 已歷廿年資輔弼，又驚三載隔陰陽。
>
> 先茲於汝應相恨，後此顧予轉自傷。
>
> 無忌昭陵雖有例，那教賜奠痛文皇。

傅恆之死時時激起乾隆帝的悼念之情，足見其在皇帝心中的地位，他確實是與乾隆帝同心同德的「濟川材」「作霖材」。乾隆三十年（1765）正月初八日，傅恆作為重華宮茶宴上與君對詩的第一臣子，也是情理之中的事。而後乾隆帝累賦御製詩悼念故人，也算是對當年重華宮茶宴上傅恆作詩頌聖的一種特殊回報。

其二便是被乾隆帝稱作「真宰相」的劉統勛。

劉統勛，字延清，山東諸城人。雍正二年（1724）進士，考選庶吉士被點為翰林，授編修之職。先後值南書房、上書房，四遷至詹事府詹事。當乾隆帝登基時，劉統勛已是正三品的大員。但是，官階雖高，卻始終不得要職，充其量不過是皇帝的文學侍從而已。

然而，性情簡傲的劉統勛以清介持公聞名於朝野，在當時鄂爾泰與張廷玉兩勢力之間，他是少有的幾個既不依附鄂黨，也不投靠張黨的人。這是初政之後為大臣朋黨而憂煩困擾的乾隆帝，在漢人中選中劉統勛的重要原因。

乾隆元年（1736），劉統勛被擢為內閣學士，授命從大學士嵇曾筠赴浙江學習海塘工程。在浙期間授刑部侍郎。乾隆四年（1739），劉統勛丁憂回籍。乾隆六年（1741），即被召回朝廷晉為左都御史，成為執掌台垣（即監察機構，皆為言官）的權要人物。

劉統勛幾乎是剛剛上任台垣，便以剛直聞名朝野。乾隆六年十二月，他上書彈劾了當朝的兩大權臣：訥親和張廷玉。當時，訥親正走

紅，為乾隆帝傾心倚任，欲以其取代前朝老臣鄂爾泰和張廷玉。但劉統勳卻直言：「訥親年未強壯，綜理吏、戶二部，典宿衛，贊中樞，兼以出納王言，時蒙召對。屬官奔走恐後，同僚亦爭避其鋒。部中議復事件，或輾轉駁詰，或過目不留，出一言而勢在必行，定一稿而限逾積日，殊非懷謙集益之道。請加訓示，俾知省改，其所司事，或量行裁減，免曠廢之虞。」

又疏言：「大學士張廷玉歷事三朝，遭逢極盛，然晚節當慎，責備恆多。竊聞輿論，動云『張姚二姓佔半部縉紳』……請自今三年內，非特旨擢用，概停升轉。」

這兩份奏褶，一是說訥親權重，一是說張廷玉勢大，均為切中時弊之言。但具褶之人，卻不能不承擔相當的風險。雖說作為言官，有「風聞奏事」不以為過的權限，但台諫終歸是專制皇權的御用工具，最終須取決於皇帝的裁斷。

所幸乾隆帝處理此事相當明智，他既不否定劉統勳所奏，亦不峻加指責訥親和張廷玉。只是頒旨說：「朕思張廷玉、訥親若果聲勢赫奕，擅作威福，劉統勳必不敢如此陳奏。今既有此奏，則二臣並無聲勢可以箝制僚案可知，此國家之祥瑞也，朕心轉以為喜。」

不難看出，乾隆帝並不滿意劉統勳所奏。作為專制皇帝，他要獨斷乾綱，不允許任何人妄議朝政，因為這樣直接關係到皇上的體面和尊嚴。因而，他聲稱「彈劾大臣，有關國體」，並以揭防宵小無知之徒由此以參劾大臣為倖進之階為名，下令將劉統勳的兩份奏褶明發大小官員，以諭禁止之意。

通過這次上疏，當年已四十三歲的劉統勳被逐漸磨掉棱角，由一名骨鯁之士變成了唯知盡職勤事的廉能之臣。在以後八年任都察院左都御史之職期間，再也無此錚錚有聲的奏褶了。而劉統勳的政績也以鞫讞案獄、充當欽差為最多。乾隆中期有關地方大吏的貪黷枉法之案，幾乎無

不經由劉統勛鞫審，足以證明乾隆帝對劉統勛的信任和重寄。而劉統勛查鞫案獄的奇聞軼事，也隨着官書和野史的載錄、傳聞不脛而走。

然而，劉統勛的仕途並非長盛不衰。乾隆十九年（1754），加太子太傅。五月，命協辦陝甘總督，賜孔雀翎。二十年（1755），清廷議駐兵巴里坤、哈密，命劉統勛察勘。因不諳軍旅，貽誤軍務，又妄議退兵，惹怒了皇上，被革職查辦，押解來京逮治。當時劉統勛的處境十分悲慘，他的兒子劉墉（官翰林院侍講）受其牽累，被奪職不說，在京其他諸子皆下刑部大獄，家產也被查抄籍沒。

但乾隆帝畢竟不是昏君，旋怒解。他深知劉統勛為風骨之臣，「且遇事輒抒所見」，比之模棱怯避、緘默自全者勝過百倍。因此，宥其過犯，諭令「統勛在漢大臣中尚奮往任事，從寬免罪」，發往軍營，令以司員辦理軍需，效力贖罪，並釋放了其子。劉統勛於乾隆二十一年（1756）自伊犁返回，旋授刑部尚書。至乾隆二十六年（1761）拜東閣大學士，兼管禮部、兵部，成為朝廷中僅次於傅恆、來保的宰輔重臣。

劉統勛科舉出身，雖不以詩名，然偶有吟作，必出手不凡。乾隆年間，桐城張廷玉預告歸里，劉統勛奏敕撰送行詩，門下士如趙翼等故舊拜訪劉統勛，並令擬作，卒莫有稱意者。時劉統勛於樞廷中，自握筆管為之，其中一聯云：「住憐夢裏雲山繞，去惜天邊雨露多。」恭繕進呈，乾隆帝見後大加褒賞。而同時送行詩中，無有出劉統勛之右者。

傅恆死後，乾隆帝對劉統勛更是倚恃為左右手，而且改變了漢人不得居軍機大臣首輔的軍機規制，破例於乾隆三十六年（1771）任命劉統勛為首席軍機大臣。

然而，劉統勛在這個位子上為時不長，在乾隆三十八年（1773）壽終於「宰相」的職任上。劉統勛故世時，乾隆帝親臨其第祭奠，竟至流涕謂諸臣曰：「朕失一股肱！」既而曰：「如統勛乃不愧真宰相。」並稱其「神敏剛勁，終身不失其正」，遂諡文正，成為清朝大臣中第一個初

歿得謚「文正」的人。而這須出自皇帝特旨的賜謚,「非品學德業無愧完人者未足當此」

這第三者,是生前備受乾隆帝寵重,死後卻為乾隆帝深惡痛絕的于敏中。

于敏中,字叔子,江蘇金壇人。乾隆二年(1737),在科場上一舉奪魁,摘取鼎甲桂冠,授翰林院修撰。自此後,于敏中以文翰受知於乾隆帝,累遷侍講,典山西鄉試,督山東、浙江學政,入值上書房。乾隆十八年(1753),官拜內閣學士。乾隆十九年(1754),擢兵部侍郎,為從二品的大員。

于敏中雖官場得志,翔步青雲,但家中卻屢有不幸。先是其生父於乾隆二十一年(1756)亡故。兩年後,嗣父於枋繼而病歿。接着又是他的生母謝世。

清代官吏遵丁憂守制之規,凡遇父母喪亡,官吏須持服三年,方為行孝。但長時間離任往往有失去升遷機會的可能,所以,在官場上常常出現官員匿喪不報的情況。對於功名心極強而又迫切需要鑽營的于敏中來說,接二連三的喪親之痛實在是微不足道,而歸梓赴喪倒成了拖累,令他難以接受。因而,乾隆二十三年(1758),當他在嗣父殞歿、回籍治喪後,便未將相隔不久的生母之喪上報。然而,世上沒有不透風的牆,于敏中的這椿醜聞很快傳播開來,並驚動了台諫言官。

乾隆二十四年(1759)正月,御史朱嵇舉書彈劾,稱于敏中「兩次親喪,蒙混為一,恝然赴官」,指責這位熟讀「四書五經」的科舉狀元不行孝道。乾隆帝雖然明察秋毫,並在群臣中留下明察太過、師心自用的形象,然而這次卻採取了文過飾非的態度。

對於御史的糾參,乾隆帝降旨為其開脫說:「于敏中守制回籍,陳請歸宗,原為伊本身生母起見。若非歸宗,則於例不得受封,此亦人子至情。至回籍後,復丁母憂,伊聞命暫署刑部侍郎時,未經具褶奏明,

此一節原未免啟人訾議。但于敏中才力尚可造就，刑部侍郎缺出，一時未得其人，是以降旨起用。」乾隆帝還公開斥責朱嵇「污人名節，不無過當」，告誡諸臣不要妄發言論。

在乾隆帝的保全下，于敏中不但毫髮無損，而且由署侍郎實授刑部左侍郎。至次年，即乾隆二十五年（1760），又奉命在軍機處行走，入值樞垣為軍機大臣，相業可望。

乾隆二十七年（1762），他獲得了在紫禁城內騎馬的資格，據乾隆二十九年十二月十四日（1765年1月5日）的內務府《來文簿》載，當時準備隨往皇帝出巡江南，領取應得賞銀的于敏中已是戶部侍郎了。

于敏中何以如此獲寵於乾隆帝？歸根結底還是他本人的才氣。《嘯亭雜錄》說：「然其才頗敏捷，非人之所能及。其初御製詩文，皆無煩定稿本，上朗誦後，公為之起草，而無一字之誤。……其得膺天眷，在政府幾二十年，而初無所譙責者，有以哉。」

另外，與上二位不常作詩的丞相略有不同，于敏中有《素餘堂集》存世。更重要的是他與愛作詩的乾隆帝算是有一種特殊的詩緣。據說，于敏中於朝中得勢之後，乾隆帝命他專責政事，便把復誦皇帝詩文的差事，交給了為其後進的梁國治。一天，兩人一同被召見，于敏中以梁國治掌詩本，於皇帝誦詩時便不甚留心，只是目視梁國治，使其默記。但梁因入值未久，對軍機處那些不成文的規矩還未得要領，也不曉得于敏中目中之意。召見完畢，于敏中等待梁將詩文謄寫在案，卻久等不至。及于敏中派人去問，梁才如夢方醒，茫然不知所措。因事關二人職守，于敏中見梁已計無所出，便說道：「待老夫代公思之。」於是，一人獨坐於斗室之中，約一刻鐘左右，將乾隆帝所誦之詩文錄出，所差只有一兩個字，梁國治當即為之折服。於此足見于敏中才氣之不凡。

乾隆三十年（1765）後，于敏中的仕途更是青雲直上，於是年擢

戶部尚書，七月，充國史館副總裁。三十三年（1768），加太保之銜。三十六年（1771）為協辦大學士。至三十八年（1773），于敏中的官運達到了登峰造極的程度：三月，他奉命充《四庫全書》正總裁；八月，晉升文華殿大學士兼戶部尚書；九月，充國史館、三通館正總裁；十一月，在專供皇子讀書的上書房為總師傅，兼翰林院掌院學士。這一年于敏中在朝廷中的地位已經十分顯赫，在軍機大臣的序次中，他排第三，僅在劉統勳、劉綸之後。由於乾隆帝的寵信，他的權勢陡然大增。無論在京城還是出巡外地，于敏中總是作為隨侍不離皇帝左右，朝廷中的許多重大決策，都有他的參酌和定見。於是，于敏中寵極而驕，連劉統勳也不放在眼裏了。

乾隆三十八年（1773），朝廷下詔徵集遺書。安徽學政朱筠疏請開局輯錄《永樂大典》中的古書，得到于敏中的支持，但大學士劉統勳卻以「謂非政要」，加以反對。劉統勳時居軍機大臣之首，又先于敏中十二年拜內閣大學士，無論是地位還是資歷都在于敏中之上。而于敏中卻恃皇帝寵眷，與劉統勳抗顏相爭，並終遂己願。乾隆帝宣諭特開《四庫全書》館後，由他擔任正總裁主其事。

此事，近代學者梁啟超曾有論說：「康熙中葉以來漢宋之爭，到開四庫館而漢學派全佔勝利。也可以說是：朝廷所提倡的學風，被民間自然發展的學風壓倒。當朱筠初奏請開四庫館時，劉統勳極力反對，結果還是朱說實行。此中消息，研究學術史者不可輕輕放過也。」梁啟超《中國近三百年學術史》。依梁啟超說，朱筠屬漢學家，劉統勳為宋學家，四庫開館則是漢學派殆佔全勝的樞管。

是年十一月，以廉能方正立朝的大學士劉統勳過世，于敏中順理成章取代了他的位置。毫無疑問，這對于敏中來說，是一件意義非常的事情。他不僅由此躍居為首揆軍機大臣，且不再因劉統勳那一身正氣而心生畏憚了。於是，長年夾着尾巴做人的于敏中放開了手腳，原形畢露。

他培植私人，接交外吏，廣通聲氣，而且暗行苞苴之私。

　　乾隆三十九年（1774）七月，內監高雲從因漏泄硃批道府記載，下廷臣鞫治。在鞫審的過程中，于敏中私結內監的不軌行徑被揭之於公堂之上。

　　乾隆帝對于敏中私結太監一事大為震怒。于敏中作為此時最受寵信的大臣，竟做出如此不合法紀而又不合身份的事情，是乾隆帝萬萬沒有想到的。他不僅憤怒，而且痛心。同時，他也弄不明白，「于敏中以大學士在軍機處行走，日蒙召對，朕何所不言，何至轉向內監探問消息耶」？

　　在乾隆帝親自審問中，于敏中避重就輕，為自己開脫。乾隆帝也沒有往下追究，似乎相信了于敏中的供詞。其實，更令人信服的解釋是，皇上不願承認自己任人不明，而保住了于敏中，也就保住了自己的臉面和尊嚴。所以，當太監高雲從以違制干政，被推出斬首的同時，于敏中非但被乾隆帝從寬免於治罪，而且當刑部議處革職之後，乾隆帝再次頒詔從寬留任。足見乾隆帝此時複雜的心情，他恨于敏中的不忠，卻又愛其才優，更想大事化小，小事化了。

　　于敏中雖操守不佳，卻不愧是個棟梁之材。作為首席軍機大臣，于敏中每日都要參與國家的大政方針，為乾隆帝贊襄大業，籌劃方略。

　　其時，正值乾隆帝第二次對金川用兵，皇上正外倚能征慣戰的阿桂統兵打仗，內恃精明強幹的于敏中為他綜理國政。正如乾隆帝自己所言：「自川省用兵以來，于敏中書旨查辦，始終是經其手。」乾隆三十九年（1774），清廷已是勝利在望，大功告竣在即，乾隆帝正想對這位才學優長的寵臣加官晉爵，不料，于敏中私結太監一事恰在此時敗露。於是，乾隆帝以其功過相抵，如前大學士張廷玉之例，給以世職不再提，將他從寬發落，但卻不無譏諷地說：「實伊福澤有限，不能受朕深恩。于敏中寧不知痛自愧悔耶？」

　　乾隆四十一年（1776）正月，金川戰爭克捷，這為于敏中帶來了他仕宦生涯中最後的一次輝煌。乾隆帝論功行賞，大賜群臣，于敏中以「辦理軍務以來，承旨書諭，夙夜殫心，且能巨細無遺，較眾尤為勤勳」，賞給一等輕車都尉，世襲罔替。並使他同諸功臣一樣，圖像於紫光閣中。于敏中也是喜出望外，他那被陰雲籠罩的心情頓時輕鬆了不少。趁着皇上在興頭上，他乞求翎帽黃褂之賞。

　　孔雀翎帽和黃馬褂，只能是滿族武臣獲軍功者方可穿着佩戴，漢人文職大臣由鼎甲出身者，從無賞花翎、黃褂之例。但于敏中既有是請，乾隆也就欣然允了，並笑而賜詩曰：

　　　　儒服由來本稱身，乞恩因以畫麒麟。
　　　　詎圖章采榮梓裏，亦謂勤勞同藎臣。
　　　　緇席寧如赤芾子，鶯衣和着鷺翎人。
　　　　木天從此增佳話，黃絹原歸冠榜賓。

　　于敏中雖着實得意了一番，卻壽數有限。乾隆四十四年（1779），他那每年冬季都要發作的老病即所謂「寒疾」加劇，入冬後竟然一病不起。病喘，遣醫視，賜人參。於十二月病逝，終年六十六歲。

　　時值臘八佳期，乾隆帝因節慶鮮暇，不得親自往奠。特遣皇八子攜茶酒致祭，優詔賜恤，祭葬如例，祀賢良祠，謚文襄。在一首悼念的詩中，乾隆帝深切地表達了他那種痛失良佐的心情：

　　　　遺疏不堪視，輓詞那可忘。
　　　　悲今如伯施，述古歎文皇。

　　乾隆帝對于敏中可謂是仁至義盡，但于敏中對乾隆帝卻是非忠非義。儘管他生前做得隱諱，但死後很快昭然於天下。

　　事情的敗露竟是由于敏中姪（于時和）孫（于德裕）們的遺產糾紛

引起。于敏中屍骨未寒，于家就為財產而大動干戈，訟之公堂。這早已使乾隆帝生疑。於是，便以為于家斷明家產分配為名，命大學士英廉等人逐一查檢于家的財產。結果查得所藏金銀竟合二百萬兩之巨。

當查訊的結果奏聞朝廷時，乾隆帝勃然大怒，下令籍沒于敏中家產，並革掉其妾張氏三品誥命夫人（乾隆三十八年特封），發往曲阜孔廟為婢。這一記載僅見於《朝鮮李朝實錄》中，在清朝的官書和清人的筆記中均不見有所透露。可以想像，這件首席軍機大臣貪污不職的大案，是被乾隆帝給捂起來了，無論在當時還是事後，從辦案到籍沒家產都是極其祕密的。

繼京城的抄家之後，江蘇巡撫吳壇也查明了于敏中之姪於時和在江南吞佔家產的情況；繼而，又查出蘇松糧道章攀桂曾為于敏中在江南僱人修建花園。隨之而來的是，乾隆四十六年（1781），舉朝震驚的貪污大案——甘肅布政使王亶望捏災冒賑案被揭之於天下。

事出偶然，乾隆四十六年三月，甘肅河州蘇四十三聚眾起事，乾隆帝派和珅、阿桂至甘督辦。四月和珅到甘肅後上疏奏報軍情，言及入甘境即遇雨。阿桂上報征戰之情，亦屢稱雨水太多延滯用兵。乾隆帝由此回想到過去甘肅連年奏報乾旱，大起疑心，立即警覺起來，降旨詢問阿桂：「該省向來年年報旱，何以今歲得雨獨多，其中必有捏飾情弊。」諭令阿桂和署理陝甘總督的李侍堯仔細訪察辦理，據實上奏。

案情很快查辦到乾隆三十九年（1774）初，陝甘總督勒爾謹疏請在肅州、安西兩地收捐監糧，欲通過捐監籌集糧食，以備倉儲。而民人因輸糧入監有了前程之望，亦樂從命。捐監本身似無可咎責之處，但卻為別有用心的王亶望所利用。這王亶望何許人也？原來此人並非市井細民，而是巡撫之公子，其性甚貪。這項被王亶望鑽了空子的措施，在當時得到管理戶部的大學士、首輔軍機大臣于敏中的贊同，「即行議准」，並在乾隆帝猶豫未決的情況下「慫恿開捐」，說服了皇帝。

其時王亶望由浙江布政使暫署巡撫移做甘肅布政使。此人在乾隆帝眼裏是個精明的能臣，尤其會逢迎事上。他在赴任甘肅之前，依例須到京陛見，自然也會拜訪于敏中。因而，王亶望到甘肅之後，如此膽大妄為，又如此暢行無阻，連總督勒爾謹也安於從事，如果沒有于敏中為之從中主持，是很難說得通的。

乾隆四十二年（1777），乾隆帝對甘肅捐監一事似乎產生了懷疑，特派刑部尚書袁守侗、刑部左侍郎阿揚阿前往甘肅盤查監糧。袁守侗素以擅長辦案著稱，然而此次到了甘肅，卻將實無一粒監糧在倉的甘肅，說成是「倉糧係屬實貯」，使乾隆帝信以為真。假如袁守侗、阿揚阿是受了蒙騙，那麼能知道如此機密，為王亶望通風報信的又是誰呢？把于敏中同甘肅捐監冒賑案聯繫起來，就不會再有這麼多的問題了，也不會覺得他那二百萬兩家私來得奇怪了。

此案大白之後，乾隆帝下諭，命將王亶望立即正法，令勒爾謹自盡。被處斬的大小官員就有五十餘員，可謂是大誅貪官，嚴懲不貸了。

乾隆四十七年（1782）十月二十七日，乾隆帝下了一道長諭，講述全案經過，訓示內外大小官員，其中多處指責于敏中：

> 彼時大學士于敏中管理戶部，即行議准，又以若准開捐，將來可省部撥之煩，巧詞飾奏。朕誤聽其言，遂爾允行，至今引以為過。其時王亶望為藩司，恃有于敏中為之庇護，公然私收折色，將通省各屬災賑，歷年捏開分數，以為侵冒監糧之地。設此時于敏中尚在，朕必重治其罪，姑念其宣力年久，且已身故，是以始終成全之，不忍追治其罪。

乾隆六十年（1795），年已八十有五的乾隆帝，在宣佈退位的前夕，仍然沒有忘記令他寒心的于敏中。他在詳細審閱國史館進呈的于敏中列傳後，又舊事重提，發佈上諭：

昨國史館進呈《于敏中列傳》，朕詳加披閱。于敏中以大學士
在軍機處、南書房行走有年，乃私向內監高雲從探問記載，又於甘
肅監糧一事，伊為之從中主持，慫恿開捐，以致釀成捏災冒賑巨
案。……即此二節，實屬辜恩，非大臣所應有。使其身尚存，必當
從重治罪。

于敏中死後蒙羞，遭到了報應，從此惡名遠播。

這第四者，是在乾隆帝的十大武功之役中唯一的無役不與的功臣
「丞相」——阿桂。阿桂，字廣庭，章佳氏，為大學士阿克敦之子。初
為滿洲正藍旗人，因在平回部、駐伊犁期間治事有功，改隸正白旗。

作為滿族人，阿桂不僅出身簪纓世族之家，又以武功受知於乾隆
帝，而且通文學，仕出科舉功名，為乾隆三年舉人。阿桂性情沉穩、端
重，卻不失機敏。先是以蔭生授職大理寺，累遷至吏部員外郎。乾隆八
年（1743）升任郎中，命在軍機處行走。這一年，阿桂二十五歲，可謂
少年得志。

但阿桂很快仕途受挫，先是因失察庫項銀物被降調；接着，乾隆
十三年（1748）的政治風暴又波及到他。這一年，阿桂奉命隨兵部尚書
班第赴金川軍營辦事。由於出師不力，乾隆帝重懲群臣，繼經略大學士
訥親和總督張廣泗先後以貽誤軍機被乾隆帝處決後，提督岳鍾琪疏劾阿
桂勾結張廣泗蒙蔽訥親。於是，阿桂被逮，投入大牢。直到第二年，這
場突發的風暴煙消雲散，阿桂才因父親年老，只有自己這麼一個兒子，
而罪過又與貽誤軍機不同，獲釋回家。

阿桂作為大學士之子，獲釋後自然很快官復原職，仍在軍機處行
走。乾隆十七年（1752），擢任江西按察使。次年，召補內閣侍讀學士。
乾隆二十年（1755），為內閣學士，躋身部院大員的行列。但其時正在
進行的準噶爾戰爭，又將阿桂捲入沙場。阿桂先是奉命赴烏里雅蘇台督

理台站。遇父阿克敦之喪，回京丁憂，旋即回前線，以參贊大臣、鑲紅旗蒙古副都統駐守科布多。烏里雅蘇台和科布多皆為清朝的重要駐防之地，足見阿桂在此時已開始為乾隆帝所重視。但在這次戰役後，阿桂雖得到花翎之賞，卻也因戰前「觀望」而受到責備。

乾隆二十五年（1760），清軍平定了回部，收復了天山南北新疆的廣闊領土。如何來鞏固這一地區的統治？就在眾人束手無措的時候，阿桂上疏屯田之議。他建議在水土肥沃的伊犁河以南海努克等處屯田。既以回疆民人中嫻耕作者屯種，亦增派駐防兵協同耕種。然後，逐漸在當地建設城市，設置台站，並籌備駝馬，發展交通。

阿桂的建議得到了乾隆帝的稱許，而阿桂也就承擔起在新疆屯田的重任。阿桂「由阿克蘇率滿洲、索倫驍騎五百名、綠營兵百名、回子三百名，越穆蘇爾達巴罕至伊犁，鎮守辦事，搜捕瑪哈沁，招撫潰散之厄魯特，即以綠營兵築城，回子乘時興屯，開渠灌溉」。[1] 在號稱大沙漠的罕無人跡的回疆進行屯田，不能不說是一次對命運的挑戰。然而，命運卻不失時機地成全了那些敢於向它抗爭的人們。阿桂的嘗試居然成功了，是歲大豐，阿桂由此揚名。

乾隆二十六年（1761），清廷第一次圖功臣像於紫光閣，乾隆帝親自作讚，平定伊犁回部功臣共五十人，阿桂雖無陷陣殺敵之勳功，卻仍名列第十七位。

此後，阿桂似乎與戰爭結下了緣分。自乾隆二十九年（1764）三月，阿桂奉命署伊犁將軍，尋調署四川總督；十二月回京，任工部尚書。乾隆三十年（1765）正月初八日，他參加了重華宮聯句對詩。

阿桂不僅勳名德望，功存冊府，而且在詩界也有些名望，有詩篇存

1　《欽定新疆識略》卷六。

世，少有人評讚過他的詩作。如郭曾炘的《雜題國朝諸名家詩集後》評阿桂詩「英雄出語只天真」。近代北洋政府總統徐世昌撰有《晚晴簃詩匯》，評說讀阿桂詩「知勛業根於儒術，詩亦光明俊偉，為有德之言」。陳康祺的《燕下鄉勝錄》記：「阿文成公（阿桂）在金川時，曾被岳（鍾琪）大將軍參劾獲咎。嗣文成總督雲貴，岳適降補雲南提督，心常惴惴。文成偶詠詩示岳云：『鳴鏑一聲山響答，長空飛鳥漫相疑。』岳始釋然。」足見阿桂作詩的誠摯之風。

　　到乾隆三十二年（1767），阿桂實授伊犁將軍，中間又一度署理四川總督，皆以封疆大吏的身份鎮守邊疆。在緬甸之役開始後，阿桂很快又作為扭轉敗局的能將，與阿里袞同為副將隨大學士傅恆征緬。

　　然而，這是一場得不償失的戰爭。清廷雖然是最終的勝利者，但卻付出了沉重的代價。在那小小的彈丸之地不僅丟下了數以萬計的官兵屍骨，而且阿里袞卒於軍中，傅恆也身染重疾，回師後不久病故。阿桂成了此戰三名主將中的唯一倖存者。

　　緬甸之役後，阿桂被任命為雲貴總督，留駐雲南。乾隆三十四年（1769），罷總督任，改授副將軍，負責籌辦撤兵事宜。乾隆三十五年（1770）三月，因遣使失當，交部議處，後被革去所兼各職，以內大臣留辦副將軍事務，令其自效。乾隆帝急欲從緬甸戰場脫身，阿桂卻在次年二月疏請大舉征緬，並請求入覲面陳機密，結果被乾隆帝手詔詰責，命奪官留軍效力。

　　此時金川之役再起，清軍連連失利，乾隆三十八年（1773），定邊將軍溫福所率領的援軍在木果木大敗。危難之中，乾隆帝和在朝大臣們幾乎同時想到阿桂。於是，於軍中屢立戰功的阿桂，官階由四川提督、參贊大臣、右副將軍、禮部尚書，升到指揮這場戰爭的前線統帥定西將軍。

　　乾隆四十一年（1776），金川之役告捷，清廷第二次於紫光閣圖功

臣像，在五十人中阿桂居首位。是年又被詔封一等誠謀英勇公，晉協辦大學士；次年五月，又官拜武英殿大學士，管理吏部，行走班次列于敏中之前，居為首位。阿桂自乾隆四十一年入閣拜相，即已是六十歲的老翁。諸多戎馬之功使他威名素著，「為近日名臣之冠」。但他毫無驕傲之氣，立身嚴謹，恭謹事上。

乾隆五十三年（1788），清朝於平定台灣林爽文之役後，第三次圖功臣像，阿桂仍以指示方略，位居功臣之首。乾隆帝還親自賦詩稱讚：

> 勘外守中，居恆亮功。
> 馳咨軍務，志每予同。
> 歸朝襄贊，蕆逆除凶。
> 三登紫閣，福厚功崇。

乾隆五十七年（1792），清廷又獲平定廓爾喀入侵西藏的勝利，第四次於紫光閣圖功臣像。阿桂作為朝中的老臣，有協謀大勞，本應居於首位，但「阿桂自以此次未臨行陣，奏讓福康安為首功」，自己甘居第二。為此，乾隆帝讚他「從不言功」。

阿桂以滿人拜相，自乾隆四十二年（1777）補武英殿大學士後，位次便躍居于敏中之前。但他仍然謹慎小心，「畫諾至恭慎，每署日稿尾，雖遇倉猝，運末筆如有力千鈞」。他每天早上天不亮就入朝治事，凡事都親自過問，奏稿親自閱看，直到他認為準確無誤時，方呈送皇帝。而且，每當皇帝的御輦經過他辦公的值房時，他都要在房中起立垂手以待，直到皇帝的鹵簿儀仗走遠，才重新坐下。後人稱他是「功大心小」，真是一點也不差。

嘉慶元年（1796），做了太上皇的乾隆再舉千叟宴，阿桂領班。是年八月，是阿桂的八十生辰，太上皇帝賜「介眉三錫」匾額。並賜御製詩云：

黃髮未曾更駘背，廿年於是擎絲綸。

試看信史今兮古，幸我斯時君與臣。

耳重目明政何礙，前功後業福猶申。

相期矻矻漫言老，七字促成賚壽辰。

此詩，可以說是為阿桂最後圖了個「功臣像」。

這一年的九月，阿桂上疏辭領兵部；十一月，以疾乞假。次年八月，卒。後人評阿桂「二十餘年為太平宰相，而意猶不自慊」[1]。

建福宮小憩

以上說了不少乾隆三十年（1765）正月初八日的後話，算是為重華宮茶宴聯句的開場做一些鋪敘。

那麼，是日離開乾清宮的乾隆帝又移駕何處呢？據《穿戴檔》載：辰初一刻，乾隆帝換上大毛熏貂緞面蒼龍教子珠項冠，穿杏色緙絲面黑狐膁龍袍，貂皮尋常端罩，珊瑚大朝帶，正珠數珠，至建福宮少坐⋯⋯

這建福宮建於乾隆五年（1740），居西二長街，當時是宮中的小花園，俗稱西花園。整座院落從建福門起，以撫辰殿、建福宮、惠風亭和靜怡軒四座建築為核心，依次構成四進庭院。雍正帝薨逝後，乾隆帝守喪期間，在大內養心殿居住了兩年多，天氣炎熱時，宮中竟找不到一處清涼舒適、可以避暑靜居的場所，於是乾隆帝便在重華宮以西隙地興造建福宮，以準備皇太后大故後，在大內守喪居住之用。「以其地較養心殿稍覺清涼，構成邃宇，以備慈壽萬年之後，居此守制。」

由於乾隆帝不喜歡原紫禁城宮廷建築凝重肅穆而失之沉滯呆板的

1　王昶《湖海詩傳・蒲褐山房詩話》。慊，意為自滿。

建築風格，因此在修建建福宮時，他着重將園林自然清新的雅趣引進宮廷，於是建福宮的風貌迥異於其他宮室。這是乾隆帝改變大內建築風格的最初嘗試。汪由敦《松泉文集》卷三《建福宮箴》序有云：

> 潛邸所御，厥名重華，其西有隙地焉。紫禁邃清，宮牆窈窕，樂是爽塏，用葺新宮。清暑宜夏，迎暄宜冬，或疏或奧，秋月春風。嘉卉猗旎，珍木扶疏，對時育物，宸襟孔愉。肇錫嘉名，顏曰建福。

園內堆築了較大的假山，又以遊廊連接各座建築，迴環入勝，並建築有進深很淺的二層樓閣，排列於西、北兩面，以遮擋背後的高大宮牆。全園不求平衡對稱，卻佈置得錯落有致，別具一格。據《養吉齋叢錄》卷一七載：「大內宮殿，崇宏肅穆，非苑囿比。乾隆五年葺建福宮。宮在撫辰殿後……其間幽邃靜麗，各極其勝，花竹樹石，佈列遠近，其規制與內宮殊不同也。」在森嚴肅穆，陛高堂深的宮廷建築中，該處另闢蹊徑，尋求雅趣，富有清新活潑的氣息。乾隆皇帝將他最鍾愛的珍奇文物收藏於此，並經常在花園內寫詩賞畫。嘉慶時，下令將其全部封存，成了名副其實的寶庫。可惜這座風格獨特的乾隆早期建築，到了1923 年 6 月 27 日，突然起了一場神祕大火，整座花園連同無數珍寶——歷代收藏古物一夜間化為灰燼。據當時還住在紫禁城內的清朝末代皇帝溥儀的說法，懷疑是太監們監守自盜，縱火毀滅證據。

乾隆時期，乾隆帝常臨倖建福宮，賦詠頗多。十一年（1746），乾隆帝有《皇太后建福宮賞花侍膳之作》，云：

> 新花回雁報春歸，韶景長舒愛日暉。
> 幾個綠筠吟鳳管，雙珠紅杏舞萊衣。
> 酒斟北斗升玫陛，壽指南山映瑣闈。
> 恰喜宮中承色笑，芳辰風物總光輝。

　　一派皇家繁華綺麗，人工與自然交輝的風光。乾隆帝還作有《建福宮新春》詩，云：

　　　　禁城景物報和韶，初轉寅方玉斗杓。

　　　　漏泄春光梅破蕾，招搖風信柳拖條。

　　　　池心鏡面冰將解，牆角銀根雪欲消。

　　　　振撥詩腸量多少？新年覺比舊年饒。

　　這首詩雖是乾隆八年（1743）新春的一首舊作，卻與今日乾隆帝的心情頗為近似。乾隆三十年（1765），乾隆帝已是有詩作萬首的「天子詩人」了。小憩之後，君臣就要在重華宮聯句對詩，題目已經初步擬定為「雪×」。

　　作詠雪的詩，這是乾隆帝的特長，似乎他本人天性喜歡雪景，因之《清高宗御製詩集》中寫雪的詩比比皆是。即景雜詠不算，單是以雪為題之作就難以勝數。乾隆帝做皇子時就有詩文《樂善堂全集》，其中著名的有《雪事八詠》，即《東郭履雪》《蘇卿吃雪》《袁安臥雪》《謝庭詠雪》《王恭涉雪》《孫康映雪》《陶谷烹雪》《程門立雪》八首，當時還真有一副風花雪月的才子情懷呢，可謂是不在其位，不謀其政。

　　乾隆帝登極之後，詠雪詩作的風格為之大變，他身上風流才子的影子很快就蕩然無存了。到後來竟誦出「發祥捷報新春喜，不問詞林問老農」[1]與「望雪心憂得雪喜，吾心憂喜總因民」[2]的詩句。

　　乾隆三十年（1765）前，乾隆帝御製的眾多詠雪詩，內容大致可分為寫農功、農時、農祥三部分。所謂農功，主要強調冬雪於二麥的作用，農事受益之多少；農時則強調降雪是否合乎節氣，利弊多少；而農

1　乾隆十八年（1753）《正月二日祈穀齋居對雪》。

2　乾隆二十年（1755）《即事四首》。

祥則是抒發盼雪與得雪的憂與喜的心情。這些詩句，不時閃現出重農思想的光彩。

　　寫農功的詩，譬如，乾隆十年（1745）的《二月十三日啟行謁陵值雪》詩，有「遙峰疑欲鏤，新麥未雲芊。稍待溫暾晃，初耕自覺便」之句。乾隆十三年（1748）的《直隸總督那蘇圖奏報保定得雨雪沾足，批覽之餘因成此什》云：「詎知屯其膏，入土剛一指。此邦麥為秋，默對愁無已。驛遞來奏章，保陽沾足美。初雨繼以雪，均被數百里。知時利初耕，批閱能無喜。因憶數年春，望雨成例矣。」

　　乾隆十五年（1750），乾隆帝作《雪》詩，有云：「新年行樂饒佳興，都為青疇溥利耕。」同年，乾隆帝在五台山禮佛遇雪，五台山由於地冷，向例不種麥，然而，乾隆帝仍作《雪》詩，有云：「山地向寒無宿麥，惟欣澤潤夏田肥。」次年，又作《雪》詩，云：「迤邐鱗塍滋麥根，蚵柯綴花蕊靜安。」同年末還有《微雪》，云：「未苦成泥濘，方欣潤麥芽。曉炊村墅裏，縷縷嫋煙斜。」二十年（1755），有《雪中萬壽山》詩，有云：「幻似芳韶發黃萼，潤從孚甲（植物種子的外皮）達根荄。」同年還作有《山東巡撫郭一裕奏報得雪》詩，云：「青齊昨歲秋成好，冬麥乘時佈種寬。望雪心寧異遠近，今朝為爾喜加餐。」二十四年十二月十一日（1760 年 1 月 28 日），作《雪》詩，有云：「飛蝶活看飄畫幟，遺蝗幸卜靖農田。」二十六年十二月初七日（1762 年 1 月 1 日），又作《雪》詩，云：「秋霖餘潤無資雪，冬麥含萌有雪官。」次年十一月初五日，乾隆帝再作《雪》詩，云：「滂配早佔隴麥護，攢團似助盎梅芬。寒增遄避徒杠誚，賑粥施衣且盡勤。」由於普降瑞雪，二麥豐收有望，諭命京師冬月賑粥廠再增加二分之一，賑米再加一倍，並用帑銀製作一萬五千件棉衣發給乞丐貧民。二十九年（1764）十二月初六日，一場瑞雪又使乾隆詩興大發，他作《雪》詩云：「甘澤那辭預沾也，碩苗真是莫知如。灑空猶在一陽節，積地已將三寸餘。穀稔復斯欣卜麥，忱思美

善若何據。」

　　寫農時的詩，譬如，乾隆十二年（1747），所作《春雪（和白居易韻）》，有云：「今歲閏在春，二月不妨雪。」「破臘懸望餘，素景慰心別。已疾氣昭蘇，宜麥月單闋。」「農語有明徵，未至清明節。」十四年（1749）十月初八日，京城過早飄起了雪花，乾隆帝賦詩云：「初冬霏六出，農瑞紀京華。」十六年（1751），山東奏報得雪，帝詩《聞山東得雪》云：「春前甘雪遍青齊，大吏封章火速題。昔歲災傷真瓸矣，三年休息未遑兮。」同年，御製《復雪》詩有云：「縱值年餘閏，虞傷物苗芽。漫雲花信遲，農務重看花。」又《雪霽》詩有云：「恍疑凍樹花爭發，且喜春麥未萌佈。」又《聞河南得雪六韻》有云：「先春節未過，入夏麥應肥。霡霂困時降，豐亨為眾祈。」

　　十七年（1752），乾隆帝作《春雪》詩，有云：「北方多春雪，宜暄不宜冷。着地為新澤，灑空帶輕影。東郊麥紐芽，遙看青被町。過虞凍孚甲，吾心為耿耿。」次年迎臘月二日雪，御製詩有云：「甘雪剛逢臘，農祥早先春。」二十年（1755）《雪》詩云：「況是紐芽遲麥壟，及時心為扈農寬。」這一年，乾隆帝曾以久無降雪而禱於玉泉龍神祠，並賦詩：「前日謁靈宇，抒誠冀沛恩。由來沾尺澤，始覺沃心源。山色銀鱗纈，泉聲趵突翻。勾芒幸未達，慰聽老農言。」有人懷疑這場雪是否對農時有益，認為麥苗剛剛發芽而遇雪，易傷，乾隆帝則借老農「今麥始紐芽，於雪為宜」的話予以批駁。二十二年（1757）正月二十二日，御製《雪三首》，有云：「廣甸含膏潤，問知冬雪多。得斯誠益善，惟是奉中和。澤被東南畝，花開頃刻科。皇州七百里，沾否憶如何？」二十四年（1759）降雪時節偏晚，乾隆帝作《御園雪泛》詩：「土膏喜助潤方達，苻（孚）甲虞傷冷太過。北地雖然此常有，需沾濡耳不需多。」本來已是晚雪，二月十八日又降夜雪，為此乾隆帝作詩云：「澤誠繼曩利欣溥，凍不傷萌害應稀。積砌成圭增旋旋，飄空散蕊想飛飛。朝來融潤

香生土，玉染遙峰一抹巍。」到了年末，冬雪頻仍，乾隆帝想到去歲三冬無雪，頗有感慨地詠詩云：「田將前度添餘潤，澤較去年沾兩回。」

二十五年（1760），繼臘月十六日微雪，臘月二十日復雪。因是月二十九日立春，乾隆帝認為該場雪很合時令，故云：「澤繼三朝敷渥足，春光十日兆和嘉。」又云：「裝梅宮植舒梅萼，利麥盆籤潤麥芽。」二十六年（1761）正月初九日夜雪，御製詩有云：「喜真出望外，感亦切由衷。」又《見新耕者》詩云：「臘雪優沾土脈滋，欣看舉趾不違時。」然而，由於時令不和，御製詩中亦有抱憾者。二十七年（1762）初春北方的一場降雪，就引出乾隆帝的慨歎。《蒙陰積雪，三依皇祖詩韻》云：「瑞雪春朝遍野封，節遲遇閏未興農。山靈蓋不違堯命，示我詩情在玉峰。」同年九月二十二日，立冬日一場微雪，乾隆帝亦覺不合時節，故云：「應節適可止，欠年貧者嗟。」乾隆二十九年（1764）正月十四日，有微雪。乾隆帝認為這是場好雪，故作詩云：「韶月定何礙，宜田喜不禁。庭除漸團聚，徑向玉中尋。」乾隆御製寫農時的詩，具體而明朗，以興農為主導，時有分析，有較高農學價值。

寫農祥的詩，有九年（1744）的《望雪》詩：「憫我農家呼作麥，倩誰仙術化為銀。如膏雨縱堪遲待，無奈傍徨結念頻。」有十三年（1748）作的《雪》詩：「同雲未肯放冬晴，凍雨均沾繼瑞霙。著地消溶無定態，隨風飄舞可憐生。鴛樓有玉皆垂珮，雞樹非春率鬥榮。卜麥慰餘饒韻事，竹爐文火煮三清。」乾隆十四年（1749）正月中旬，另一首《雪》詩云：「密灑徐飛三日連，玉霙盈尺積鱗田。縱無白戰搜吟興，可少春來紀瑞編。」接連着正月底，乾隆帝作《雪》詩云：「卜麥東無數，祈農志彌寅。」十四年末，又有《雪》詩云：「灑宇霰先集，漫空雪繼紛。詩人應得句，祝史不煩文。頻疊邀鴻貺，寅虔先慰欣。」《雪後瀛台即景》詩還有「況我歡生卜麥田」之句。入臘月後，十一日賦《雪》詩，有「詩人漫自聞方玉，農父應知早得金……占年三白真堪喜，底

撫流陰感不禁」等句。立春前二日又得雪，乾隆帝詩云：「今年詩卷添顏色，疊詠銀花點玉田。」轉年正月初，又雪，乾隆帝興奮不已，詠《雪》詩：「梅閣風增馥，瑤台夜有光。齋居屆祈穀，敬慰意何長。」在另一首《夜雪》詩中有云：「正值祈農真是瑞，不須筮易定知和。前朝積玉棲鴛瓦，又喜新英點鳳柯。」

十六年（1751）正月，連降瑞雪，乾隆帝連作《雪》詩：「節景佳尤信，農祥喜是真。麥占符去歲，甘雨更期旬。」「紛糅瓊蕊玉樓飄，第一農祥應屬謠。」二十年（1755），《二月朔日復雪》有云：「優渥三農慶，欽承大造仁。獨思郊野處，寧乏凍僵人。」是時，征伐準噶爾部的西征軍士分隊正經過河南之境，卻傳來河南巡撫蔣炳的報雪奏褶，降雪必將為軍隊的行進帶來突如其來的困難，同時麥田得雪又是農家之幸，身為一國之君又作何反應呢？見《河南巡撫蔣炳奏報得雪》詩有云：「優沾春雪報中州，慶為三農卜麥秋。亦慮征人勞跋涉，權其輕重喜勝憂。」這是乾隆帝重農思想的體現。到年末，戰事仍在繼續，十月十三日，北方地區下了一場初冬雪，乾隆帝在戰與農的權衡中，仍然為農慶而謳歌：「策渡衣單緣彼廑，占農麥好致予欣。祥霙沾較常年早，六幕欽調勵敬勤。」又《雪後悅心殿臘日》詩云：「剛覺天霽希邇日，果然臘雪慶迎年。粥香惟祝農祥應，冰戲還思士氣騫。」問題很簡單，在乾隆帝看來，糧草充足才能支持戰爭取得最終的勝利。

二十一年（1756），乾隆帝作《立春日瀛台雪中春望二首》，云：「初歲欣占第一祥，繽紛瑞葉應勾芒。」二十三年（1758）正月初三日，又遇新春雪，有「欣逢甘雪維三日，早報新春第一祥」之句。二十四年（1759）正月，乾隆帝作《聞保定得雪》，喜不自勝：「寸餘積素旋開晴，清苑聞沾四寸盈。乍喜利田還起懼，得無飾奏慰予情。」十八日，他在另一首詩中云：「曉起園林皆積玉，明稱田野遍施金。」二十二日，在一首名為《夜雪》的詩中寫道：「那惜庭梅瘦，端欣隴麥肥。」二十六

年（1761）正月初二，詠有「繼澤詢農詳，戒滿凜天眷」詩句。後《甘肅巡撫明德奏報得雪》詩云：「二月十九雪，數千里而遙。偏南則沾雨，齊豫歌渥饒。近北雨繼雪，盈寸旋亦消。甘撫今奏至，同日六花飄。西北邊寒地，本無秋麥苗。此澤利春耕，深慰吾望翹。天恩何修得，乾惕勵旰宵。」

董仲舒的《春秋繁露·王道》篇曰：「五帝三王之治天下……天為之下甘露，朱草生，醴泉出，風雨時，嘉禾興，鳳凰、麒麟遊於郊。」如果人君有道，天下大治，「天瑞」就會「應誠而生」。於此天恩與聖恩，天道與王道相匯，形成燦然復興的治世。因此，御製詩中的「天恩何修得，乾惕勵旰宵」才是農祥詩的歸結點。

二十九年（1764），三冬瑞雪頻降。正月初五，乾隆帝有詩云：「潤資荐甲始，澤接宿年賒。望外叨天眷，欣餘敬倍加。」年末十二月二十三日，乾隆帝又有詩云：「昨朝入夜撒晶鹽，京兆欣稱二寸沾。曉起濃陰仍冀霈，春前膏澤敢推廉。花生雞樹不論朵，玉積鴛樓欲隱簷。錫福小除真大瑞，對時慶畏一心兼。」

今天距舊歲臘月二十三日的那場「二寸沾」雪，相去已是半月有餘。雖說天候尚寒，但離立春也不差幾日，餘雪殘景已是不多。此時冬日和煦，新色爭榮，更何況園內疊石成山，洞谷通幽，亭台別致，花草爭妍，皇上詠雪的興致自然也不那麼旺盛。

離皇上隔有丈二尺遠，候在一旁的秉筆太監正捧着御用紙墨，等着皇上為茶宴聯句命題。乾隆帝信步於園內的惠風亭，右一看，好一尊造雲石，此乃元顧瑛玉山草堂之舊物也。其左列有一木化石，前置兩口景泰藍缸，皆為明代的遺物。再向北為靜怡軒，後為慧曜樓，樓西為吉雲樓，吉雲樓西為敬勝齋。其庭中垣門上東向鎸御筆，匾曰朝日暉，其東山石上鎸刻着御筆，題曰飛。垣西為碧琳館，館南為妙蓮華室，室南為凝暉堂，亦東向，其南室匾曰三友軒。凝暉堂之前為延春閣，北與敬勝

齋相對。延春閣西門上石刻御筆，南向者曰含象，北向者曰懷芬。閣前疊石為山，巖洞磴道，幽邃曲折，間以古木叢篁，饒有林嵐佳致。山上結亭曰積翠，山左右有奇石，西曰飛來，東曰玉玲瓏。山之西穿石洞而南，洞鐫御筆，曰鷺峰，南有靜室，東向匾曰玉壺水，又匾曰鑒古，其上有樓。

　　造雲石、朝日暉、含象……一連串的名詞閃現在皇上的腦中。有了，古人云「道之大原出於天」，還是雪，雲騰即雨雪，乾隆帝闊步拿起紙筆，寫下了「雪象」二字。秉筆太監待皇上寫就，墨跡乾好，輕輕捲上紙箋，包裹在黃龍緞內。這便是今日重華宮茶宴聯句的命題了。

重華宮茶宴

　　這當朝二十四名大員在奏事官的帶領下進入內廷，他們行進的速度很慢，挪着小碎步，經御花園漱芳齋東旁門，至重華宮左廂等候茶宴。重華宮位於內廷西六宮之北。西六宮之北的一組宮殿亦稱為「乾西五所」。

　　乾隆帝十二歲進宮讀書，初居毓慶宮。十七歲大婚，移居乾西五所中的第二所。雍正十一年（1733）二月被封為和碩寶親王，住地賜名樂善堂，因稱寶親王府邸。雍正十二年嘉平月（十二月）和碩寶親王弘曆親書「樂善堂」匾，一直掛在崇敬殿內簷托枋上。崇敬殿內東牆上貼着乾隆帝所書《樂善堂記》。記文中說：圓明園桃花塢有樂善堂，據《暢春園冊》，暢春園又有一樂善堂。現在之樂善乃取意於景仰大舜之作為：「夫大舜之取諸耕稼陶漁之善，世遠固不可徵，而詢岳咨牧，載在虞書者，彰彰可考，無非捨己從人，與人為善。」

　　1736年，弘曆登基，改元乾隆。樂善堂作為肇祥之地，升為宮，名重華宮。屢經繕治，耀以璿題。或稱之潛邸，即當朝真龍天子登基前

的住所。「重華」二字，實乃傳說中帝舜之名。舜，姚姓，名重華。語出《尚書‧舜典》：「曰若稽古，帝舜曰重華，協於帝。浚哲文明，溫恭允塞，玄德升聞，乃命以位。」宋儒蔡沈注：「言堯既有光華，而舜又有光華，可合於堯。因言其目，則深沉而有智，文理而光明，和粹而恭敬，誠信而篤實。有此四者幽潛之德，上聞於堯，堯乃命之以職位也。」乾隆帝襲用舜名為潛邸之名，其用心顯然是自比帝舜承繼帝堯的事業，以光大皇祖康熙帝與皇考雍正帝的偉業。

然而從外表看，重華宮在這偌大的紫禁城中，並無甚顯赫。宮門曰重華門，與百子門斜對，又以一條長街與養心殿相通。門內為崇敬殿，殿內仍稱樂善堂，用潛邸舊匾額。殿北為重華宮，中設寶座。宮東廡為葆中殿，殿內匾曰古香齋，西廡為浴德殿，殿內匾曰抑齋。重華宮內陳設大櫃一對，乃孝賢皇后嘉禮時的妝奩。其東首頂櫃，為乾隆帝尊藏皇祖康熙爺所賜物件；西首頂櫃之東，為乾隆帝尊藏皇考雍正帝所賜物件；其西，藏聖母皇太后所賜物件。兩頂櫃下所貯，皆為乾隆帝潛邸常用之服物。古香齋貯有《古今圖書集成》一部，是潛邸的藏書室。乾隆帝登基後，凡御園山莊佳景，無不以「古香齋」為名。抑齋是乾隆帝做皇子時的居室，也是潛邸的書室。乾隆帝登基後，凡園亭行館有可靜憩觀書處，無不以「抑齋」為名。

重華宮的後殿為翠雲館，其次室曰長春書屋。乾隆帝在《重華宮內長春書屋》詩註中說：「曩時蒙恩嘗讀書於此，即長春之號亦係賜予者，故各處書屋率以此名之。」宮東的乾西「頭所」在乾隆初年改建為漱芳齋，並於齋前仿照圓明園內同樂園戲台建了一座戲台。戲台有升天門、輪轉門及地井，是內廷中最早的戲台。這處宮院並不十分寬綽，倒顯得很緊湊雅緻。其左廂即葆中殿，為諸臣入宴之所，進了殿門，一一俱禮。二十多名身着朝服的大臣匯聚一處，再加上跑前跑後的太監，一下子把這小院搞得擁擠不堪。

　　每歲新正，皇太后都要親臨這裏的家宴。幾天前乾隆皇帝還為此賦詩一首，題《新正重華宮侍皇太后宴》：

<blockquote>
西望瑤池降鳳輿，新正佳祉萃彤廬。
千春進爵期無射，萬壽如山願有餘。
寶鴨篆凝噴瑞柏，金雞焰踏燦祥蕖。
升平漫議過華衍，今歲承歡此復初。
</blockquote>

　　今天，這裏各宮宮門上貼着春聯、門神，廊廡下擺設宮廷樂器，殿內張掛歲朝圖、椒屏，擺設珍寶盆景與鮮花，處處洋溢着節日的氣氛。

　　在重華宮舉行茶宴聯句，這是清宮典禮之一。在《國朝宮史》《國朝宮史續編》中都有明確的記述。皇帝召集臣工作詩聯句，相傳始於漢武帝。武帝在柏梁台與諸臣作詩聯句，共賦七言詩，每人一句，每句用韻，一句一意。後世稱之為柏梁體詩。康熙二十一年（1682）正月十四日以海宇蕩平，兵革偃息，大宴百僚於乾清宮，仿柏梁體以次聯句，賦詩者共九十三人。雍正四年（1726）正月初二日，雍正帝命王公大臣及內廷詞臣集聚於乾清宮，賦柏梁體詩。乾隆四年（1739），乾隆帝也在乾清宮宴請諸王、貝勒、貝子、大學士、九卿、翰詹、科道及督撫、學政在京者九十九人賦柏梁體詩。自乾隆八年（1743）始，皇帝與諸臣於新正聯句的地點始設重華宮。乾隆帝於授璽歸政之時，曾諭在重華宮茶宴聯句為後世所遵家法。曰：「是以新正仍於此慶歲，命子皇帝及廷臣等依例茶宴聯句，預顧而樂之，亦文筵所罕覯，將來世世子孫，即當遵為家法。新正撰吉於此，授簡賡吟，萬年長如今日，豈非西清佳話，我國家吉祥盛事也。」

　　參加聯句的臣工人數，起初由於聯句長短不定，因此人數也沒有規定，是由皇帝即時擇定的。按典禮規定：「歲正月吉，皇帝召諸王、大學士、內廷翰林等於重華宮茶宴聯句，奏事太監豫進名籤，既承旨，按

名交奏事官員宣召入宮祗俟，屆時引入。」如乾隆八年（1743）元宵聯句有十二人，十二年（1747）的爆竹聯句有十六人，二十七年（1762）的玉盤聯句有二十四人。

重華宮茶宴備三清茶和果盒。乾隆帝規定：「是宴也，例弗受觴，飲尚茶以松實、梅英、佛手三種，沃雪烹茶，曰三清茶。佈果釘盒為席，詩成頒賞。」十一年（1746）御製《三清茶》詩，將這一別出心裁的茶描述為：「梅花色不妖，佛手香且潔。松實味芳腴，三品殊清絕。烹以折腳鐺，沃之承筐雪。」

此時左廂已擺上矮桌十二張，每張桌上擺兩份茶碗、果盒，並由懋勤殿首領太監擺好筆墨紙硯。與宴大臣由值侍官員帶領入重華宮左廂，敬候皇帝入座。少頃乾隆帝健步入重華宮，於正殿入座，與宴諸臣按次序向皇帝一叩首，然後入座。眾臣落座少間，秉筆太監宣示御筆題名。同時，幾個太監將皇子們幾日前用白雪堆團的一對象形，抬入園中。其實那雪象早已是冰玉之表了（似今日之雪雕）。那雪象背上馱寶瓶，瓶內插吉祥萬年青草。一雙堆雪白象玉立其中，頓時耀目全庭。至此雪象聯句正式開始。

君臣聯句

聯句的程序，是先成御製詩句，交發入宴諸人臣，人臣們排次連續成章，恭和呈覽，這叫「授簡聯賡」。

這次聯句的序文是這樣寫的：

> 穰兆重金，和迎三白。收秾葩於朵殿，玉戲旁羅；肖巨骼於閬城，樞精上應。森承趺而挺柱，香積普賢座下之華；互擁鼻以回鈎，氣吞盤況山中之粟。爾乃朝正伊始，典數熙春番觀，聿臻光觀

晉畫。活脫寧煩蒭纓，擬貢輪則潔過紈牛；胚渾漫許登栟，方賓薦則莊逾鹽虎。訝蹴部誰矜昆戰，燧尾幸銷蔥嶺之烽；疑安驅自佐歷耕，駕肩宜佈榆關之穀。舉似黃門左仗，程品料以心降；將期丹輅南轅，佇儀鍠而色喜。然此皆功歸德產，意愜天倪。仿一隻狻子，能馴碨礧，蹲時尚遲見；參八百龍公，善舞蹣跚，蹙處猶趁回風。聊標鹿苑幻形，臘後手搏稱得氣；載課兔園妍唱，年前頭踏擅如神。七言韻葉長申，六匝巡環周甲。庶扣砙素雲，永護範模，元化匪無為；惟瑤樽白獸，齊開刻畫，太平真有取。

諸臣依次傳閱序文，領會其中主旨，就在此時，乾隆帝即席賦詩三句，云：

> 重華文會列長茵，三白欣逢先早春。
> 瑞兆崢嶸看有象，

御製詩由太監捧遞於即席的第一位大臣傅恆。傅恆要先聯賡皇上的第四句，然後再作三句，總共四句，再由下一位聯賡完成，然後再啟新作，以此類推。最後一位要完成聯句，並寫就完整的四句，共賦五句。按照規則，聯句要與上句對仗和韻，也就是說要作出與上句的平仄和字義的虛實形成對偶的詩句。這還是有一定難度的。

說到乾隆帝的詩，前文已有所謄錄。高宗御製詩給世人的印象首先是數量巨大。據徐世昌《晚晴簃詩匯》的說法，高宗御製詩有五集，共四百三十四卷，收詩五萬一千八百首。登基前另有《樂善堂全集》，歸政後的詩入了《高宗純皇帝御製詩餘集》，還有《御製全韻詩》（按四聲一百零六韻作、以歷史為題材的組詩，乾隆四十三年寫成）、《御製圓明園四十景詩》，集外別行，皆不在此數。篇章之繁富，可謂自古詩家別集，未有能逮，稱得上空前絕後。

關於乾隆帝作詩的水平，趙翼在他的《簷曝雜記》中大吹特吹了一通：「上聖學高深，才思敏瞻，為古今所未有。御製詩文如神龍行空，瞬息萬里。」

而後人卻對其詩不無微辭，錢鍾書在《談藝錄》中説得尤為直白，認為「清高宗亦以文為詩，語助拖遝，令人作嘔」，其中「七律對仗多糾繞堆疊，廷臣賡歌，每效其體」。説的正是重華宮茶宴君臣聯句詩之屬。

其實，這兩種説法的折衷，才是對高宗御製詩較為公允的評價。以詩紀事是高宗御製詩之長，而以詩言志則是其詩之短。所以閨中肆外、詩以明道是御製詩必須去做的，而緣發情境、幽微性靈則是御製詩必須隱匿的。平心而論，乾隆帝的御製詩中或文或質，或本或工都不應以一般詩家的標準來衡量，而應以其歷史價值為重。

乾隆帝主張詩以言志，貴有內容，標榜「清真雅正」的詩風。不主張立異獵奇，不使用綺辭麗句，而要「志言要歸正，麗句卻須刪」，因此高宗御製詩比較好懂。同時，由於出手太濫，往往信手塗鴉，味同嚼蠟的詩句在所難免。

以上三句中的文會，指與宴者皆大學士與翰林，當然是一場君臣間的雅集。茵，在這裏指坐墊。三白，指雪，這在前文也出現過數次。蘇東坡有《次韻王覿正言喜雪》詩有云：「行當見三白，拜舞歡萬歲。」這一年正月十六日立春，雪下在立春之前，所以説是「三白欣逢先早春」。「瑞兆崢嶸看有象」的「象」，似有雙重意義，一是指太平盛世之景象，再就是指庭中的雪象。據高宗御製詩《雪橋詩話》注載：凡雪澤沾足之年，則於養心殿庭中堆有獅、象。《養吉齋叢錄》載：「冬日得雪，每於養心殿庭中堆成獅、象，誌喜兆豐，常邀宸詠。」堆砌雪象應是清宮中一種表現豐年瑞兆的遊戲，或稱清宮禮儀。

傅恆看得很清楚，今天天顏和煦，興致很高。聯賡皇帝的上句，早

已有了腹稿。傅恆的詩句如卜：

> 嘉徵和暢紀宜人。
>
> 表逾尋尺綏豐葉，慶洽垓埏聖道臻。
>
> 百穀含精剛協日，

傅恆的聯句以「嘉徵」對「瑞兆」，以「和暢」對「崢嶸」，以「紀宜人」對「看有象」，還算工整。詩味雖然不足，文氣還算貫通。後三句中，表逾尋尺，言年前的落雪之厚，超逾尋尺，頗為誇張。慶洽垓埏，指澤被地域之廣，《元史·禮樂志三》云：「神功耆定，澤被垓埏。」垓埏，為天地的邊際，形容極遠之地。在此瑞雪與聖道合一，還是天人感應的那一套。

接下來是劉統勛，他的詩句是：

> 九華迓節普同民。
>
> 西山積素嘗抽札，東陸開韶憶集紳。
>
> 體仿狻猊聯綺序，

聯句中的「九華」對「百穀」。九華為菊花，此處指雪花散落。以「迓節」對「含精」，迓節指時節為上元剛過，正迎立春。後以「普同民」對「剛協日」，此對雖說均為「廷臣賡歌」之屬，卻也顯露出格調高下之別。中一聯既有西山與東陸的呼應，有積素與開韶的因果聯繫，可以理解為西山積雪而蒙召君臣聯句，山下歡娛而舉雅樂慶豐兆。「體仿」句則點明此次以雪象聯句，是乾隆八年始有重華宮茶宴聯句以來，繼十七年正月初十日以雪獅聯句、十八年正月初十日以新正詠雪聯句、二十一年正月初五日以立春日雪聯句與二十三年正月十六日以西山積雪聯句，第五次以雪為題在此舉辦聯句活動。

接劉統勛聯句的是阿里袞。阿里袞是滿洲鑲黃旗人，姓鈕祜祿氏。

父尹德曾官領侍內大臣，子繼父業，早年在宮中做侍衞，因得寵於皇
上，乾隆二年（1737）便由二等侍衞授總管內務府大臣。阿里袞久侍禁
廷，深悉皇上的性情，加之他秉性公誠恪慎，凡事也都謹小慎微。他的
詩句是：

> 輝餘鶬鶊撰芳晨。
> 典胥想像來重譯，鑄物分明出泰鈞。
> 曲直從心奇更合，

以「輝餘鶬鶊撰芳晨」聯「體仿狻猊聯綺序」當然不錯，其中以「鶬
鶊」對「狻猊」也有幾許妙趣。狻猊為獅子，為獸中巨物；據載鶬鶊是
漢章帝時條支國的進貢之物，高七尺，當然也就是禽中巨物了。本來二
物相對已然成偶，但此處鶬鶊卻有轉意，因為鶬鶊又為漢宮觀名，在此
便是指重華宮。芳晨即為午前，説明當日聯句時在清晨。「曲直」句謂
縱心隨意表現而終不違天意，究竟如何？筆墨留給了聯句的後來人。

第五位聯句的是陳宏謀。他的詩句是：

> 方圓就範妙能因。
> 執雕底假中黃誠，貫棒寧煩壺涿循。
> 格肖迦那兼十二，

陳的聯句謂傳承天意方能成就此物，正與阿里袞的上句相映成趣。
後三句中，中黃，原為古國名，其俗多勇力，這裏引申為勇力之士。壺
涿，典出《周禮・秋官》：「壺涿氏，掌除水蟲。……若欲殺其神，則以
牡橭午，貫象齒而沉之。」因此，此詩句是言象牙的，它不僅是壺涿氏
的神器，而且也是中黃氏的利器，用它便可以克服艱阻。「迦那」為佛
名，可譯作金寂、金仙人，為賢劫中第二佛，過去七佛中的第五佛。陳
宏謀讚美雪象的質性具有迦那的佛性。

　　陳宏謀的上句引發了於寫詩理精辭熟的乾隆帝的詩興，因而即興聯句云：

輪隨阿耨轉由旬。

　　收培玉樹多仍積，裝守銅扉對得倫。

　　氣結瑤光接蘋澤，

　　御製詩的聯句以佛語接佛語。輪，即法輪。阿耨，乃極微之意。《大日經疏》卷一云：「言小分者，梵云阿耨，即是七微合成。」由旬，印度計量單位，或言四十里，或言三十里，或言十六里。說的是法輪微轉，在人世就要行上很長的距離。

　　御製詩的後三句似寫雪象的腿，詩中形象地稱之為玉樹，即由白雪培積的樹幹。由正面望去，它又像映着朝暉的兩扇門扉，上可結瑤光（北斗七星中的第七星名，此處泛指蒼天），下可接地氣，滋潤大地之澤。這三句還是頗具想像力的。

　　聯句的第七人次是舒赫德，這位出身於滿洲正白旗的尚書，其祖徐元夢，做過禮部侍郎，加過尚書銜。舒赫德雖為滿人中的能臣，又是乾隆帝的老師，但乾隆帝卻以他漢化過深，沾染漢習過重而不喜歡他。乾隆三十年（1765）正月初八日的他，雖然仍帶有受挫的頹懊與不安，然而受召賜宴重華宮聯句，本身就是皇恩寵信，無形中胸中的陰雲消散去了不少。他的詩句云：

班崇鹵簿翊楓宸。

　　七鞏那倩靡珠絡，三沐無勞澡玉津。

　　鼛鼓徒傳鳴谷應，

　　鹵簿，為皇家扈從儀仗隊，這裏代指在鑾儀衞職掌鹵簿中所設的儀象。鹵簿中有儀象，至晚在漢代即已出現。據《晉書·輿服志》載：「象

車，漢鹵簿最在前。」乾隆十三年（1748）欽定的皇帝鹵簿儀象中有寶象、導象及駕輦象（如金輅駕象、玉輅駕象）之分。鹵簿儀象身馱寶瓶，以寓「太平有象，慶祚無疆」之意。這一聯句的意思是，皇宮中簇擁着被裝扮得五顏六色的皇家儀仗，象徵着太平有象的鹵簿儀象。

七鞶為漢代舞蹈。漢代張衡的《舞賦》稱：「歷七鞶而蹤躧。」在舒赫德的詩中，雪象如同佩戴珠絡的美女翩翩起舞，潔白的身姿勝過晶瑩的玉石。西晉左思的《蜀都賦》有云：「西逾金堤，東越玉津。」舒赫德詩中的玉津是藉以比喻產玉之川的美器。「鼕鼓」句中的鼕鼓是指古代巡夜戒守所擊之鼓。「鼕鼓徒傳」說明世時承平。此句是頌揚乾隆皇帝的，又似表現大象的吼叫聲，一派太平有象的繁盛情景。

接下來聯句的是阿桂。他詩如其人，有些「英雄出語只天真」的勁頭。他的詩句是這樣的：

蹬梯特遣立山鄰。
消炎竟使誇南粵，不動疇憎搏大秦。
倍蓰腰圍堆擁（臃）腫，

阿桂的聯句詩一反前詩對雪象巧秀俏美的描寫，以其樸拙的詩句寫出大象的雄壯威武。大象身軀的龐大，如同需要登梯翻越的山巖。雪象的冰質雪體早已為大象的故里南粵所不識，而它那屹立的身形卻令西域諸邦為之震懾。中一聯與阿桂屯田回疆，新署伊犁將軍不無關係。「倍蓰」句講的仍然是雪象碩大的體態。

接下聯句的人是于敏中，他的詩句是：

蹣跚骨相削嶙峋。
刻舟智漫矜江表，化石蹤非效洛濱。
吞失靈蛇知斂氣，

　　于的聯句正接阿桂的上句，表現了肥碩的大象舞步婆娑，樣子綽約而文質，透過其豐腴的皮肉可以感到其強勁的筋骨。

　　于詩的中一聯，點出了三國時曹操兩個兒子的故事。一是曹沖稱象。《三國志》載：「少聰察岐嶷，生五六歲，智意所及，有若成人之智。時孫權曾致巨象，太祖（曹操）欲知其斤重，訪之群下，咸莫能出其理。沖曰：『置象大船之上，而刻其水痕所至，稱物以載之，則校可知矣。』太祖大悅，即施行焉。」因之有了「矜江表」的盛名。另一個典故是曹植作《洛神賦》。傳少年時的曹植曾愛慕甄逸之女卻未果，因而抱憾終身。後甄女歸了其兄曹丕，曹丕後來做了魏國皇帝，曹植於黃初年由封地入朝，此時甄后已因郭后讒言致死。魏文帝曹丕以甄女之遺物玉鏤金帶枕示於曹植，曹植見後感傷得流下了眼淚。在歸途中，曹植於洛河上因思念甄后而作《感甄賦》。後魏明帝曹叡將此賦改名為《洛神賦》。這一名篇以詞采華茂、綢繆婉轉而流傳於世。

　　曹沖的以石稱象也好，曹植的洛濱之賦也好，都是世間不可多得的慧智。正像「吞失」句中所說，如同靈蛇之珠，君子豹變，胸有文蔚，造就了驚心動魄之氣象。于敏中的聯句是一揮而就，講到建安文學的曹氏，似在自況。他一向以「才練學優」矜於眾人，因而幾句聯句詩也作得聰明外泄，透着幾分張揚。

　　接于敏中的是彭啟豐，他也是乾隆帝倚重的才臣。他的詩句是：

　　　　　　　穴空黠鼠少潛踆。
　　　　魁梧皓質高難俯，磊砢環姿伏待伸。
　　　　炫采襲環紛組綬，

　　這一聯句很有意思，以「穴空」對「吞失」，以「黠鼠」對「靈蛇」，以「少潛踆」對「知斂氣」。機敏的田鼠已無知於驚心動魄的氣象，在三冬中隱匿，不見身影。

　　彭的後三句還是描述雪象的壯美外表與潔白質地，而那委積的白雪正是那美之所賦的根據。由於聯句中表現的雪象絕不是莽原上的野物，而是皇室鹵簿中的儀象，因此象身上佩戴有文采斑斕的佩玉與絲帶。

　　彭啟豐的上句詩，又觸動了乾隆帝的詩興，他聯出了下面的詩句：

飛花承輅溯椎輪。

　　懸瓠慢擬驚鵝鴨，林邑何仿侶鳳麟。

　　比色垛糖甘卻勝，

　　音韻與虛實詞的對仗不用説是十分的工整。雪似乎是滿族人的吉祥物，它伴隨着滿族人的興盛和大清國的繁榮。椎輪為無輻的原始車輪，在此比喻民族事業的草創。在這一發展過程中，飛雪總是飄揚在滿族人的身邊，並屢屢帶來福音。

　　御製詩上句的話頭又轉到大清盛世的頌詞上，懸瓠於門是古俗生男，尚武之徵，可今天天下升平，農夫可以專心耕耘，而不用去效命疆場。「林邑」為南海古國名，在此形容教化也普及於僻遠之地，可謂是國力鼎盛，政通人和。那居於白山上的神靈，那隱匿在山峰上的金樓銀閣，便是滿族人的心靈所寄……

　　對詩的第十二人次是張泰開。

　　張泰開，江蘇金匱人，二十九年（1764）充經筵講官。茲三十午正月重華宮茶宴之際，已高壽約八十。他的詩句是：

梢枝織竹潤尤珍。

　　耳偏簸哆寒猶觶，尾亦錐銛燹不瞋。

　　垂鼻彎弧纖拾芥，

　　張泰開詩如其人，頗有人已老朽、句子也多綿濛之感，沒有什麼深

意。後三句分別描述了象的耳、尾、鼻的部分特徵，章法零散，寫法也極為平淡，毫無詩味可言。此人何以逢此盛會？似乎乾隆帝有意用其高壽來裝點場面，而並非用其詩也。

接下來的是裘曰修。

這一天，他所聯上句的張泰開正是十年前結了宿怨的對頭。乾隆十九年（1754），裘在仕途上曾跌過一個大跟頭。這一年三月，他以察議侍郎張泰開保舉瞻徇事不實，受到部議革職的處分。後來奉旨才得以從寬留任。今日二人同席賦詩又恰好聯句在一起，如不是聖意籌劃，哪裏有這等巧事？裘的詩句為：

> 槮牙比櫛燦镕銀。
> 輝煌寶鼎行堪負，誅蕩天閶路可遵。
> 皸點霜苔膚合邅，

裘的聯句以「象牙」對張的上句「象鼻」，頗有些相存相依之感，而且裘的句子於上句平庸中突現一股豪邁的情懷，那「槮牙比櫛」似群象齊至，大小櫛比，其白如銀，這種典麗的奇觀也只有皇家的儀象才有。

裘曰修「輝煌」句以寶鼎比儀象所載寶瓶，也很合乾隆帝的心意。寶鼎是國家的別稱。順治帝入關定鼎於北京前夕，即順治元年（1644）九月，大學士馮銓、謝陞、洪承疇以「郊廟及社稷樂章，前代各取佳名，以昭一代之制」為由，奏言「本朝削平寇亂，以有天下，擬改用平字」，以寓「太平有象，慶祚無疆」之意。故寶鼎、寶瓶載於象都是國家強盛的吉祥之兆。「誅蕩天閶路可遵」一句中的「路」，當然是皇帝指定的道路。天閶，天門也。誅蕩，言寬曠無際。「皸點霜苔」句似在表現大象的皮膚。

其後聯句的是南書房翰林錢汝誠。他的詩句是：

　　　　　　　圓擎冰柱足轇困。

　　洗經香海原同水，現到峨嵋詎染塵。

　　乳孕記時連稔歲，

　　此聯句以「圓擎冰柱」對「皸點霜苔」，冰是雪象的光潔之感，霜是雪象的皸皴之感。「合遝」是寫大象之皮，也是雪象之表的重疊攢聚之貌，「轇困」是寫象足，也是雪象的彎曲下折之態。聯句對仗都很達意。

　　中一聯中的香海指環繞須彌山之海，此海水為功德之水。「原同水」的詩意為雪水與香海之水都是功德之水。現在皚皚白雪造就了白象，正如峨眉山上北宋太平興國五年（980）鑄造的普賢菩薩坐騎六牙白象一般，高潔脫俗。目睹眼前雪象之潔淨，使人有如親到峨眉佛家聖地之感。

　　「乳孕」句以哺乳之幼兒來比喻普被雪澤的麥田，瑞雪兆豐年。雪乃天為之下的甘露，是天恩，是人君有道，天下大治，因之天瑞應誠而至。

　　聯句的第十五人次是王際華。他的詩句是：

　　　　　　　拜儀率舞際元辰。

　　鼇凝懸圃三番冠，豹澤中條七日純。

　　座護莊嚴閒且佶，

　　拜儀率舞講的是四海同德，群象畢至，齊頌乾隆年政治之清明。元辰即吉祥的時日。耕耤之禮為清朝歷代皇帝所重視，乾隆帝少年時屢次隨父皇來中南海豐澤園演耕，他後來回憶當年的情形是「豐澤春犁習，良規聖考留。那忘隨種日，忽作教耕秋。無逸聰聽訓，知艱慎率猷。隴頭偶回顧，殊似服先疇」。皇帝的這一舉動，無疑是在向天下人宣示「以農為本」的萬年大計。

鼇是傳說中負山、海的大龜，仕此指諸位與會者。懸圃，工逸《楚辭章句》云：「崑崙，山名也。在西北，元氣所出。其巔曰懸圃，乃上通於天也。」此處借喻皇家宮殿。「三番冠」的意思是指重華宮茶宴聯句已進行了多次。「豹澤中條七日純」表現的是潔身自好之意。劉向的《列女傳》有云：「妾聞南山有玄豹，霧雨七日而不下食者，何也？欲以澤其毛而成文章也，故藏而遠害。」在此是讚美即席賦詩的君臣。「座護」句是讚美乾隆帝的。莊嚴為菩薩相之一種，這裏是指君王。乾隆帝端坐殿中，群臣簇擁兩旁，皇帝龍體康健，紅光滿面，宮殿四壁生輝，光芒四射。

由此，茶宴聯句的氣氛達到了高潮。乾隆帝詩興大發，接着王際華的上句，他又賦句如下：

> 圖開喜樂幻兮真。
> 爰教吳匠相搏挽，不借蠻奴自擾馴。
> 形大由來其性順，

乾隆帝借「吳匠」，即高明之工匠來形容雪象塑造的精美。玉立的雪象溫文爾雅，自然不用人馴化。「形大由來其性順」，說的是大象的性情，同時也似在形容冬雪的物性。

接乾隆帝聯句的是觀保。他的名字常見於重華宮茶宴聯句，應是皇上的重要詞臣。他的詩句是：

> 寶滋果爾厥功均。
> 霙飄界閱三千遍，鬘覆毫瞻丈六親。
> 檻映蒼虬騰蜿蜒，

聯句接着說雪。寶滋就是雪澤，厥功均就是說瑞雪普降，其效甚均。「霙飄界閱三千遍」是好句子，霙即雪花，界為佛語，指空間，與

「世」相對。是說人間屢屢得到上天的恩澤。丈六也是佛語，佛教認為一般人身長八尺，釋迦倍之，有丈六佛身，示其殊勝。人們在瑞雪豐年之際，更加感銘來自佛的保佑，而這裏的佛與當今皇上是一體的。「檻映」句謂檻外之遠山勢如蒼虯蜿蜒，暗示帝國大地普被雪澤，皇恩浩大，天恩無垠。

第十八人次聯句的是蔣柵，他的詩句是：

> 門排金馬峙瑠璘。
> 仙驂輒緬王喬駕，吉夢俄徵張茂詢。
> 餅餌規模誰擅鏤，

聯句是說宮殿前的雪象閃爍着美玉之光彩，映得皇宮絢麗多彩。「仙驂」指仙人之馬車，「王喬」為仙人名，「張茂」為人名，為善詳夢者。大體上是說，仙人的馬車總是等仙人來駕，祥兆的夢也要找善詳此道的人來占，那麼豐獲的規模又由誰來推測呢？

接下來聯句的人是寶光鼐。他的詩句是：

> 砆碔妝點莫論瑉。
> 團將菌蠢要縈佩，掃盡蒙厖薦氈巾。
> 綴璐綏綏鮮並挹，

砆碔為美石之近乎玉者，漢代司馬相如作《子虛賦》云：「瑊玏玄厲，碝石砆碔。」注云：「砆碔，赤地白采，蔥蘢白黑不分。」另有一種說法「美玉蘊於砆碔」。在此可以理解為冬雪，瑉者亦為似玉的美石。《荀子·法行》載：「子貢問於孔子曰：君子之所以貴玉而賤瑉者，何也？為夫玉之少而瑉之多邪？」在此可以理解為類似於冰霜之類的東西。有冬雪裝點江山，當然無需冰霜的陪襯了。

緊接其後的是奉寬，其詩句如下：

撒鹽瑟瑟紬齊皴。

蹲其虛幾疑生嘯，矯若之而欲作鱗。

以節拳調奚尚累，

「撒鹽」句形容雪花飄落地面，形成層層皺紋。中一聯說雪象栩栩如生，靜而寓動，想像間又有化龍飛天之勢，真是妙不可言。「以節拳調」則是說，按時令節候來養育調護，這就叫「明於天性」，由是「知仁誼，然後重禮節」。於是乎有了「文王順天理物，師用賢聖……愛施兆民，天下歸之……武王行大誼，平殘賊，周公作禮樂以文之」董仲舒《天人三策》。。這一切的一切都可以歸結為「敬天」。

奉寬詩後，乾隆帝覺得要有所補正，故又制御詩句，云：

於圖審鑒匪專歌。

截流解徹法王味，砌葉全標青女神。

狀似雪山遊本慣，

乾隆帝似在用詩句來告誡他的臣下，在具體履行政務時還要因地制宜，因人制宜，不可生搬硬套，拘泥陳規。所謂「截流」乃是禪宗強調的頓悟，指對原有認識或觀念的揚棄，含有「頓悟成佛」的意味。青女是專管霜雪的女神。《淮南子·天文訓》載高誘注曰：「青女，天神青霄玉女。主霜雪也。」青女神的功績在於滋潤三冬作物，固其根荄，減殺農蟲，保障來年的豐收。象雖然被塑造成不動的山丘，卻有遊動的天性，言下流露有憾意。

聯乾隆帝下句的是金甡，他的詩句是：

步須淨土力曾掄。

教傳西竺芬霏粟，美釋南方富儷珣。

笑說膽長依月注，

　　御製詩說了，雪象的本性是遊動，現在它駐足不能動，這樁憾事如何解還有賴於詞臣。金姓的聯句說，這雪象生性高潔，象足一定要踏在淨土之上方肯舉步，又說雪象曾涉足四野，暗示所謂淨土便是造就雪象的冬雪。

　　佛教傳自古稱西竺的印度，那裏以德善化民，國家富足，而且盛產美玉。然而這些清朝大員們並不清楚，當時印度已經處於英國殖民主義者的瘋狂掠奪與佔領之下，那些關於佛國的美好傳說已經不復存在。梁啟超論：「中國文明，何以不能與小亞細亞之文明、印度之文明相合集而成一繁質之文明？則以西北之阿爾泰山、西南之喜馬拉耶山為之大障也。」梁啟超《中國史敘論》。如若不然，中國會對當時的印度之情有所知，必將有所戒備。而當時的天朝上下對那裏的情況一無所知，君臣在歡宴間並沒有意識到潛伏於帝國之門且迅速強盛起來的敵人，對於清廷大臣們來說，關於印度的認識還只是停滯在一千年前唐三藏的描述中。

　　假如放眼這一時間段歐洲的文化與科技發展，會看到，在英國，瓦特（James Watt，1736—1819）已經決定改進紐科門蒸汽機。這一年的五月，他設計製成了一台試驗性的紐科門蒸汽機器。這台機器採用了冷凝器與汽缸分離的設計。這一年裏，42 歲的經濟學家亞當·斯密（Adam Smith，1723—1790）多次到離日內瓦約 7 公里的費爾奈會見 71 歲的法國啟蒙思想家伏爾泰（François-Mariede Arouet，1694—1778）。

　　在法國，22 歲的化學家拉瓦錫（AntoineLaurent Lavoisier，1743—1794）基於對石膏物理與化學性質的系統研究，這一年 2 月，完成了首篇化學論文。

　　這一年，9 歲的奧地利人莫札特（Wolfgang Amadeus Mozart，1756—1791）一行離開倫敦前往荷蘭海牙舉行音樂會。其間他創作了聲樂作品《保持忠誠》及變奏曲《後來我們歡樂》和《威廉·凡·拿

騷》……

　　第二十三人次聯句的人是陳兆崙，他的詩句是：

　　　　　　　　　　詫聞鼃每感雷新。

　　制緣不律然乎否？劚向昆吾展也洵。

　　河渡恆沙無算數，

　　陳詩以「感雷新」對金詩的「依月注」。據說在禮義不律、法度無設的人類社會初期，象被作為勞作的工具。詩中說在一個名叫昆吾的遙在西方的山上，象被用作挖赤銅的苦工。之後筆鋒一轉，寫到恆沙，即恆河之沙。佛教常以之喻多不可數，在此似借喻雪澤。

　　接着聯句的是汪廷玙，其詩句如下：

　　　　　　　　　　雲耕鉅野未磨磷。

　　瞥驚照夜奇毛刷，奈許燃犀詭貌振。

　　摸喻杵箕伊所扣，

　　聯句中的「雲耕」似在敍述古代傳說中的象耕之事。傳說舜、禹葬時，象為耕田，鳥為耘地。漢代王充在其《論衡·書虛篇》中説：「舜葬於蒼梧，象為之耕；禹葬會稽，鳥為之田。……象自蹈土，鳥自食蘋（草），土蹶草盡，若耕田狀，壤靡泥易，人隨種之，世俗則謂為舜禹田。」唐樊綽的《雲南志》載：「象大如水牛，土俗養象以耕田。」似為稻耕農業的先聲。

　　「燃犀」為古代傳說中的巫術。説是點燃犀角，可以照亮水中的怪異。杵箕為古代星座名稱，即北斗。這裏的意思大致是，點燃犀角於茫茫雪原，難以尋覓雪妖的蹤影，在北斗的指引下，摸索着前行的方向。

　　倪承寬接着的詩句是：

遇成珪璧孰斯甄。

皚皚勢壓駝封聳，的的光瑩豨目眴（瞬）。

大客居然相突兀，

　　珪璧者，成器之美玉也。是誰成就了它們呢？當然是能通玉工的高明工匠，這也可以說是一種天緣。在此用以比喻天道以成王道，瑞雪以飾升平。

　　倪詩的後三句說，雪象呈皚皚白色，身軀高大挺拔，通體發出耀眼的光芒，令異類眼目暈眩而不敢正視。大客即大象的別稱，這裏用來表現兩座高高的雪象傲然屹立。

　　倪承寬的詩句再次引起了乾隆帝的詩興，他即興第六次賦詩聯句。云：

純公毋乃太逡巡。

江淹難賦瓊為樹，子產休訾齒害身。

何必荊山誇悉放，

　　御製詩的聯句以「純公」對「大客」，純有性之篤厚之意，「純公」者亦為大象之雅號。這一句的大意是，雪象憨態可掬，表現出欲行又止的樣子，皇上笑它豈不是有些遲疑徘徊了？言下之意，雪象塑得十分生動，大有呼之欲動之感。

　　御製詩中一聯中的江淹是南朝梁人，字文通。晚年才思衰退，詩文無佳句，時人謂之江郎才盡。但是，江淹也曾以文章見稱於世，其詩長於擬古，文工而情幽。乾隆帝說「江淹難賦瓊為樹」，其理由大致有二：其一，江淹為江南人士，未必能經歷冰天雪地的場景；其二，瓊玉的樹實在是太美了，即使是《別賦》與《恨賦》的作者也不能完整地表現其全貌。子產，春秋鄭國人，名僑，字子產。時晉楚爭霸，鄭國弱

小，處於兩強之間。子產周旋其間，卑亢得宜，保持鄭國無事。子產死，孔子稱他為古之遺愛。乾隆帝的意思是，即使是這樣一個人也要嗟歎，詠雪實在是窮盡褒美之辭而難為的事！

「何必」句中的荊山在今湖北南漳縣之西，《尚書·禹貢》云「荊及衡陽，惟荊州」，是漳水所出之地，古代以產玉而著名。這句的大意是，有今日之冰雪美物，又何必去讚揚荊山之玉呢？

接御製詩聯句的是劉星煒，他的詩句是：

> 還如訶國驗駢陳。
> 越裳白雉歸彰化，靈囿騶虞育逮仁。
> 觀琬昭文誠中度，

聯句中的訶國即訶陵國，為古南海國名。唐白居易有詩《送客春遊嶺南二十二韻》云：「訶陵國分界，交趾郡為鄰。」《新唐書·地理志》載：「佛逝國東水行四五日，至訶陵國，南中洲之最大者。」因之訶陵國應是產象之地，也是向古代中國貢象之邦。這一句的意思是，這對雪象要產象之邦的人鑒賞方能認可。

越裳，又稱越常，亦為南海國名。《後漢書·南蠻傳》有載：「交趾之南，有越裳國。周公居攝六年，制禮作樂，天下和平。越裳以三象重譯而獻白雉。」因此在這裏，白雉與象有着相同的意義，都是大治之世的祥瑞之兆。靈囿原是周文王苑囿名，後指精粹匯集之所，在此亦有「天為之下甘露，朱草生，醴泉出，風雨時，嘉禾興，鳳凰、麒麟遊於郊」的意思。

觀琬就是觀賞美玉，在此指眾人的詩句，謂重華宮聯句顯揚文采，頌聖而不失雅度，如玉石之溫文爾雅。

隨後聯句的是盧文弨，他的詩句是：

載瑜譜樂正來賓。

升平進頌諧星琯，慶惠乘陽啟鳳闈。

木盛占年符奮乙，

聯句以瑜對琬，亦為美玉，在此亦謂諸臣聯句詩文。第一句的大意是，諸臣作為皇室的賓客，以詩來謝主人。

中一聯說的是，今天來到重華宮作頌聖詩的人都是當今鴻儒。星琯為中國古代大文的星宿組合。司馬貞在《史記・天官書》解題中云：「天文有五官。官者，星官也。星座有尊卑，若人之官曹列位，故曰天官。」這裏反之，用意在「天人合一」，「道之大原出於天，天不變，道亦不變」。或許與此詩有關，次年，即乾隆三十一年（1766）玉盂聯句始，重華宮聯句定為七十二韻，一句一韻，二十八人分為七排，每人四句，每排冠以御製句，結束為御製句，與宴大臣規定為二十八人。茶宴聯句更走向程序化。乾隆帝說：「每歲茶宴聯句所用二十八人，適如列宿之數。」鳳闈即宮闕也，為諸臣聯句頌聖之所。

這第三句所謂木盛占年，是年木盛，木者，五行之一，主東方。乾隆帝駕崩之後，其子嘉慶帝在其墓志中揭出了皇考的生辰八字。乾隆帝生於康熙五十年（1711）八月十三日午夜子時，即辛卯、丁酉、庚午、丙子，這是一般臣子無法得知的天機。然而，乾隆帝生年為松柏木則是時人共知的，因此，乙酉年對乾隆帝有利。這也是臣下迎合君王的一種手段。

第二十八人次聯句的是謝墉。其資歷較前諸位略淺。乾隆十六年（1751），乾隆帝聖駕南巡，謝墉以優貢生召試第一，賜舉人，授內閣中書，伴駕南巡。次年考中進士。二十九年十二月，遷侍講。時為阿哥師傅。

乾隆三十年（1765），皇十五子永琰——後來的嘉慶帝，虛歲六歲，恰在開蒙之時。嘉慶五年（1800）二月，曾有一道上諭曰：「原任侍郎謝墉在上書房行走有年，勤慎供職。朕自幼誦習經史，係原任侍郎加太師

衝奉寬授讀，及長，而肄業習詩文，蒙皇考特派謝墉講論，頗資其益。」
就此而言，乾隆帝於謝墉的詩文還是頗為賞識的。今天他的詩句是：

> 金穰涓日佇祈辛。
> 坐聆宮漏移花緩，飲飫衢尊泡露醇。
> 燠沐餘冬常益益，

聯句以「金穰」對「木盛」，首先是言農事豐作，同時金亦為五行
之一，主西方，因此十分整齊貼切。辛為天干第八位。《爾雅・釋天》
曰：「太歲……在辛曰重光。」《史記・律書》有載：「辛者，言萬物之
辛生，故曰辛。」因此，太歲在辛，為人們帶來了豐獲的祥瑞，與上句
聯句後便構成了王道與天道的合一，這使乾隆帝暗暗得意。

宮漏是宮中的滴漏銅壺，用以計時。以宮漏衡量季節的變化未免
顯得太緩慢了，以此來表明當今太平盛世史無前例。衢尊指上古時行
仁政，民豐足，禮義敦。設酒於通衢，任人自取。今日的衢尊不僅酒管
夠，而且酒漿甜美。這樣的誇大其辭無疑是一種吹噓。

然而，臣下對於君主的奉迎可以說是無條件的，更何況對於詞臣
來說，頌揚皇上本就是份內之事。「燠沐」句說溫暖濕潤的餘冬生機益
然，言外之意即「百姓昭明，協和萬邦」，「教化大行，天下和洽」，一
派升平景象。

汪永錫是二十四位赴宴大臣中最後一位聯句的。前一日總管內務府
大臣的出席茶宴名簿上沒有他，很有可能是為了詩韻或聯句的文勢而臨
時將他加入的。他的詩句是：

> 棣通肇閏總礦礦。
> 題拈先霨環墇城，箋遞番風颭梜桭。
> 樂以泰交垂在甲，

棣通，為貫通、通達之意。《漢書·律曆志》曰：「正月，乾之九三，萬物棣通。」礙礙，形容艱難之貌。揚雄的《太玄經》云：「陽氣微動，動而，物生之難也。」有注云：「礙然者，陽欲出不能之貌也。」聯上句所構成的意思是，雖然餘冬已轉溫暖，但是萬物的生長還處於欲出而不能的階段。隱意一旦萌發，必將是鬱鬱葱葱。

後三句寫進呈聯句詩的大臣們像下雪前空中降落的白色不透明的小冰粒，簇擁在皇帝的宮殿台階下。諸臣排次連續成章次第進呈，皇上坐在重華宮的簷下御覽臣下的作品，君臣之間興高采烈。「泰交」一語出自《易經·泰》，有云「天地交，泰」，謂天地氣相交，物得大通；或謂「上下和睦，習俗美盛」。是日干支在甲寅，因此詩中有「樂以泰交垂在甲」之說。

最後成就整個聯句詩的，當然非乾隆帝莫屬。一項吉祥盛事即將告成，乾隆帝向下望去，往昔三十年好似彈指一揮間。雖說貴為人君，命在福貴德高，卻也有着如狂風涉浪、透海穿山般的經歷。要說骨肉兄弟，或是運在犯孤，總還是靠不住；而這階下的輔佐之臣則個個溫雅謙恭，幹練智敏，不乏可以倚重之才，令乾隆帝甚感欣慰。想着想着，詩來了。皇上最後以五句煞尾。云：

撫茲豫順凜惟寅。

政頒魏闕朝儀飾，澤被公田天貺申。

一德虞歌欽慎憲，對時掭管豈雲頻。

御製詩聯句中的「豫順」意為安樂和順。寅為地支第三位。上文已經說過是日在甲寅，寅為日干之始，卦象有陽氣上升，萬物始蘇之貌。

接下來的「魏闕」指朝廷。《白虎通·禮樂》篇云：「太平乃制禮作樂何？」《禮記·樂記》云：「王者功成作樂，治定制禮。」適逢乾隆大治之年，因此政頒，朝儀種種有條不紊。在此之際，不能忘懷去歲天

賜的雪澤。賡歌即用他人的原韻或題意唱和，這裏指茶宴聯句。「一德」即謂君臣同心合德。以茶宴聯句的形式，皇帝以文人自喻，用以聯絡諸臣情誼之實。而君臣之誼的法則是「欽慎」，即恭敬嚴肅。如此對詩聯句還將遵為家法，「萬年長如今日」，世世代代延續下去。

茶宴聯句終於結束了，皇上將《石渠寶笈》一套分賜諸臣，諸臣跪領，行三叩禮，退出。君臣皆大歡喜。

說來說去，乾隆御製詩可以說是清中期詩作的典型代表。當朝辭臣若對他的詩讚美有加，那是君臣之道。或云：「其氣象之崇宏，則川淳嶽峙也；其心胸之開浚，則風發泉湧也；其詞采之高華，則雲蒸霞蔚也；其音韻之調諧，則金和玉節也。」有幾分諂媚也當不足為奇。

乾隆帝一向標榜「清真雅正」的詩風，提出「志言要歸正，麗句卻須刪」。他尤其反對宮體詩、香豔詩。在他看來，那些纏綿悱惻、傾訴兒女情長的詩句最要不得。在他的四萬餘首詩中，他像是位正襟危坐的道學先生，詩中絕無美女寵妃的面孔，也沒有輕歌曼舞的場面。他說：「予向來吟詠，不為風雲月露之辭，每有關政典之大者，必有詩記事，即遊藝拈毫，亦必於小中見大，訂訛析義，方之杜陵詩史，意有取焉。」因此，乾隆御製詩的歷史價值遠遠在其藝術價值之上。這些詩作，內容詳細、具體，幾乎任何身邊的事物都可以成為其主題，它們形象地記錄了乾隆帝一生的政治活動和思想感情。他本人也把自己的詩看作是生平的歷史記錄，說「拈吟終日不涉景，七字聊當注起居」。《起居注》與以詩句組成的「注起居」便成了今日研究乾隆帝本人與他的時代的重要歷史資料。

乾隆帝寫詩迅捷也是事實，他的詩儘管多即興之作，但也不乏靈光閃現之屬。他曾於「放舟攬景，俄頃之間，得詩數首，非欲與文士爭長，正以理精辭熟，自覺有水到渠成樂趣」。乾隆帝的好勝心很強，常常因自己「詩才敏捷」而沾沾自喜。趙翼在《簷曝雜記》中記錄了乾隆

帝作詩的情形，曰：「上……或作書，或作畫，而詩尤為常課，日必數首，皆用朱筆作草，令內監持出，付軍機大臣之有文學者，用褶紙楷書之，謂之『詩片』。遇有引用故事，而御筆令注之者，則諸大臣歸，遍翻書籍，或數日始得。有終不得者，上亦弗怪也。余扈從木蘭時，讀御製《雨獵》詩，有『著制』二字，一時不知所出。後始悟，《左傳》齊陳成子帥師救鄭篇『衣製杖戈』注云：『製，雨衣也。』……余直（值）軍機時，見詩片乃汪文端（汪由敦）、劉文正（劉統勛）所書。其後劉文定繼之。由詩片抄入詩本，則內監之職。迨於文襄（于敏中）供奉，並詩本亦手自繕寫矣。御製詩每歲成一本，高寸許。」趙翼曾在軍機處當過章京，又是清中期著名詩人、歷史學家，因此是言可信，至今在故宮博物院藏有大量的朱筆「詩片」，便是明證。

而至乾隆三十八年（1773）勘閱繕校《四庫全書》時，此次茶宴聯句的諸臣有十位被委任為編書人員，其中四位為《四庫全書》總裁，他們是：劉統勛、舒赫德、于敏中、阿桂。只是劉統勛很快過世，實際責任人是于敏中，後來舒赫德死於乾隆四十二年（1777），于敏中死於四十四年（1779），於《四庫》纂修至始終的僅有阿桂一人。

他們四人之下，在總纂與纂修之職上的還有六人：裘曰修、謝墉、汪廷玙、汪永錫、竇光鼐、倪承寬。

得位之正，天賦之高，使乾隆帝自君臨天下以來，始終保持着優越的心態。有了這樣的心態，他夙興夜寐，孜孜求治，似乎永遠不知道疲倦。

伍·

奏本理合　總攬巨細

巳正至午正

　　十時至十二時　批覽奏摺

上午十時至十二時，乾隆帝於養心殿勤政親賢殿批覽奏摺。奏摺的內容從國家軍機大事到一般的瑣細小事，無所不有。乾隆帝事必躬親，大權獨攬，他的統治就如同當時繁縟的宮廷裝飾一樣，精微到了極點。

　　乾清門前廣場，東出為景運門，西出為隆宗門。藍天下，乾清門內那一道白石欄杆的高台通道，直通乾清宮。乾清宮前，西出月華門，為西一長街。月華門正對着養心殿東牆遵義門，又稱膳房門。進了遵義門，正對面為黃色琉璃照壁，其後為養心殿第一進東西橫長的院落。進入養心殿會隱隱有一種陰森感，一陣寒氣襲身，宛如殘雪般清冷。

　　好在這一天，喜見豔陽，殘雪消融。小風吹在臉上，帶來一種「絕勝煙柳滿皇都」的期盼。

　　養心殿明間西側的西暖閣分隔為數室，其中一間為皇帝批閱奏摺、與大臣祕談的小室，即勤政親賢殿，座後屏風書《無逸》以自勖。窗外秀石名葩，林徑通達。

奏摺制度

　　「奏摺」一詞，最早見於順治十三年（1656）的上諭，稱：「向來科道及在京滿漢各官奏摺，俱先送內院，今後悉照部例，徑詣宮門陳奏。其外省所送通政使司題本及在京各官本章，仍照舊送通政使司轉送內院。」

　　到了康熙年間，奏摺已具有區別於各種官方文書的特殊意義，成為一種神祕的機密文書，皇帝與親近臣僚都要為之嚴守祕密。所謂「君不

密則失臣，臣不密則失身，幾事不密則害成」[1]。康熙三十二年（1693），康熙帝在蘇州織造李煦的奏摺上硃批：「秋收之後，還寫奏貼奏來。凡有奏貼，萬不可與人知道。」四十三年（1704），康熙帝在江寧織造曹寅的奏摺上硃批：「朕體安善，爾不必來。明春朕欲南方走走，未定。倘有疑難之事，可以密摺請旨。凡奏摺不可令人寫，但有風聲，關係匪淺。小心，小心，小心，小心！」四十四年（1705）二月，康熙帝南巡期間，在經筵講官王鴻緒的奏摺上硃批：「京中如有可聞之事，卿可密書奏摺，與請安封內奏聞，不可令人知道。但有瀉（泄）漏，甚有關係。小心，小心，小心！」為了安慰上奏人，康熙帝在看完奏摺之後常特朱書：「朕覽甚密，無一人知道。知道了。」

康熙五十一年（1712）康熙帝發了一道上諭，其中有云：「朕為國為民，宵旰勤勞，亦屬分內常事。此外所不得聞者，常令各該將軍、總督、巡撫、提督、總兵官，因請安摺內附陳密奏，故各省之事，不能欺隱，此於國計民生，大有裨益也。爾等皆朕所信任，位至大臣，當與諸省將軍、督撫、提鎮一體，於請安摺內，將應奏之事，各罄所見，開列陳奏。所言若是，朕則擇而用之；所言若非，則朕心既明，亦可手書訓諭。而爾等存心之善惡誠偽，亦昭然可見矣。」由此，將上奏摺的權限擴大到中央朝廷官員。

雍正帝即位以後，為了對付政敵，鞏固皇位，擴大和加強自己的權力，採取了許多控制內外高級官員的措施。為了掌握各種實情，他進一步擴大了使用密摺奏事的範圍。除督撫、提鎮外，司道以下小官也准其具摺奏事。如此一來，內外臣工都成了皇上的耳目，事無巨細，皇上無不洞悉，其所頒諭旨，訓示方略，亦皆能措置咸宜。可以說，奏摺制度

1　《易經》節卦「初九」的爻辭。

的產生，是清朝上行文書制度的一次重大變更。清初擴大奏摺具奏權限後，吏政益臻清明，行政效率有所提高。

傳統的本章制度，因題奏內容不同，而有公題私奏的區別：例行公事，使用題本，個人私事，使用奏本；題本鈐用關防，奏本不用印。奏摺開創伊始，僅為當時兩種上行文書題本和奏本的補充和附庸。它封章上達，既密且速，不像題本礙於制度，無論任何事項，均須先由內閣票擬（代擬批旨），然後進呈。奏摺封進，直達皇帝面前開拆。經皇帝朱筆批示者，謂之硃批奏摺，一稱硃批諭旨。凡已硃批之摺，皆發還具奏人。日後仍須繳進宮中，因而又有繳回硃批奏摺之制。

奏摺制度的出現，使具奏官員與皇帝擁有了「言敷於下，情進於上」的直接通道。乾隆帝即位之初，對雍正帝的各種政策多所調整，寬大為政，以代嚴苛之弊。居喪期間，甚至還把處理國家日常事務的工作交給了總理事務王大臣。然而，對於奏摺制度，他卻別有一番考量，將其牢牢地掌握在手裏。

乾隆帝曾嚴諭各地官員繳還雍正帝的硃批諭旨，並進一步擴大奏摺言事的官員範圍。乾隆四年（1739）五月十二日，他在一份諭令中說：「於大臣、九卿、科道外，並准部屬、參領及翰林等俱得具摺奏事，以收明目達聰之效。」平時，乾隆帝處理臣下的奏摺極為認真，無不「詳細覽閱，不遺一字，遇有差訛，必指出令其改正」。

乾隆十三年十一月二十六日（1749 年 1 月 14 日），乾隆帝正式下令：「着將向用奏本之處，概用題本，以示行簡之意，將此載入會典，該部通行傳諭知之。」從此，奏摺又成了與題本並行的兩種最重要的上行文書之一。

乾隆帝還採取措施，加強奏摺的保密程度。一是堅持滿洲官員奏事用滿文具摺而不得使用漢文，對於不按規定使用漢文具摺的滿洲官員則嚴加斥責。二是嚴禁將奏摺上的硃批引入具題本章，以防泄密。三是嚴

禁將具奏內容和乾隆帝硃批互相泄露，一經發現亦嚴加斥責。再就是採取措施，防止奏摺齎送途中發生問題。如乾隆六年（1741），即諭令嚴禁州縣「希圖探聽信息」而向齎摺之人「饋送盤費食物」，及齎摺人「借端需索」，「憂累屬員」。

乾隆十一年（1746）五月，為免廷寄在郵遞時遭到擦損，或被沿途人役私行拆閱，又採納貴州總督兼管巡撫事張廣泗的建議，規定軍機處嗣後寄信外地官員，「奉旨密交各督撫事件，照吏部憑匣之制頒發，令於覆奏恭繳；其各省總督向無憑匣鑰匙者，照式頒發一副，將軍、提鎮、藩臬及欽差各員一併給與，收存交代。其餘尋常封寄事件，令兵部通行各省，按站登號嚴查」。乾隆二十六年（1761）二月，又因一些地方官雖有具摺言事的權力，但沒有賞給奏匣，其奏摺僅用夾板固定、紙袋緘封、綾幅包裹，「奉批之後，亦即原封拴縛領回，長途往返，私啟無難」，非常不利於保密，因而採納原署江西巡撫常鈞的建議，規定各省文武大吏於送發奏摺時，「於夾板之外，用紙封固，接縫處黏貼本職印花，再用綾袱包裹」；其發回批摺，「用兵部印花」；奉差官員，「於出京時酌量應用印花若干，於咨取勘合文內，聲明兵部照數給發」。

這些措施固然有利於乾隆帝對全國情況的了解和對各級官員的控制，但由於官員們在陳奏政事時，往往願意用奏摺，而不大去注意題本和奏摺的使用界限與區別，致使各省督撫將例應具題之件，大都用奏摺上達，奏摺濫用已成趨勢。上文所列奏報雪情摺即屬此類現象。

在紫禁城內設有奏事處，是專門收發奏摺之所。奏事處分為內外兩個部分：內奏事處設在月華門之南廡，外奏事處設在景運門內九卿房。外奏事處值班章京每天於寅時在乾清門外接遞在京部院衙門及各省督撫等衙門專差遞送的奏摺，接摺後交內奏事處太監送交皇帝。在京各衙門的奏摺，皆用黃匣收儲，有密奏事件，則加封儲於匣內。外省奏摺皆

封固，加貼印花，外加夾板。各省奏摺，有應速遞者，准由驛站郵遞，並根據事件的緊急程度規定投遞速度，如標註「馬上飛遞」，則每日行三百里。緊要公文可日行四百里、五百里乃至六百里。經驛站遞送的奏摺，到京後交兵部捷報處接收，再由兵部司員到乾清門呈遞。外奏事處隨到隨接，轉送內奏事處，由奏事太監送交皇帝。凡遞摺衙門，皆須另備一份公文交奏事處，經奏事官核對無誤，才予接收，以防官員擅遞奏摺。

內奏事處往交軍機處封發的奏摺，每日必須於寅、卯二時發下，由軍機章京分送軍機大臣閱看，時謂之「接摺」。凡奏摺經硃批「另有旨」「即有旨」及未經硃批者，皆另外儲於黃匣，交軍機大臣再向皇帝請旨，時謂之「見面」。軍機大臣將這些奏摺拿到皇帝面前請旨以後（有的用片奏請旨），將承旨內容面授軍機章京記錄下來，再由軍機章京擬旨。擬旨，在乾隆時始准軍機章京代軍機大臣擬寫，但機密而重要的諭旨，仍由軍機大臣親自擬寫。諭旨擬好以後，便交付繕寫。按清制，頒下諭旨分為內閣和軍機處兩個途徑，由軍機處繕寫的諭旨，其名稱和程序也有明顯的特點。也就是説，皇上於每日批覽本章必包括兩個內容，其一是御覽奏摺，或有硃批，其二是下達諭旨。

茶宴聯句結束後，諸臣接着在左廂觀看東邊漱芳齋戲台的承應宴戲。這是乾隆帝南巡準備隨帶的回族戲班表演的雜耍，有爬竿、繩技、舞蹈等種種，煞是好看。

而乾隆帝在諸臣謝恩後已從重華宮回到了養心殿，群臣頌聖的吟哦之聲仍然縈回於耳際。他那「拙速由來我所能」的御製詩句，在那些平日自負為飽學之士的翰林面前，可謂金聲玉振，獨領風騷，這是乾隆帝最引以自豪的。

步入養心殿後殿，乾隆帝略有倦意地坐在寶座之上，當他正視前方時，前楹上懸掛的「為君難」匾額映入他的眼簾。古人曰：「天子命無

常，唯命是德慶。」[1] 更何況《詩經・大雅・文王》云：「天命靡常。」《尚書・蔡仲之命》曰：「皇天無親，惟德是輔。」這是用命之「無常」論證王道之可變。這時，一疊厚厚的奏摺已由奏事太監置於乾隆帝面前的案頭上。可以想像，一天之中，乾隆帝批閱各類奏本有多繁苛。

馭臣之術

　　據《宮中檔乾隆朝奏摺》載，乾隆三十年正月初八日上奏的摺子有七本。前文引過兩本，即刑部尚書、暫留江蘇巡撫任的莊有恭《奏報復得瑞雪情形摺》與浙江巡撫熊學鵬《奏報瑞雪糧價摺》。另外有湖南布政使赫升額的《奏謝革職從寬留任摺》，除此之外還有熊學鵬的三本：《奏報應修船隻估需工料銀數摺》《奏報動用備公銀修滿營火藥局等摺》，再就是一份《奏謝賜御書福字摺》。說來也是巧合，正在同一日，莊有恭也有一本《奏謝賜福字摺》。

　　莊有恭的奏謝摺是這樣的：

> 臣莊有恭謹奏，為恭謝天恩事。乾隆三十年正月初一日，臣齎摺人回蘇，敬捧恩賞福字一幅，鹿、野雉等四種到臣。臣隨出郊跪迎至署，恭設香案，望闕叩頭謝恩，祇領訖。伏念臣忝守封圻，莫酬高厚，凜敬事之義，黽勉在公，荷育物之仁，便蕃逮下。欣逢元旦，寵拜九重。奎章與麗日齊輝，禁臠共春膏並渥。捧宏慈之敷錫，薄植增榮；飫閭澤之分甘，素餐茲愧。所有微臣感激下忱，謹恭摺奏謝，伏乞皇上聖鑒。謹奏。乾隆三十年正月初八日。

　　熊學鵬的奏謝摺是這樣寫的：

1　《春秋繁露・三代改制質文》。

　　浙江巡撫臣熊學鵬謹奏，為恭謝天恩事。乾隆二十九年十二月二十八日，臣齎褶差弁回浙，恭捧御書福字一個，鹿肉一盤、熞鹿肉一盤、麆肉一盤、野雉四隻到臣。臣隨出郊恭迎進署，望闕叩頭謝恩，祇領訖。伏念臣一介駑駘，荷蒙聖恩，簡畀封疆重任。數年以來，賞齎頻繁，毫無報稱，茲復頒賜臣御書福字，兼錫上方珍味。臣跪領之下，光榮實甚，感激彌深，惟有益加策勵，恪恭奉職，事事矢竭悃忱，以冀仰酬高厚於萬一。臣謹繕褶恭謝天恩。謹奏。乾隆三十年正月初八日。

　　這兩本奏褶，前一本是莊有恭的，後一本是熊學鵬的。面對來自天家的相同恩寵，他們的反應是相似的，幾乎在同一時間做了相同的事。兩本奏褶文辭典麗，而恭態卑甚，極盡爭寵之能事。這偏偏是由皇上所賜「福」字引起的。

　　《嘯亭續錄》卷一有一篇短文《賜福字》，云：「上御乾清宮西暖閣，召賜福字之臣入跪御案前，上親揮宸翰，其人自捧之出，以志寵也。」

　　據嘉慶帝《書福聯句》注：書福之典，始於聖祖仁皇帝。賜福蒼生筆，相傳為聖祖御用留貽，管髹漆，色黝，字填以金。每開筆時，御用一次，即珍弆檀匣。每歲開筆書第一福字，懸於乾清宮之正殿，此即舊藏聖祖御用賜福蒼生筆。所書賜福之箋，質以絹，傅以丹砂，繪以金雲龍。宮廷貼用者，與朱紅對箋、壽字箋，由江蘇按尺度制進。頒賜之箋，則南省方物所陳也。硯海二，分以松花玉、紫端石為之。又據乾隆帝《嘉平月朔開筆再疊辛亥詩韻》詩註：嘉平賜福之事，皇祖時從未舉行，自皇考創為成例。予御極以來，敬循家法，歲歲遵行，奉為典則。皇考書福之筆敬謹尊藏，髹管上舊鐫「賜福蒼生」四字，最為吉祥法物。是以每歲書福，必敬用此筆書第一福字，欽承手澤，用示賜福。事實上書福之舉，始於康熙帝，賜福則康熙帝雖偶有此舉，而著為典例者

實始於雍正帝。至於那賜福蒼生筆，或係康熙帝留貽，而雍正帝用以書福者。

一支書福字的筆，由皇祖傳至皇考，又由皇考傳至乾隆帝，可見對於皇家來講，這是一份多麼重要的傳家寶。這筆中蘊藏着的則是清帝駕馭臣下的手段。

乾隆帝十分重視對地方官的選拔與任用，並一再加強對他們的駕馭。在他看來：「安民在於察吏。各省民風，淳漓不一，政務繁簡各殊，而隨時整飭，必專其責於親民之官。古稱監司擇守令，一邑得人則一邑治，一郡得人則一郡治。督撫有表率封疆之任，不在多設科條，紛擾百姓，惟在督察屬員，令其就現在舉行之事，因地制宜，務以實心行實政。……有治人，無治法，誠探本之論也。」[1]

那麼，像莊有恭、熊學鵬這樣天高皇帝遠的封疆大臣，就更要制其心，而令其甘為皇帝效命，「以志寵也」。因此，經常給予這樣的官吏以寵信的信號是十分必要的。

莊有恭，廣東番禺人。幼有神童之譽，稱「生而穎異，十三通五經，旋補諸生以選貢考」。乾隆四年（1739）一甲一名進士，欽點為狀元。殿試對策云「不為立仗之馬，而為朝陽之鳳」，深得皇上喜愛，其「風度端凝，天顏喜甚，賜及第，授修撰」，命入值上書房。十三年（1748），做上了提督江蘇學政。在為江蘇學政時，有浙江人丁文彬者偵得莊有恭出獻所著《文武記》《太公望傳》等為逆書。莊有恭初以為此乃病狂之舉，自己絕不會受到上方的追究。不料這丁文彬卻不依不饒，竟帶上此二書告到了山東衍聖公孔昭煥處，孔又告於巡撫楊應琚。莊有恭這時才意識到問題的嚴重性，自請治罪。乾隆帝以莊有恭故縱逆罪，

1　《清高宗實錄》卷三六五。

罰學政養廉銀十倍。這是莊有恭在仕途上栽的第一個跟頭。

　　乾隆二十一年（1756），莊有恭署江南河道總督事。不知是怎的，莊有恭一到任，就上了這樣一本奏摺，曰：「泰興縣捐職州同朱昀主使斃命，按律應絞，呈請贖罪。臣業經批准，尚未結案。」為此乾隆帝諭曰：「莊有恭此奏，觀之實為駭然，豈有入人死罪並未奏聞，擅自飭司准其收贖，至離任後始含糊具奏之理？現命尹繼善等據實查辦。其有無染指雖尚未定，然觀其專擅妄謬如此，大失人臣敬事之道，已令其家居待罪。」

　　照常理，莊有恭犯了「大失人臣敬事之道」，這一跟頭可比前一個跌得更狠，大有難以翻身之勢。然而，乾隆帝偏有任用罪臣之術。乾隆二十二年（1757）六月，命其戴罪署理湖北巡撫。乾隆二十四年（1759），又調浙江巡撫。莊有恭因禍得福，乾隆帝由此換取了莊有恭的忠心。

　　莊有恭署浙江巡撫後果然賣力，於當地政務、水利、築堤修塘、鼓鑄冶金方面多有佳績。乾隆二十七年（1762）春，乾隆帝南巡，莊有恭竟得到御賜詩：「己未親為策士文，精掄蕊榜得超群。起行不負坐言學，率屬偏能先己勤。鶴市舊聲猶眷眷，龍山新政更殷殷。海塘正是投艱處，磐石維安勉奏勛。」

　　乾隆二十七年十月，乾隆帝又調莊有恭到江蘇任巡撫，上諭曰：「……其海塘工程，莊有恭籌辦甚屬盡心，且浙省現有查辦災賑事務，亦為緊要。莊有恭奉到調任之旨，可將巡撫印務暫交索琳護理。其日行事件，照常接辦。惟塘工、賑務，仍聽莊有恭專司其事。蘇、杭一水之地，案牘往還，本可無虞稽誤。至熊學鵬到浙，其賑務自可妥辦，至海塘工程，自不如莊有恭之輕車熟路。鄰封伊邇，應令兩撫彼此始終會辦。在莊有恭，亦斷不因既經調任，稍分畛域也。」十一月，特免莊有恭學政內應罰未完銀六萬餘兩。乾隆二十九年（1764）九月，擢刑部尚

書，暫留巡撫任。乾隆三十年（1765）正月，又授以協辦大學士，仍暫留巡撫任。這一頭銜使莊有恭之位僅次於大學士兼管兩江總督尹繼善、大學士兼管陝甘總督楊應琚與協辦大學士、吏部尚書陳宏謀，而居內閣各部尚書，各地方總督、巡撫之上。

熊學鵬與莊有恭一樣，由科舉而發跡。熊學鵬，江西南昌人。祖父熊一瀟曾做過當朝工部尚書。他本人早在雍正八年便取得進士，被授兵部主事。雍正十三年（1735），做上了貴州鄉試副考官，尋遷員外郎，升郎中。乾隆五年（1740），授山西道監察御史。九年（1744），遷太常寺少卿。十年，遷通政司右通政使。十一年，遷太僕寺卿。十九年，遷太常寺卿。二十一年，調順天府府尹。二十四年，擢內閣學士。二十五年，充殿試讀卷官，尋調刑部右侍郎。二十六年三月，授廣西巡撫。二十七年，調浙江巡撫。三十年三月，京察，熊學鵬以勤慎供職，下部議敘，得到朝廷的賞識。

與莊有恭相比，熊學鵬可謂出身官宦世家，他沒有什麼可以炫耀的功績，甚至也沒有什麼像樣的奏摺。乾隆二十六年（1761）二月，他充會試知貢舉，曾奏停進呈試卷另行謄錄例，也沒有什麼大錯。聖上說莊有恭治海塘輕車熟路，蘇杭又是一水之地，那麼我熊學鵬聽之，順之，亦可捧之……

了解了二人的身世背境，回過頭來再看那乾隆三十年正月初八日的兩本奏謝摺。看，莊摺中的「臣忝守封圻……荷育物之仁，便蕃逮下」一句，謙恭之下似持皇寵獨有之意，透着血氣方剛的勁頭。再看熊的摺子，曰「臣一介駑駘，荷蒙聖恩，簡畀封疆重任」，誠惶誠恐又情理並茂，透着老臣的恭謙審慎。

就在莊有恭為得了御書「福」字而得意之時，災禍卻已逼近，一場滅頂的大凶從他的側面殺來。就在這一年的八月，莊有恭寫了一本劾蘇州府同知段成功縱役詐擾累民革職摺，還未及擬好，被召還朝。十二

月，兩江總督高晉上疏說段成功因瘝不能檢點案牘，致家人婪贓，段成功實未與知。乾隆帝嚴加飭之，命巡撫明德據實查奏。明德的上奏是，段成功家人出票滋擾，段成功不唯知情，且圖染指。知府孔傳炯、按察使朱奎揚明知段成功假病，瞻徇未究。命革朱奎揚、孔傳炯職，解部治罪。乾隆三十一年（1766）正月，高晉又奏莊有恭原參即有段成功抱病蒙混語。乾隆帝勃然大怒，諭曰：「莊有恭受朕深恩，特加擢用，乃敢為此市恩之術，此非前任受尹繼善局弄之過可比，是有心欺朕矣。莊有恭着嚴加議處。」本來不關莊有恭的事，卻落個部議革職，被革去協辦大學士一職。這個大學士僅做了一年就罷官了，試想，莊有恭若沒有得那麼多的恩寵，怕也不至於令皇上如此惱怒。

　　至此，莊有恭的凶災還遠遠沒有平息。此後，欽差侍郎四達得莊有恭授意朱奎揚、孔傳炯有意從寬狀，疏聞。為此，乾隆帝下了兩道很長的諭旨：

　　　　此事實出情理之外，深可駭異矣！朕初意莊有恭因離任在即，巧於解怨市恩，尚外省所素有之惡習耳，是以前部議革任時，僅將其協辦大學士革去。今閱此奏，則此案之上下相朦，實由莊有恭授意指使，以致知府、臬司扶同狡混，其居心欺詐若是，實非意料所及！莊有恭從前疊獲重罪，皆經棄瑕錄用，復加恩升授尚書、協辦大學士。朕之施恩於莊有恭者，有加無已，苟稍有天良，自應實心圖報。乃敢於參審重案，授意屬員，巧為欺蔽，深負朕恩。此皆朕之不能以德感人，以明識人，深用為愧。若再姑息其過，將來何以董正天下督撫哉？莊有恭着革職拿問，交軍機大臣會同刑部嚴審定擬。其前在學政內應罰未完銀兩，曾經加恩寬免，莊有恭如此喪心負恩，仍着追繳。

這道置莊有恭於死地邊緣的諭令下達後，乾隆帝仍不解心頭之恨，

又下一道諭旨：

　　向來各省督撫辦理案件，瞻徇欺朦，上下通同舞弊，習氣最為惡劣。前湖北盜犯張洪順一案，經朕徹底查辦，嚴加懲治，以為各省督撫自應滌慮洗心，奉法惟謹。乃未及三年，不意又有罔上行私、毫無顧忌如莊有恭之甚者。可見各省撫之錮習相仍，牢不可破。段成功詐擾累民，贓跡已著。莊有恭身任巡撫，不思秉公參究，轉授意臬司、知府，令其委罪家人書役，巧為開脫，以遂其解怨市恩之計。居心欺詐，玩法負恩，莫此為甚！若不痛加懲創，其何以飭吏治而正人心？今將伊革職拿交刑部，令軍機大臣會同審擬。外間無職之徒，未必不以此案較之湖北案情為輕，而處之則同。不知張洪順只係細民犯盜，愛必達等並非有意袒徇；乃因回護己過，遂將後案延擱，究未敢公然授意屬官，乃屬官承其意旨，相與顢頇了事耳。若段成功身為職官，索詐部民，情節可惡。莊有恭惟知官官相護，罔知法紀。於查參段成功時，輒先授意臬司、知府，令其從寬開脫，遂爾隱躍其詞，以患病被朦參劾。若非朕留心詳閱，洞燭其奸，則貪黷擾民之段成功，幾至幸逃法網。是此案之挾私舞弊，實倡於莊有恭，其罪更浮於愛必達矣！且愛必達已經發遣伊犁，並不稍為寬貸。今朱奎揚、孔傳　供詞俱在，案情歷歷如繪，稍有知識者閱之，尚能為莊有恭置一詞乎？昨四達等奏到，即令軍機大臣將朱奎揚等親供，交莊有恭閱看。伊惟俯首認罪，並不置辯。其意不屑與屬吏對簿，自為得體。不知實小人之尤，豈有如此重案聽其含糊認罪，而遂可成信讞之理？因命軍機大臣等復行傳旨訊問，則又供朱奎揚等承審月餘，延挨觀望，直至莊有恭自行訪有款單，札司轉府拘審，伊等始將家人書役索詐得贓各情弊具揭，又不將段成功自己標判廳卷回明送看等語。所供情節，亦係一面之

詞，難於憑信。即日朱奎揚等拿解到京，白可得其底裏。設稍有支吾掩飾，亦何難加嚴訊，使之水落石出耶？外省吏治敝壞，皆由督撫不能正己率屬，上下和同，聯為一氣，以行其朦蔽欺詐之伎倆。各省皆所不免，而江南為尤甚。在伊等相習成風，恬不為怪，不思此等鬼蜮形跡，難逃朕之洞鑒。一經敗露，惟有力加整頓，執法不撓，務在廓除積習，俾吏治肅清。該督撫等各宜猛省自愛，毋得以身試法。將此通諭各直省督撫知之。

莊有恭得了御書福字，又得了御製詩，竟忘乎所以，置皇恩於腦後，把公事當兒戲，為官官相護之事，實在可惡。然而，僅就以上兩道諭旨來看，未必沒有草率武斷之嫌。無怪一位卿史大膽指責道：「自古人主患不明，惟皇上患明之太過。自古人主患不斷，惟皇上患斷之太速。」無論是「明之太過」，還是「斷之太速」，都來自乾隆帝獨斷專行的個性與作風。

到了二月，軍機大臣傅恆等遵旨會同審擬，他們當然不願在皇上面前做一個無「知識」的人，更不敢「尚能為莊有恭置一詞」，故而擬議莊有恭有罪應斬。這時，乾隆帝的氣也消了一些。平靜下來之後，他諭示群臣：

> 據審莊有恭及朱奎揚、孔傳炯等供，核其情節，莊有恭並非袒護段成功，而於保舉段成功之和其衷，則曲意為之瞻徇。蓋和其衷為新任巡撫明德弟兄，恐事發累及舉主，有礙顏面，遂爾心存瞻顧。上司屬員，意會色授，各相喻於不言，因置段成功受賄情事，不復深加詰究，妄冀含糊結案。外省上下和同，官官相護，積習最為惡劣。若不急為整飭，將漸啟黨援門戶之弊，於世道人心，深有關係。莊有恭身為巡撫，屬員視其趨向，自應依律問斬，着監候秋後處決。

　　然而，到了八月，乾隆帝又諭命赦莊有恭罪，補授福建巡撫。

　　此番受到如此重創的莊有恭，即使皇上再施任用罪臣之術，也無以效命。轉年七月，莊有恭悒鬱而死。莊的死帶給封疆大吏極大的震悚，對當今皇上益增敬懼之心。

　　為了駕馭臣屬，乾隆帝常常施展異乎尋常的手段，或小過重罪，罪非其罪，或破格提拔，一月數遷。生殺予奪，出自朕躬。大臣們莫測天威，既感到自己頭頂上時刻懸着一把利劍而戰戰兢兢，又希冀一沾皇恩，得終南捷徑，而加官晉爵，封妻蔭子。時間一長，皇上也有嚴飭吏治而乏術的時候，因此大家還是學做熊學鵬的好。這樣的一種局面或許是爭強好勝的乾隆帝所希望的。

　　後來熊學鵬作《賢人》小文，就張栻（南軒）對宋孝宗的問答，作了很好的分析。他把能人臣工分為「生事之能人」與「辦事之能人」兩種，云「天下有欲辦事而不曉事者，固足以啟紛擾之患；天下有雖曉事而不辦事者，尤足以貽廢弛之憂」。在他看來，那「所謂辦事者，以其能辦是事而不愧，則非不曉事之臣」，這才是天下難求的明臣。

　　乾隆帝在《明辟尹嘉銓標榜之罪諭》中說：「朕以為本朝紀綱整肅，無名臣亦無奸臣。何則？乾綱在上，不致朝廷有名臣、奸臣，亦社稷之福耳。」[1] 換言之，乾隆帝為使他的能辦事之臣不成為奸臣與名臣，而施展着駕馭之術，同時不惜將有些人乾脆變成庸臣，而在官宦中樹立為臣的榜樣。

1　《清代文字獄檔》第六輯。

軍機處之錄副奏摺

　　軍機處不同於內閣各部，它沒有辦事衙門，是直接為皇帝服務的，因此只設軍機大臣值房，就在皇宮隆宗門內。軍機大臣平日分兩班輪流當值，隨時聽候皇帝的召見，為皇帝辦理各種事務。也許是因為值房僅作輪班之用，赫赫有名的軍機處，室內佈置得十分簡單，除去必備的辦公用品和供休息的用具，幾乎沒有什麼陳設。除軍機值房外，還有軍機章京值房，也是平房一排，在紫禁城中絕不顯眼。軍機章京呢，也都是軍機處的一般辦事人員，這裏稱小軍機，其值房在隆宗門內迤南，與軍機處隔街相對。

　　軍機處建立於雍正七年（1729），其直接原因是當時連年用兵西北，軍報及指令往返頻繁，須及時傳遞，並要嚴加保守機密。因此，雍正帝特命在隆宗門內臨時設立軍需房（又稱軍機房），派怡親王允祥，大學士張廷玉、蔣廷錫等人入值，專門辦理一切軍需事宜。軍機處建立後，由於普遍推行了奏摺制度，內外臣工言事，多用奏摺直達皇帝，皇帝親自拆閱批示後，再直接發給具奏者本人按批示執行。內閣的「票擬」只辦理某些例行公事，因此內閣的權力，便逐漸被軍機處取代。

　　乾隆帝登基後曾一度廢除軍機處，改設總理事務處，但於乾隆三年（1738）又重新恢復了軍機處。實際上，軍機處不僅處理軍務，而且辦理一切國家重要政務，因此權力愈來愈大。前面已經提到，清朝實行回繳硃批奏摺的制度。雍正朝沒有規定具體日期，一般是乘便繳回。從乾隆朝起，實行按年繳進。但繳進辦法尚未統一，有的咨送軍機處，有的往送奏事處。

　　乾隆三十年正月初八日的《雜錄檔》中記有：「松藩鎮總兵托雲交硃批摺一包（四件），內務府總管德爾格交硃批摺一包（六件），貝勒允祺交硃批摺一包（六件），交與內閣中書明德總摺一件，隨片一件，

共四十六件。」

　　這裏回繳的硃批奏摺應是其正本，它們作為檔案被存於宮中。如今大部分硃批奏摺藏於台北「故宮博物院」中，並收錄於已出版的《宮中檔乾隆朝奏摺》。前一節所舉乾隆三十年正月初八日的奏摺就出自於此書。

　　然而，這並不是乾隆帝當天御覽的奏摺。道理很簡單，具奏人的奏摺到達皇帝手上，必須經過驛站的傳遞，因而具奏與硃批並非在同一天。由於正本上沒有標明硃批的時間，僅有具奏時間，因此無法知道乾隆帝在三十年正月初八日御覽並硃批了哪些奏章。

　　據乾隆三十年正月初八日的內務府《日記檔簿》，有如下公文發去或發回：

　　　　直隸總督方觀承二封，請安一封，奏事一封，差外委夏先達於初九日發去。

　　　　雲貴總督劉藻六封，請安一封，奏事五封。硃批一包。劉藻摺內單一件，軍機處收存不給，去。記此。於初九日發去。

　　　　山西巡撫和其衷二封，奏事一封，用兵部印花封發回，差把總田夢仁於初九日發去。

　　　　天津水師營都統富當阿二封，請安一封，奏事一封，用兵部印花封發回，差驍騎校圖桑阿於初九日發去。

　　　　西安右翼副都統德克精額二封，請安一封，奏事一封，用兵部印花封發回，差領催田正倫於初九日發去。[1]

　　這一記錄中方觀承、富當阿與德克精額的三封奏摺（後二封標用兵

1　中國第一歷史檔案館藏《乾隆三十年日記檔簿》，簿字號九〇一。

部印花封），於藏在北京中國第一歷史檔案館的軍機處奏摺錄副檔案中得到了核實。也就是說，軍機處奏摺錄副上所註明的硃批時間才是皇帝御覽奏本的時間。

軍機處經辦的奏摺，均要抄錄副本，供發抄和查考之用。而奏摺發抄與否，則視硃批內容而定。梁章鉅的《樞垣紀略》卷一三載：「凡中外奏摺，奉硃批『該部議奏』『該部知道』者，皆錄副發抄。其硃批『覽』，或硃批『知道了』，或硃批『准駁其事』，及訓飭嘉勉之詞，皆視其事，係部院應辦者，即發抄，不涉部院者不發抄。凡未奉硃批之摺，即以原摺發抄。」

就拿標有乾隆三十年正月初八日硃批時間的雲貴總督劉藻的奏摺來說，在錄副中有三份，但同日具奏人的奏摺在《宮中檔乾隆朝奏摺》中可以找到六份，這其中便有可能是被抄錄的人按照某種既定的規則刪去了。但乾隆帝當是在同一天御覽了劉藻的六本奏摺，有《奏報京銅自瀘開運日期摺》《奏請調補知府摺》《奏為差弁進摺錯誤蒙寬宥謝恩摺》《奏報全獲毆差搶犯要犯緣由摺》《奏報查明滇省城垣情形摺》，以及《奏為查明發遣新疆人犯摺》。

劉藻具奏的時間是乾隆二十九年十二月初七日，雲南府至京師的路程共用了三十一天的時間。不用說，等到皇上見到此地的奏摺，所奏情況本身早已發生了根本性的變化。因而古人云「將在外，君命有所不受」，是有其道理的。而君臣之間是如何在心理上調節這一時間差的，的確需要很好地去研究。

這其中標有硃批時間的三份軍機處錄副奏摺如下：

會獲要犯劉上達，劉藻奏。

雲貴總督臣劉藻謹跪奏，為奏聞事。竊照黔省清鎮縣訟棍劉上達遞解大定府質審行至中途毆差搶犯一案，前經臣等據報飛飭貴西

一帶文武各官多差兵役,勒限分頭緝,並委府縣督拿。旋據拿獲劉天爵、劉天錫、劉上卿、劉友學、阿年、阿保、阿方、阿三、阿么九名。訊,係劉上達私令伊子劉友賢、劉友學商之堂叔劉天爵,糾族搶逃。天爵即以搶回官必差拿,須多備盤費遠遁,為囑友賢等,又邀劉上義、劉天錫、劉上卿並率佃苗阿年等,通共十一人,於十月初二日齊赴羊耳箐,持械毆差,將劉上達奪回潛遁。供認不諱。業經調任撫臣圖爾炳阿將現犯劉天爵等分別首從,定擬會奏,並聲明在逃之劉上達緝獲之日,即行請旨正法,餘犯劉上義、劉友賢照律治罪等因在案。臣查劉上達平日則逞習唆訟,迨事犯起解,復敢指使族眾劫逃,而劉上義、劉友賢均聽囑行兇,實屬目無法紀,豈容漏網。臣因調任撫臣,已經赴楚,恐各該犯乘隙遠颺,隨專差臣標候補游擊明浩馳往協緝,並嚴切飭諭,期於必獲。茲據該員稟稱,行至安順府即同提督派委千總劉殿方分路查拿,旋因訪有該犯等蹤跡,前赴鴨池河,督同該汛外委喬之傑並兵役人等,於十一月二十五日,將劉上達等三犯全行拿獲。明浩即與該處文武員弁選拔兵差,親身押赴清鎮縣,交明知縣韓承源。添差轉解貴州省城收審等情。並據該司道暨府縣等官稟報相同。除札會護撫布政使臣錢度率同該署司等立即訊明,另行定擬會奏外,所有全獲要犯緣由先行繕摺奏聞,伏祈皇上睿鑒。臣謹奏。

具奏時間為乾隆二十九年十二月初七日,乾隆三十年正月初八日奉硃批:「知道了。欽此。」

肇事者無視法紀,聚眾鬧事,當嚴懲不貸。處理這樣的尋常騷亂,乾隆帝與任何鐵腕統治者一樣絕不手軟。乾隆帝使用暴力執法使得權力的正當性更為明晰,對於其他意在挑戰皇權者亦有警示作用;同時,一味依賴暴力執法的行為給王朝帶來了很大且深遠的負面影響。

滇省城垣緣因，劉藻奏。

　　雲貴總督兼攝雲南巡撫臣劉藻謹跪奏，為匯報通省城垣事。竊臣於上年承准廷寄，欽奉上諭：「城垣為地方保障之資，自應一例完固，以資捍衞。着各省督撫飭令該管道府將所屬城垣細加查勘，如稍有坍卸，即隨時修補，按例保固。仍於每年歲底將通省城垣是否完固之處繕褶匯奏一次。欽此。」欽遵，飭司移行查辦在案。茲催，據各道府將乾隆二十九年分所屬城垣逐一勘明，由布政使永泰匯詳前來。臣查雲南通省垣共九十一座，原建土城二十九座，內新修土城五座，改建磚城四座；又原建石城十四座，內新修二座；又原建磚城四十八座，內新修十八座。共計新城二十九座，舊城六十二座，內惟昆明縣城垣係屬省會，從前於耗羨章程案內奏定每年額支修費銀三百兩，自二十一年修理，至今已越八載。從前有未修之處，復經風飄雨淋，城垛、城樓等項多有坍損，已據藩司勘估，共需工料銀一千二百九十五兩二錢三分。零取具冊結，另疏具題。動用節年存貯歲修銀兩，購料興修。又開化府屬之文山縣西門城牆逼近江濱，二十八年被水沖刷搜鬆城腳、城牆捲洞、城樓等處。據該府縣報明，於今春自行修理，經兼署撫臣吳達善於上年年底匯奏在案。本年春間續據具報，南北兩門城垣亦有被雨淋塌之處，並修築。西門江濱擋水壩均自願一併修建。現在除已修外，尚有未竣之工，俟全完日，委員查驗取結保固。至江川、通海、寧州三州縣，於二十八年十一月內地震，城身俱屬完固，其城樓垛口間有震卸者，當經勘估，同應修衙署、祠宇等工，題請於司庫銅息銀內動給修補，亦已陸續興修完固。現取冊結，另行驗收報銷。以上通省城垣，除昆明、文山二縣外，其餘土石磚城八十九座悉屬完好。臣仍嚴飭該管道府，不時留心查勘，稍有坍卸，隨即定限督修完整，取結保固。倘有升遷事故，造入交代，令後官詳加驗看；如

有坍塌，令前官修竣，接收結報。倘敢扶同徇混，一經查出，將新舊各官及該管道府一併參處，分別賠修。務期城垣一例完固，斷不容稍事因循，任其坍頹，致廢帑項。所有查明滇省城垣情形，理合錄褶奏聞，伏祈皇上睿鑒。謹奏。

具奏時間為乾隆二十九年十二月初七日，乾隆三十年正月初八日奉硃批：「知道了。欽此。」

乾隆帝多次強調對雲南城垣隨時修補，按例保固。為此，巡撫豈敢做徒曉事而不辦事者，侵帑誤工。其中連沿邊關口及緊要城堡，凡工程告竣，雲貴總督、雲南巡撫甚至親往查勘。為捍衛邊疆，務期城垣永固，確保施工優質，帑項不致虛糜。

發遣人犯照函，劉藻奏。

雲貴總督兼攝雲南巡撫臣劉藻謹跪奏，為查明發遣新疆人犯事。案照承准廷寄，欽奉上諭：「近年以來，發遣新疆等處人犯有在途脫逃者，拿獲之日將本犯立置重典，着傳諭各督撫，嗣後將一年內發遣新疆人犯，查明有無脫逃、已未拿獲之處，於年終匯褶具奏。欽此。」欽遵，辦理在案。茲查滇省，乾隆二十九年分，有易門縣安插軍犯陶五糾夥行竊縣民劉世伯家銀錢、衣物。審依軍犯在配復犯竊之例，改發伊犁等處，給種地兵丁為奴，接准部覆。經臣於三月內，僉給咨牌，飭司慎選幹練員弁，督率兵役，小心防範，遞解出境。並知會沿途督撫，轉飭經過地方文武各官一體照例，委員逐程接替，護解前進。業於九月內准有陝甘督臣回咨，將該犯轉發伊犁查收，所有發遣新疆人犯陶五一名並無脫逃。緣由理合恭褶具奏，伏祈皇上睿鑒。再，此外尚有在配行竊之永北府軍犯王朋俚、師宗州軍犯王冬狗二名，甫准部覆，尚未起解，大姚縣軍犯蔣阿松一名，未准部覆，均應入乙酉年（乾隆三十年）匯奏，合併陳

明，謹奏。

具奏時間為乾隆二十九年十二月初七日，乾隆三十年正月初八日奉硃批：「知道了。欽此。」

人犯發遣新疆是清朝創設的一種刑罰，是將犯罪人發往邊疆地區給駐防官兵為奴，此懲罰程度比充軍為重。過去有研究者認為，此刑多適用於政治性案犯，如文字獄案者。而以上奏摺中所列多名刑犯都不過是普通刑事犯。這些對於做人臣的來說並不重要，重要的是，皇上要辦的事即使再小，也不能有絲毫懈怠，必以夙夜自警，敬心辦事。

乾隆帝三十年正月初八日御覽的奏摺，在錄副中還保存有一份漢文奏摺，即上面提到的，是日《日記檔簿》中記錄的直隸總督方觀承的一份奏摺。這份奏摺的具奏時間是乾隆三十年正月初六日，和乾隆帝御覽的時間僅隔了一天。直隸保定府至京師的距離是三百三十里，如此快捷的傳遞在當時的條件下實屬難得。

方的奏摺錄副如下：

> 請以沈鳴皋升署定州知州，方觀承奏。
>
> 直隸總督臣方觀承謹奏，為要缺需員恭懇聖恩升署事。竊臣於本月初三日接准部咨，乾隆二十九年十二月二十三日奉上諭：「直隸正定府知府員缺，着狄詠箎升署。欽此。」除欽遵，行司飭令狄詠箎即赴新任外，所遺定州員缺，地當孔道，庶務殷繁，係四項[1]俱全要缺例，應在外題補[2]。臣與兩司在於所屬州縣內詳加遴選，非其才

1　清制，知府、同知、通判、知州、知縣等地方官，以衝、繁、疲、難等四種名目定員缺緊要與否之等差。其兼四項為最要缺，三項為要缺，二項為中缺，一項為簡缺。
2　題補：清代補授官員的一種方法。即按官員詮選章制規定，凡應具題補授的官員出缺，其上司在應補或應升此缺人員中揀選，題請補用。

具難資表率，即現有不合例處分。查有清苑縣知縣沈鳴皋，係江蘇人，由監生捐納縣丞。乾隆十五年三月內揀發直隸委用。十七年三月內咨補棗強縣縣丞。二十二年題升邯鄲縣知縣，二十六年四月內奉文實授。二十七年內經臣奏請，調任清苑縣知縣，奉旨：「着照所請行，欽此。」於本年二月內到任。該員才情敏練，辦事實心。數年以內於附省首邑事務料理裕如，以之升補定州直隸州知州，實堪勝任。惟是該員雖連邯鄲前任已閱八載，而調任清苑尚未滿五年，與題升之例稍有未符。第人地相需，例得專摺奏請合無。仰懇皇上天恩俯准，將該員署理定州印務，以重地方。恭候聖駕回鑾，臣給咨送部，帶領引見，如蒙俞允，再行扣算年限，另請實授。再查該員任內有緝兇罰俸一案，徒犯脫逃罰俸一案，承緝罰俸二案，失案賭博罰俸一案。此外並無不合例處分。合併陳明，伏乞皇上聖鑒，敕議遵行。謹奏。

具奏時間為乾隆三十年正月初六日，乾隆三十年正月初八日奉硃批：「該部速議具奏。欽此。」

皇帝欲求的是辦事之臣，更於辦事之臣中，求曉事之臣，而心足以曉事、身足以辦事的臣下更是難求。那些特別會來事的屬下，會看上司臉色行事，熟知上司習性，善於揣摩上司意圖，能為上司辦事，因而也特別容易受到青睞和器重。被推薦人政績稀鬆，紕漏不少，就是會來事，這樣的官，皇帝居然也「准」了。在這樣的用人導向下，會來事的庸官必然多起來，長此以往吏政風氣可想而知。

其實，以上四份奏摺，對於清中期的吏治、刑罰、緝匪、押犯於新疆伊犁以及修繕地方城垣等無不所敍詳盡，具體生動，無須再加解釋。每摺文字都可構成一篇故事，亦有千種風情，較《清稗類鈔》之類的資料價值更是勝之倍蓰。

滿文機密奏摺

今天，在中國第一歷史檔案館保存的軍機處滿文錄副奏摺檔案中，能夠找到三份乾隆三十年正月初八日硃批的滿文奏摺，其中有兩份被載錄在《日記檔簿》中，一份是：

乾隆三十年正月初五日，天津府滿洲水師營都統奴才富當阿謹奏，為請旨事。本營官員每逢年節均到官修寺廟拜謁，去年十二月二十八日，奴才率領諸官員到寺拜後各自散去。巳時，聽聞喧叫寺廟失火，當即趕往，但見供奉三世佛之三間殿房火勢蔓延。奴才立刻率領到場官兵盡力撲救，一面搶運供品，一面欲搬佛尊，竟未能搬動。火勢更加蔓延，人已無法停留，故未能搬出，三間殿房及佛尊皆被燒毀。直至未時，方將火撲滅。奴才傳來和尚田祥、廣輝，訊問殿內失火原因。據伊等供稱，官員拜謁散去後，待所有點燒之香燒盡，吹滅蠟柱，方將槅扇門上鎖，不知火從何處起等語。所供均同。今寺之三間殿房、供奉之佛尊及神幡、經卷、提爐等十九項物件被燒。且如何失火之處，和尚田祥等供稱不知。由此觀之，其情甚是可疑。奴才為審取實供，將和尚田祥、廣輝移交本地理事同知納敏，詳加審訊，俟獲取失火之真情，視其情節輕重，照例治罪。此外，查得水師營兩座官寺，係雍正七年十月，世宗憲皇帝諭令前任都統拉錫：「天津水師營之城，駐有官兵二千餘名，城內不可無寺叩拜，著建寺兩座，一寺供奉三世佛、龍王、海神，另一寺供奉城隍、土地。定其式樣，著交莊親王，由大內造送。該寺之修建，著交及鹽政鄭常保，從其養廉銀兩內捐助修造。欽此。」欽遵。拉錫與鄭常保相商修建寺廟，造辦供品，於雍正八年八月，從大內請來佛尊供奉在案。現三間殿房，三世佛尊及供物已被焚毀，

重新修建時，三世佛尊仍由大內造送，或按原建之例，交鹽政照舊一併建造殿房、佛尊供奉，或交奴才富當阿動支庫存滋生息銀建造供奉，奴才未敢擅便，謹具奏請，恭候聖旨，欽遵辦理。竊思官修之寺，理合不時謹慎看護。今失火燒毀，皆係責成看管之協領富登額等員平素管理鬆散所致，請將責成看管寺廟之協領富登額、防禦額楞額、散達色交該部察議。奴才富當阿亦有咎失，請將奴才一併交部察議。為此謹奏，請旨。

乾隆三十年正月初八日奉硃批：「着該部察議具奏。欽此。」[1]

天津水師營，創建於雍正朝，是清代首支以都統級別統領的地方性水師駐防軍隊。如奏文所說，雍正七年（1729），官兵已達二千餘人。乾隆二十九年十二月二十八日（1765 年 1 月 19 日），水師官廟失火，供奉的三世佛等神像皆被燒毀，這似乎給皇帝留下了很壞的印象。

乾隆三十二年（1767），乾隆帝東巡津澱，親閱水師，檢閱過程中，竟然發生了水師營軍官發錯指揮信號，水軍士兵暈船嘔吐、不能操作，「對海面行舟之道尚未諳悉」的事件。對此乾隆帝不思整頓，反而因噎廢食，震怒之下，「移派天津水師營官兵於福州、廣州、涼州分駐⋯⋯所有水師營額悉裁」。天津水師營前後歷時約四十二年，終告解散。如果用百年的尺度來衡量此事，可以說這是重大的戰略失誤。1840 年，「海面久已寧謐」的局面被打破。這一年的 8 月 9 日，由「威里士厘號」等八艘掛着米字旗的英國軍艦組成的艦隊停泊大津大沽口海域，天津卻沒有水師，就此嚐到了海防廢弛的苦果。

另一份是：

1　中國第一歷史檔案館《軍機處滿文錄副奏褶》二一二一一〇三二。

乾隆二十九年十二月二十二日，西安副都統奴才德克精額謹奏，為謹具奏聞接任日期事。奴才荷蒙聖主鴻恩，由王府侍衞授為西安副都統。奴才德克精額於乾隆二十九年十一月二十九日，自京城起程，是年十二月二十一日，抵達任所。奴才德克精額恭設香案，望闕叩拜，按任視事。伏思奴才德克精額係一介奴僕，今聖主格外施恩，授為西安副都統。奴才惟感激聖主隆恩，勤謹供職，以期還報於萬一。為此，謹具奏聞接任日期。

乾隆三十年正月初八日奉硃批：「知道了。欽此。」[1]

雖然康熙九年（1670）三月，已經發佈諭令「滿漢官員職掌相同，品級有異，應行畫一」，一改此前滿、漢官員品級上的「重滿輕漢」現象。然而，乾隆帝沒有放棄滿族人的群體認同。表現為，滿人大多無須通過科舉入仕，晉升要比漢人容易得多。在乾隆帝看來，八旗乃國家根本，具備軍事上需要的可靠、勇敢與堅毅等品質。儘管這樣的信任一天天在削弱，但在乾隆帝心中這些品質都是漢人所缺乏的。西安副都統為駐防八旗將官，秩正二品，受駐防將軍節制。這樣重要的職務就給了一個原為王府侍衞的北京旗人。

直隸總督方觀承奏請以沈鳴皋升署定州知州，其中有「任期未滿五年，與題升之例稍有未符」之辭，而滿人德克精額卻由親王府的奴才一躍成了西安副都統。雖說或是乾隆帝駕馭臣子之術，但仍可看出滿人在仕途上的優越地位。

以上兩份奏摺的研究價值自不待言，如若以當日漢文奏摺與滿文奏摺相對，必會感到其中殊別。漢族官吏在奏摺中一般自稱「臣」，而滿洲官吏則在奏摺中一般自稱「奴才」，雖說也不盡然，但也有十之

1　中國第一歷史檔案館《軍機處滿文錄副奏摺》二一二一一○三一。

八九。這與儒家所倡導的「君使臣以禮，臣事君以忠」[1]的信條相去甚遠，與「以道事君，不可則止」[2]的觀點更是南轅北轍。

卻說這第三份奏摺，乃是軍機大臣傅恆等所奏。這份奏摺收藏於中國第一歷史檔案館內的軍機處滿文《議覆檔》中。清中期以前，各地將軍等與中央往來文書，舉凡軍機要務悉用滿文書寫。因為清王朝十分重視對邊疆地區的治理，內地督撫雖任用一些漢員，而駐邊疆地區的將軍、參贊大臣、辦事大臣等，則皆用滿人或蒙古人擔任。邊疆地區已被視為帝國的主要戰區，因此，軍機處滿文檔案充分體現了邊疆民族問題的特點。而軍機大臣傅恆等人的滿文奏摺，在當時來看，就更是朝廷的高級機密了。所奏如下：

> 大學士領侍衛內大臣忠勇公臣傅恆等謹奏，為遵旨議奏事。
>
> 乾隆二十九年十二月二十二日，將軍恆祿所奏吉林烏拉巴爾呼、蒙古、卦爾察等一體委用，錫伯、巴爾呼佐領歸蒙古旗，整飭牛錄等情一摺，奉旨：「着軍機大臣議奏。欽此。」欽遵。
>
> 該臣等議得，據恆祿奏稱：吉林烏拉八旗四十八佐領內，錫伯世管佐領一，喀爾喀巴爾呼佐領七，由彼等內補放驍騎校、佐領管束。原台吉察奇察之妻所獻二蒙古牛錄之丁，安置於伯都訥地方，亦由彼等內補放驍騎校、佐領管束。喀爾喀巴爾呼人等，授職不過佐領。科爾沁王所屬卦爾察人等，於伯都訥地方披甲，授職不過驍騎校。巴爾呼蒙古人等，邇來將及七十年，於一切官差軍族，效力如卦爾察同，且其原由與卦爾察無異，今卦爾察人等已得給晉升之途，巴爾呼人等向來授職不過佐領。然而，蒙古、巴爾呼、卦爾察為人皆

1　《論語·八佾》。
2　《論語·先進》。

同，今亦有效力於軍旅者，若不得給升途，似乎情稍可矜。今於打牲烏拉地方所有之兵七百名，由驍騎校八員、防禦八員、佐領八員、協領二員管束。打牲烏拉地方，除漁獵等差外，並無專項承辦之要務，協領一員即能管束。請將吉林烏拉錫伯一佐領、喀爾喀巴爾呼七佐領歸蒙古旗，打牲烏拉協領內抬出一員，俾暫管蒙古旗，俟滿洲旗出缺後調補；於蒙古旗，以錫伯、巴爾呼蒙古等十佐領、卦爾察佐領等合選保題，派送引見，補放協領。請整飭吉林烏拉八旗四十牛錄，由鑲黃旗六牛錄內抬一牛錄，移至正白旗，使每旗各為五牛錄。打牲烏拉八旗兵七百多，請令協領一員管束，出缺後，以八旗諸章京攙和銓補。寧古塔地方兼管琿春，當差官員稍為缺少，相應將打牲烏拉一協領所管佐領八員、驍騎校八員、兵七百名仍留外，防禦八員內，每翼各移二員，於寧古塔每翼各添二員，俾其當差等語。

查得，按舊例卦爾察等授職不過驍騎校，後將從軍之卦爾察軍功花翎烏靈阿等呈文陳其緣由，請賞升途之處，於乾隆二十四年自軍營奏至，奉旨：「按舊例，凡卦爾察、錫伯等咸不委任，後將錫伯人等移駐盛京起，視其效力而補放官員者有之。今錫伯、卦爾察人等於一切差使，均一體效力當差，不可仍溺於舊例，着施恩一體委用。欽此。」欽遵在案。今卦爾察一項人等，蒙皇上施恩一體委用，而巴爾呼人等自安置於呼倫貝爾以來，其總管等員缺，一直均由彼等內補放。巴爾呼蒙古與卦爾察並無區別，於一切升調之處，理合按其效力情形，選其善於管束者，一體委用。今恆祿奏巴爾呼蒙古人等遷來已七十年，於一切官差軍族，效力如卦爾察同，原由無異，請一體賞給升途等情，尚可施行。據此，請依其所請。

又查得，吉林等處官兵，今應根據各該地方情形，衡其緊要，酌情將官員等通融轉調，俾管理兵丁。今恆祿奏請將錫伯、巴爾呼八佐領歸蒙古旗，打牲烏拉地方協領二員內裁一員，作為吉林烏拉

蒙古協領，俾其管束，蒙古協領出缺，以錫伯、巴爾呼蒙古、卦爾
察等佐領揀和銓補；吉林烏拉滿洲協領出缺後，以此所調之蒙古協領
調補；整飭八旗四十牛錄，由鑲黃旗六牛錄內移一牛錄至正白旗，使
每旗各為五牛錄；打牲烏拉地方協領出缺後，以八旗章京等揀和銓補
外，寧古塔諸員於當差統兵稍為不敷，管帶打牲烏拉地方之兵，有協
領一員、佐領八員、防禦八員、驍騎校八員，官員略為浮多，相應酌
留防禦四員於打牲烏拉地方，調四員至寧古塔，俾其統兵當差等語。
此特為根據地方情形調辦起見，尚可施行。據此，請依恆祿所奏。應
否之處，俟命下之日，飭交恆祿遵行。為此謹奏，請旨。

乾隆三十年正月初八日奏，奉旨：「依議。欽此。」[1]

這份詳盡的軍事部屬調動機密報告，事實上是乾隆中期軍事戰略
的一個重要組成部分。它包括進一步強化康熙、雍正以來的軍事態勢，
將西北併入帝國版圖，以尋求徹底穩定西北統治，在戰略上消除潛在的
域外勢力干擾，使中國疆域中的黃河、長江兩大流域更加完整。堂堂大
清，兵力也已全盛。乾隆三十年之前，帝國大軍已經做到，西陲萬餘
里，城無不下，眾無不降。

《清高宗實錄》卷七二六中有着如上奏褶的簡明記載。

軍機大臣等議奏：吉林將軍恆祿等奏稱，吉林八旗佐領四十八
員，內錫伯世管佐領一，喀爾喀巴爾虎佐領七。舊例瓜勒察等，升
階不過驍騎校，喀爾喀巴爾虎等，不過佐領。嗣瓜勒察等移駐盛
京，因當差奮勉，加恩不拘舊例升用。今巴爾虎等差使亦勤，請一
體破格賞給升途。再吉林等處員弁，應各隨地勢酌調。請將錫伯、

1　中國第一歷史檔案館《錫伯族檔案史料》上冊，第 197—199 頁。

巴爾虎佐領，俱作為蒙古佐領，其打牲烏拉協領二員，裁一員，作為吉林蒙古協領，蒙古協領缺出，於錫伯、巴爾虎、蒙古、瓜勒察佐領內揀補；吉林滿洲協領缺出，將此項蒙古協領調補。至八旗佐領四十員，鑲黃旗六、正白旗四，應撥勻。令每旗各五員。又寧古塔現設員弁，不敷差防，請將打牲烏拉防禦八員，酌留四員，餘四員調赴寧古塔。均應如所請從之。

此番吉林將領的編制調配應是有深因的。乾隆初年，乾隆帝從維繫滿旗舊俗「操兵圍獵」，保證八旗兵的戰鬥力，以及保證盛京旗人利益等方面考慮，提出了封禁東北的基本想法。乾隆五年（1740），舒赫德依旨奏明守衛山海關官兵加強稽查，凡攜眷移居民人一律不准出境。後來這一政策得到長期實施。全面封禁東北的命令，在經濟上給東北帶來了十分不良的影響，尤其是農業生產相對關內來講，嚴重滯後。然而在軍事方面，卻在一定時期內，為清朝保存了一支強大的戰略預備隊。

乾隆帝晚年御製有一篇《十全記》，把他經歷的重大戰爭及其勝利稱為「十全武功」，得意地標榜自己為「十全老人」。所謂「十全武功」，包括：兩次平定準噶爾，一次平定回部，兩次平定金川，一次平定台灣，攻打緬甸、安南各一次，還有兩次是攻打廓爾喀。值得注意的是，所有他選定的受命於天的十次戰事都是發生在中國邊疆的戰爭，而不包括那些在內地討伐「暴民」騷亂的行動。其中平定準噶爾之役被列為「十全武功」之首，這意味着對準部的戰爭動用的力量較大，且具有重大的歷史意義和軍事意義。

居住於伊犁地區的厄魯特蒙古準噶爾部，從康熙中葉始崛起並建立割據政權，在其首領噶爾丹的率領下強極一時，既兼有各部，又統一天山南北，遠及青海、蒙古。至其繼者策妄阿拉布坦、噶爾丹策零，對周邊一再挑起戰爭，乃至威脅中土。康熙、雍正兩朝曾多次發兵征討，

雖然打敗了準噶爾的軍事擴張，卻未能消滅準噶爾政權。乾隆帝曾與準噶爾部首領噶爾丹策零簽訂條約，以換取西北的和平。直到乾隆十年（1745），噶爾丹策零去世，準噶爾貴族因爭奪汗位，先後出現五次內訌，其衝突蔓延至蒙古中部和東部。因為來自西蒙古的難民湧入了喀爾喀蒙古的領地，而喀爾喀蒙古是清朝的忠實臣民，這使乾隆帝徹底解決準噶爾問題出現了轉機。幾年間，準噶爾部長期內訌致使其政局動盪不安，社會秩序混亂，許多牧民逃離準噶爾部投降清朝，上層貴族多次率部來降。十八年（1753），乾隆帝下決心「明年由阿爾台（泰）、巴里坤兩處進兵」。軍機處擬定阿爾泰北路出兵三萬，巴里坤西路出兵二萬，其中動用八旗兵二萬五千人，蒙古兵一萬五千人，綠營兵一萬人，合計五萬人。

乾隆二十年（1755）二月，乾隆帝命定邊左副將軍阿睦爾撒納率參贊大臣額駙色布騰巴勒珠爾、郡王品級青滾雜卜、內大臣瑪木特、奉天將軍阿蘭泰由北路進征，內大臣鄂容安等人由西路進征。西路軍進展順利，在沒有遇到任何抵抗的情況下進入伊犁，準噶爾兵大部投降，此戰役將盤踞伊犁七八十年的準噶爾割據政權徹底消滅。

然而，正當乾隆帝慶祝平定準噶爾，告祭太廟和行獻俘禮時，西北邊疆卻又傳來了阿睦爾撒納叛亂的消息。清軍再度出兵進剿，正當叛軍阿睦爾撒納逃往哈薩克之際，蒙古輝特部郡主青滾雜卜又掀起叛亂，在平叛過程中，還發生了準噶爾汗噶勒藏多爾濟等人的復叛，並在乾隆二十二年（1757）三月攻陷伊犁。真是一波未平一波又起。是年三月，清軍第三次進軍伊犁。厄魯特各部因為連年戰爭，人無鬥志，又逢自然災害，痘疫流行，牲畜大批死亡，加上缺糧，各部叛軍互相搶劫。叛軍頭目噶勒藏多爾濟被其兄子札那噶爾布所殺，札那噶爾布旋被台吉達瓦殺死。清軍乘勢長驅直入。乾隆帝鑒於厄魯特反覆無常，下令清軍大開殺戒，「命悉行剿滅，其戶口牲隻等，即賞給伊（車凌）等屬人」。定

邊左副將軍成袞札布率軍出北路，定邊右副將軍兆惠率軍出西路，叛軍頭目巴雅爾、達什車凌、尼瑪等先後被擒，阿睦爾撒納逃入俄羅斯。乾隆皇帝令理藩院發文向俄國索要阿睦爾撒納。冬天，俄國告清政府說阿睦爾撒納出痘而死，將其屍體交還。

阿睦爾撒納叛亂後，乾隆帝重新分封的厄魯特四汗中，和碩特汗被清軍誤殺，輝特汗和準噶爾汗參與叛亂被殺，唯車凌所率杜爾伯特部與達什達瓦之遺孀所率部始終忠於清朝，得以保全。據估計，厄魯特四部共有二十餘萬戶，因痘疫而死十分之四，逃入俄羅斯及哈薩克十分之二，死於清軍刀劍之下的有十分之三。經此大劫，餘生者僅十分之一而已。

繼而，清軍揮師南下，於乾隆二十四年（1759）又平定了大小和卓，最終統一了新疆天山南北。至此，清王朝所面臨的是如何鞏固統一局面，使其偉業不致半途而廢。

當時伊犁地區「數十年以來，兵革相尋，群遭塗炭」[1]。該地區已是千里空虛，渺無人煙，防務全廢。而且，伊犁「地處極邊，形勢四塞」，唯有派兵駐防，開墾屯田，方能加強邊防，鞏固統一。

乾隆二十五年（1760）起，舒赫德、阿桂、明瑞於伊犁等處大興屯田，但庸懦之臣又生異議，妄稱屯田勞民。乾隆帝為此於二十五年五月初九日特下專諭，批駁了「蚩蚩無識之徒」的「以訛傳訛」。乾隆帝指出，大興屯田，不是勞民動眾，而是於民有利，是「惠民」而不是害民，不管是招募遷移回民到伊犁等處屯墾，還是將免死之犯人遣往種田，都是有益於民的。僅乾隆三十年正月初八日的軍機處錄副奏摺中就有兩本與之有關：

其一是雲貴總督兼雲南巡撫劉藻的《奏為查明發遣新疆人犯摺》，

1　徐松《西域水道記》卷四。

其二則是軍機大臣傅恆等的《奏將吉林烏拉錫伯佐領歸蒙古旗管轄褶》。

明末清初，錫伯族聚居在東北的嫩江和松花江流域，隸屬於科爾沁蒙古，後被編入滿洲上三旗。在遷入盛京前夕，因錫伯族軍校「宴中搶餅，不知出獵行軍之道」，朝廷將所有「佐領、驍騎校，概行革職」。而從康熙三十八年（1699），錫伯族兵丁遷駐盛京後，「於一切差使，均極奮勉」，逐漸得到了清政府的重視和起用，實際上不僅恢復了原有的官職，而且有了「官至二品大臣者」，且「官員之議敍、補授，均與滿洲同」。

乾隆中期對準噶爾用兵後全國邊疆形勢改變，東兵移防西邊的局面形成。清政府先是命參贊大臣阿桂專理伊犁駐兵屯田事務。乾隆二十五年（1760），阿桂「由阿克蘇率滿洲、索倫驍騎五百名、綠營兵百名、回子三百名，越穆蘇爾達巴罕至伊犁，鎮守辦事，搜捕瑪哈沁，招撫潰散之厄魯特，即以綠營兵築城，回子乘時興屯，開渠灌溉」。阿桂的行動得到了乾隆帝的支持，次年又增招葉爾羌、喀什噶爾、阿克蘇、烏什等處回人，添駐伊犁耕種。六月，乾隆帝以御書詩扇賜阿桂，詩曰：「典屬今時班定遠，冠軍昔日霍票姚。雪途無借持清暑，欲扇仁風萬里遙。」以作表彰。

乾隆二十七年（1762）創設伊犁將軍，命明瑞為首任將軍，駐伊犁惠遠城，總理南北兩路軍政事務。明瑞到任後，仍感駐防兵力不足，於次年上奏乾隆帝，請調錫伯兵西遷。這一奏請很快得到了乾隆皇帝的批准。明瑞在伊犁奏請調撥相隔數千里之遙的盛京錫伯兵，顯然出於錫伯族多少還保留着原來的遊獵習慣，勇敢善戰，有相當聲威的考慮。其次，讓幾個民族共處於伊犁之地，互相牽制，這也是清政府為維護其統治而實行的政策之一。

乾隆二十九年（1764）正月初七日，盛京將軍舍圖肯接到兵部咨文，由此開始着手辦理錫伯族官兵移駐伊犁事宜。當時，「查得盛京所屬各城有錫伯協領二員、佐領二員、防禦十九員、去騎尉一員、驍騎

校三十六員，共六十員，兵三千九百一十四名」。這批官兵中的一千餘人，攜其家眷三千二百七十五口組成了遷往伊犁的遠征軍。他們於這一年的四月初十日起程。

至此，錫伯族實際上被分為了東北（包括其他北方地區的一小部分）與新疆兩個部分。軍機大臣傅恆等在乾隆三十年正月初八日奏褶中所提到的，正是東北錫伯族中的一支。這些調動應是東北錫伯族官兵西遷伊犁後，東北戰略預備隊再佈置的一個組成部分。

綜合來看，乾隆帝封禁東北的舉措，從軍事上講，在平叛準部與回部，以及伊犁屯邊的軍事行動中都發揮了一定威力，取得了戰略上的優勢。乾隆帝這一舉措的另外一個用意，應是文化戰略上的考量。關內滿族人的漢化已經日益蔓延，八旗子弟「習漢書，入漢俗，漸忘我滿洲舊俗」[1] 已到了相當嚴重的地步。為此，他提出過許多措施，並在心底將東北作為「國語騎射」的最後保留地。然而，關外的八旗官兵終於沒能擋住漢文化強大的融合力，將「國語騎射」丟得精光。相反，乾隆帝派遣到伊犁去的錫伯族官兵，卻在「地處極邊，形勢四塞」的環境中將大清的「國語騎射」中的滿語相延至今。不過這實在是後話了。

永寧經濟案

據乾隆帝日常處理政務的習慣，在批答奏褶之後，據人或事下達諭旨。諭旨自然是皇帝的命令，而細說起來旨與諭也略有差異。旨者一般為皇帝因臣僚的奏請而下的簡單指令，而諭者則是皇帝特降的，以及由於臣僚的奏請而批令內外大臣官員遵照執行的命令。諭又分明諭與密諭，明諭「明降」，通過內閣下達，主要用於處理國家一般例行政務。

1　《清高宗實錄》卷一八一。

密諭則採用機密「寄信」的辦法，時稱這種寄信為「字寄」，亦稱「寄信上諭」「密諭」，官員稱它為「廷寄」。

諭旨和寄信，軍機處均要抄寫於檔簿。抄錄上諭和旨的檔簿，稱為上諭簿，又稱上諭檔。乾隆二十八年（1763），上諭檔曾專交錢汝誠繕寫。經其繕寫的上諭檔包括乾隆帝即位以來至乾隆二十八年的全部上諭，這套上諭檔存貯於懋勤殿。後來形成制度，即「凡本處清字、漢字清檔，每屆五年由軍機大臣奏請，另繕一份，以備闕失」。至今該部檔保存完好。

這一天，乾隆帝用字寄的形式下達了一道諭令。

大學士公傅（傅恆）、大學士劉（劉統勳）字寄陝甘總督楊（楊應琚）。乾隆三十年正月初八日奉上諭：「二保控原任武威縣知縣永寧，前自任所馱回銀十萬餘兩，開設當鋪一節。隨令軍機大臣會同陳弘謀查審，因思永寧係布蘭泰之子、永貴之弟，布蘭泰曾為巡撫、提督，永貴又經身任巡撫，伊家現在貲財亦非必不應有之物。且永寧不過一縣令，分例所得即極為撙節，亦何至積有十萬餘兩之多？至其辦理軍需，正當黃廷桂為總督之時，稽查不可謂不嚴，亦安得聽其恣意侵蝕。是二保所控情節，原意其必無是事。今據軍機大臣等審訊，則二保全不能指出實據，顯係計圖陷害。然即治以誣告之罪，不足以服其心。着傳諭楊應琚將永寧前在武威任所承辦軍需，其經手錢糧有無侵蝕虧空，及得贓受賄情弊，秉公詳確，查明據實覆奏，原摺並抄寄閱看。欽此。」遵旨寄信前來。

這件事後來被載入《清高宗實錄》卷七二六，並副錄陝甘總督楊應琚的回覆奏文。其結果證實了乾隆帝聖斷的英明。「永寧係二十一年到任，值連年辦理軍需。間因車輛不敷，添僱騾頭運送，實無馱銀十餘萬兩，潛運往京之事。其任內經手軍需，並地方錢糧，俱經接任知縣，接收

結報咨部。報聞。」其後，二保被判以陷害誣告，永寧卻因聖斷十餘萬兩白銀「亦非必不應有之物」而無罪。其中真偽究竟如何，只有天知道。乾隆中期以後，整個社會就日益奢侈成風，達官顯貴競尚奢華，督撫藩臬營私欺罔，從而使得貪官污吏在奢侈浮華的遮掩下獲得了滋生的土壤。

「永寧係布蘭泰之子、永貴之弟，布蘭泰曾為巡撫、提督，永貴又經身任巡撫」，因而就判定「伊家現在貲財亦非必不應有之物」。明明就是藉口。這不就是姑息養奸、養癰貽患嗎？在君主專制制度下，「反貪」的顯著標誌之一就是選擇性。只要官員是忠於朝廷的，對皇帝是有用的，其貪腐行為又在朝廷的可控範圍之內，那麼官員與朝廷之間的共生關係就可以長期保持下去。其顯著標誌之二就是算總賬。貪官與君主專制制度也是共生關係，因此，乾隆帝壓根就不怕有貪腐行為出現。若最後鬧得臣子抄家問斬，皇帝毫無所傷，反而又發財了。

史書上稱，永貴為人端謹，初值軍機處，與阿桂齊名，時稱「二桂」。其撫浙江時尤有清廉之聲。雖多次受到指控、彈劾，都因乾隆帝的庇護轉危為安。永貴於乾隆四十八年（1783）卒，得善終，諡文勤。算總賬最終落到了他的兒子身上。其子伊江阿於乾隆三十六年（1771）十一月由理藩院筆帖式入值，曾在軍機處行走，是和珅的親信之一。伊江阿巴結和珅，和珅也極力培植伊江阿，推舉他做了山東巡撫。儘管其父永貴曾彈劾過和珅，伊江阿一直都對和珅死心塌地。和珅後來下獄，嘉慶帝奪伊江阿官職，追論他在山東時佞佛寬盜事，充軍戍伊犁。試想，如果乾隆三十年的永寧十餘萬兩白銀不明財產案未得到乾隆帝的庇護，或許對其家族成員都會有所震懾，或許更可福庇永貴家族。這已是無法追責的事了。

然而，有一點是可以證實的。據《乾隆朝軍機處隨手登記檔》，在這一天，乾隆帝至少一共御覽了漢文奏摺七份，滿文奏摺三份，而且囑作上諭一份，其內容可以說是事無巨細，千頭萬緒。

陸·

召見臣工　君為臣綱

未初至未正

　　十三時至十四時　召見臣工　晚膳

下午一時許，乾隆帝要在養心殿前殿面見被引見的
臣工。紫禁城冬日的午間，晴空萬里，不大的風帶
着幾分寒意。

被引見者中有文職的知縣、武職的游擊，如此下層的官員在選任赴職時都將得到皇帝「接見」，這無疑是其他朝代難以期冀的。這些臣子們從來沒有像此刻那般戰戰兢兢，一想到就要面見天顏，更感到自己的渺小。一群穿着官服的人，影影綽綽，人頭攢動。雖然一片靜寂，卻時刻都覺得後背被大力推搡，身體不由自主地墜落、墜落……

於君，用臣如不得實心辦事之人，「用之為小臣，在一邑則一邑之事因之而懈弛，在一郡則一郡之事因之而闒茸」，因此不能不慎。於臣，君心難測，即使是細枝末節，一旦忤逆上意，不要説前程，就是身家性命也會不堪設想，因此不能不生憂懼之心。

養心殿正殿

乾隆帝批答了奏褶，又下令軍機處起草上諭。

這間因世宗雍正帝御書匾額而得名的勤政親賢殿，並不顯得多麼富麗堂皇。除去明黃色緞面的御座，室內的設置只有御用的文房四寶和幾件簡單的擺設。其西門上懸有各省總督以下知府以上、將軍以下總兵以上姓名名單，西壁懸有各省職官缺分繁簡單。匾額下方「惟以一人治天下，豈為天下奉一人」的對聯耐人尋味。此時，乾隆帝似乎想到等待引見的庶臣正在丹陛之下跪候聖駕。他疾走了幾步，由西暖閣出，闊步轉

向北，入前殿御座。

養心殿前殿七楹，中三楹為當陽正座，殿內明間頂部天花正中設渾金蟠龍藻井 [1]，其下正中設明黃錦繡氈毯、地平，並安放寶座、御案。正殿寶座上方恭懸雍正帝御書「中正仁和」匾額。寶座後面為乾隆帝御書寶屏，左右對聯為：「保泰常欽若，調元益懋哉。」

屏的左右各啟一門，達於穿堂，左曰恬澈，右曰安敦。正殿東壁懸掛御製《養心殿銘》，西壁懸掛御製題跋董邦達《溪山清曉圖》。東西牆設長案各一，案之南為東西暖閣之門，北牆設書格。乾隆帝御製《養心殿銘》曰：

> 人心惟危，在閑其邪。道心惟微，在培其芽。
> 其閑其培，皆所為養。操存捨亡，毋須臾放。
> 有如時雨，沃此寸田。大公順應，動直靜專。
> 動匪憧憧，靜匪寂寂。矧其為君，更宜乾惕。
> 一念之善，百祀蒙庥。一念之惡，萬姓貽憂。
> 養之之方，存誠主敬。克己復禮，外王內聖。
> 孰本孰末，外由內施。任重道遠，責萃君師。
> 朵殿崇崇，顧名思義。作此銘辭，永訓後世。

又，勤政親賢殿東牆懸掛有御製《養心殿四箴》，其序曰：

> 我皇考聖訓曰：「敬天，法祖，勤政，親賢。」事止四端，義該萬理。自古帝王莫不守此以治，違此以亂。予小子踐阼以來，平旦莊誦，惟日孜孜。畏與年長，會隨時觸。爰集經書成句，衍義綴

1　藻井是中國封建等級制度的標誌，只有在最尊貴的建築中才能使用藻井。養心殿的龍鳳角蟬綠抹角枋流雲隨瓣枋八角渾金蟠龍藻井就是最典型的代表。在古人看來，它具有一種「從人間通向天庭」的象徵意義。

辭，各得十六韻。入日警心，既囚自勵，亦以昭示來許。

四箴即《敬天箴》《法祖箴》《勤政箴》《親賢箴》，箴文全部由先秦文史經典的字句連綴集成。其一《敬天箴》曰：

> 皇矣上帝，鑒觀四方。昭假於下，赫赫明明。惟聖時憲，承天而時行。終日乾乾夕惕若，無怠無荒。畏天之威，敕天之命。不顯亦臨，俾爾彌爾性。惟予一人，曷其奈何弗敬。敬勝怠者吉，義勝欲者從。日日新，又日新，清明在躬。無然畔援，無然歆羨。昭升於上，在止於至善。先天而天弗違，後天而奉天時，我不敢知，我其夙夜，念茲在茲。怵惕惟厲，安而不忘危。於緝熙，永言配命，弼我丕丕基。

其二《法祖箴》曰：

> 明明我祖，既受帝祉。我來自東，永清四海。之綱之紀，惟民所止。無忝皇祖，奉先思考。作樂崇德，肅肅在廟。春禘秋嘗，思其所樂。聖有謨訓，如日月之照臨。式如玉，式如金。布在方策，罔有不欽。峻命不易，遺大投艱於朕身。如親聽命，罔不惟德之勤。曰仁與義，迭用柔剛。一張一弛，不愆不忘。民可近，不可下。無教逸欲有邦。夙興夜寐，其爾典常。啟佑我後人，俾爾熾而昌。

其三《勤政箴》曰：

> 天行健，聖人則之。克綏厥猷惟後，一日二日萬幾。罔遊於逸，庶績咸熙。曰予一人，昧爽丕顯。與公卿大夫共飭國典。考禮正刑一德，無敢不善。夙夜匪懈，敷政優優。惟幾惟康，斯謀斯猷。執事有恪，亦又何求。百工熙哉，我獨不敢休。綱紀四方，維

皇作極。先之勞之，不遑暇食。念之哉，業廣惟勤，勤則不匱，時
乃日新。承天之道，純亦不已。政貴有恆，慎終如始。

其四《親賢箴》曰：

　　粵若稽古，明四目，達四聰。論道經邦，謂之三公。三事大
夫，百辟卿士。宣力四方，以佐天子。惟後非賢不乂。其惟吉士，
寤寐求之。任賢勿貳。靖共爾位，期予於治。自朝至於日中昃，晝
日三接。若涉淵水，用汝作舟楫。臣哉鄰哉，尚克相予。予其敷心
腹賢腸，出入自爾師虞。假以溢我，我應受之。用勱相我國家，邇
可遠在茲。人亦有言。惟治亂在庶官，所寶惟賢。惟一德一心，欲
至於萬年。

御製《養心殿四箴》體現了儒家學說對乾隆帝的熏陶。弘曆學童
時，雍正帝就為他擇賢師傅以授業解惑，讓他從容於藏修息遊之中。這
也使乾隆帝從中獲益，他利用多部儒家經典中的箴言，重新整合，造就
了一部全新的執政心得。他強調：「行倘有不能自省克，以至於言行不
相顧，能知而不能行，余愧不滋甚乎哉。」

　　這樣的警句箴言在養心殿各處比比皆是，反映了清朝皇帝坐擁天下
的危機感。博大精深的漢文化，帶給清朝統治者很大的壓力。清前中期
皇帝個個宵衣旰食，勵精圖治，並垂訓後代皇帝：「憂其所可恃，懼其
所可矜。」

　　懸於養心殿的還有清聖祖康熙帝與清世宗雍正帝的聖訓。康熙
帝曰：

　　天下之治亂休咎，皆繫於人主之一身一心。政令之設，必當遠
慮深謀，以防後悔。周詳籌度，計及久長。不可為近名邀利之舉，
不可用一己偏執之見。採群言以廣益，合眾志以成城，始為無偏無

黨之道。孝者，百行之原，不孝之人斷不可用。義者，萬事之本，不義之事必不可為。孝以立身，義以制事，無是二者，雖君臣父子不能保也。

雍正帝曰：

敬天法祖，勤政親賢。愛民擇吏，除暴安良。勿過寬柔，勿過嚴猛。同氣至親，實為一體。誠心友愛，休戚相關。時聞正言，日行正事。勿為小人所誘，勿為邪說所惑。祖宗所遺之宗室宜親，國家所用之賢良宜保。自然和氣致祥，綿宗社萬年之慶。

這兩份聖訓都特別強調了用人之道，而召對引見正是庶政之要務。清朝對於四品以下、七品以上官員，以及一部分三品京堂和八品以下、未入流的官員任用、提升、調動、處分，都要由皇帝接見。文職官員一般由吏部考核帶領引見，武職官員則由兵部負責引見。接見時皇帝要對該官員進一步考察，予以勗勉和教導，認可任命或根據會見中的印象改變任職。這種接見當時稱作「引見」，引見制度為順治朝創立，於康熙、雍正、乾隆三朝屢加充實，形成了一整套做法。

《大清會典》卷四《吏部》寫道：「凡引見文職官，於乾清宮若養心殿，尚書、侍郎以綠頭名籤進於上，得旨出而宣焉。皇帝御門，則引見六部官。」引見的程序大致為七個步驟：

首先，投供報到。政府選遷官和考核引見，多按期成批進行。被引見的官員，首先要按期到吏部或兵部報到，交納有關證書，如係升轉官，要有赴部文、交代文、印結、註冊呈結等文書。

其次是考試履歷或考試弓馬。主管部門依定制對引見官進行審核，同時皇帝還會指派九卿、科道參與考察。要審核引見官身家是否清白，品行是否端正，父祖有無虧欠錢糧等事，資俸與應升官階是否符合。對

文職引見官進行筆試，實際就是令寫履歷，故稱為「考試履歷」。履歷中寫明籍貫、年齡、出身、經歷。對武職官員則要考試弓馬技藝。《大清會典》有云：「武職官揀選，先由總管大臣及該管大臣驗其騎射，分別正陪引見，各官於奏對履歷時，皆褐而執弓。」

再者是掣籤。主管部門的司官在月選官報到後，核驗其文書，統行造冊，呈交堂官，堂官會同御史，並由月選官出席，舉行掣籤儀式，以確定該員新職，以便引見中皇帝裁奪。

第四個步驟是繕寫引見履歷褶。主管部門在掣籤後，撰寫請求引見褶子，呈交宮中，請求皇帝准許引見。

第五步是由宮中確定引見日期。若一褶有數十人要見，則分兩日或三日引見。

第六步，引見。多數引見是分排進行，一次五六個人。由主管部門堂官呈遞綠頭名籤，指引引見官。牌上書寫引見人姓名、履歷，供皇帝閱看。同時在皇帝手中的還有引見履歷褶子、引見履歷排單，考試履歷褶子，以便參閱。

引見開始，一般是皇帝叫引見人員一一奏報履歷，然後交談。偶或皇帝先來一番教導，再令臣下報告履歷。交談內容較為廣泛，因官職、地域、人事而異，有政治、經濟、學術觀念、信息交流，也敍家常。對於武官，還有在引見時觀看弓矢武藝的。引見中，皇帝還常作賞賜，或食物，或服飾，或文翰圖書。

皇帝在引見時，一面閱讀有關引見文書和聆聽引見官報告，一面交談、思索，形成對引見官的印象，做出判斷，決定是否給其新職，有時還把評語用朱筆寫在引見文書上。皇帝的決定，並不當場宣佈，只是將綠頭名籤發給本人，令其退場。之後皇帝向主管堂官說明自己的意見，堂官據此寫出奏褶，待批准後再向引見官宣佈對他職務的決定。主管部門在引見過程最後形成的文書，包含引見官履歷和新職，或新職意向，

這就涉及官缺，故叫將這種文書稱為「引見履歷缺單」。

最後是請旨。皇帝接見和主管部門宣佈結果之後，引見官常常被第二次引見，以聆聽皇帝的訓飭，然後離京赴任或回籍候選。至此，引見過程全部結束。

雍正帝當年祕密建儲時，身為皇子的弘曆僅十三歲，對於儲君是誰，以及自己是否為儲君，可能並不十分清楚。隨着年齡的增長，這件事對他本人來説，似乎也成了一個公開的祕密。然而，在祕密立儲的過程中，弘曆的三兄弘時竟敢營求繼嗣。此舉為雍正帝所不容，以致對這位親生骨肉痛下狠手，決不姑息。在這種情況下，為了不引起父皇的疑忌，弘曆必須安分守己，謹慎小心。對於父皇，他絕對服從。對於大臣，除少數因工作關係有所來往外，其他官員很少來往，以致許多高級官員都不認識。

為了加強對各級官員的了解和控制，乾隆帝即位後，除了對新授官吏概行引見外，還陸續調各地現任提鎮、各省地方官吏來京引見。乾隆三年（1738）五月以後，引見範圍又擴大到了副將、參將、道府官員和部分知縣。

乾隆十九年（1754），乾隆帝下諭：「在京候挑之正八品以下應補應選雜職，並引見。」乾隆三十九年（1774），又出新規：「月選漢官，正六品大理寺丞以及七、八、九品、未入流小京官，俱令其考試，一體帶領引見補授。」引見的適用範圍擴大到了最基層的行政官員。

召見官員

乾隆帝於大殿之上寶座坐定，引見隨即開始。先是宣引見官、部旗大臣。引見者以前後為次，捧綠頭名籤至御榻前跪呈，引班官按序引各官至丹陛上，面北而跪，奏履歷畢，退。

　　據乾隆三十年正月初八日《內閣漢文起居注》[1]載：是日，吏部首先奏請授江西道滿洲監察御史員缺，帶領記名[2]人員引見。奉諭旨：江西監察御史員缺，着素爾訥補授。

　　乾隆皇帝無非以「伊為朕重之人，到任之後務必如何如何」云云。素爾訥乃當天引見之最高官階之大員，他必是磕頭謝恩，此見天顏也是一次表示忠誠的機會，於是乎便是那一套「奴才願為皇上效犬馬之勞」的陳腔濫調，或也有一番發自肺腑之言。

　　次班是吏部帶領內閣保送六年滿，堪以外用之中書陳玉敦等引見，奉諭旨：陳玉敦、龐廷驥、胡涵、王曾厚、張三賓俱着記名，以同知用人奏請補授。接下來是奉天興京理事通判員缺，帶領記名人員引見。奉諭旨：奉天興京理事通判員缺，着世昌補授。隨之吏部帶領盤獲鄰省巨盜、遵旨押送至刑部的河南封丘縣知縣徐碩士前來引見。乾隆帝見其人相貌醜陋，略示表彰，便下諭旨：徐碩士着以同知用。徐碩士連忙磕頭謝恩，還未將天顏看個仔細，下一撥人員已經入殿。

　　吏部執事官帶領乾隆二十九年（1764）八月份籤升之雲南鶴慶府知府董世寧，十月份籤升之湖北襄陽府知府言如泗，七月份籤升之湖南郴州直隸州知州趙由仁，二月份之四川簡州知州楊潮觀，補行引見。奉諭旨：董世寧等依擬任用。

　　緊接着吏部執事官又帶領九卿、科道等以考試履歷驗看之乾隆二十九年十二月份月選引見官缺官員，有工部營繕司郎中高文潮、吏部稽勛司郎中華雲鵬、刑部四川司員外郎田自勵、吏部稽勛司員外郎項淳、湖北安襄鄖道張聖治、河南陳州府知府呂際虞、安徽太平府知府員

1　中國第一歷史檔案館，案卷起止號一四三（三）一一四五（五）。

2　記名：清朝吏部獎敘制度。指官員有功，登記備考之例。凡文武官員著有勛績，須交吏部或軍機處存記其名，遇缺，奏請任用。

景文、廣西柳州府知府何朝福、江西贛州府同知徐昆、四川成都府同知汪松承、四川達州直隸州知州阿林、廣東南雄府通判王嵩年、四川江油縣知縣梁巖、江西武寧縣知縣德詒、浙江常山縣知縣劉軾、貴州銅仁縣知縣龔元玠、廣東乳源縣知縣葉廷裕、安徽天長縣知縣王之浩、直隸清河縣知縣吳照、江西萬安縣知縣緱山鵬、江蘇奉賢縣知縣欒仁寬、廣西容縣知縣梁昌宇、擬改教職之山西陽高縣知縣楊晰，並擬備知縣胡萬年等二十四位官員。

據《大清會典事例》，月選官缺的範圍一般為入流以上的官員，其中中下級官員員缺的比重甚大，是引見制度中的重要一項。

對於這一天的月選引見，諭旨曰：

> 高文潮等依擬用。掣得安徽太平府知府員景文，簡缺亦難勝任，仍着留部，其應升之處改為加一級。掣得四川江油縣知縣之梁巖，着調補浙江常山縣知縣，所遺江油縣知縣員缺，着掣得常山縣知縣之劉軾補授。掣得廣西容縣知縣之梁昌宇，着以教職用，所遺容縣知縣員缺，着掣得江西萬安縣知縣之緱山鵬調補，其萬安縣知縣員缺，着擬備知縣胡萬年補授。掣得山西陽高縣知縣之楊晰，着以教職用，所遺陽高縣知縣員缺，着擬備知縣石文秀補授。餘依議。

又帶領浙江巡撫熊學鵬咨送起復[1]赴部之原任貴州黔西州調簡知州鄭萬年補行引見。奉諭旨：鄭萬年着發往貴州，以簡缺知州題補。

又帶領奉天府尹耀海咨送約束衙役不嚴，議以降調之署寧遠州知州

1 　起復：原指官員有喪，不俟服滿而重新被起用。明清時期演變為專指官員居喪期滿後重行出任官職者，服未滿而起用者謂「奪情」。凡起復官員，必取具本人親供。族鄰甘結，由在籍地方官員起送。又年老致仕或革職降官後再次起用，亦稱起復。

事蓋平縣知縣心常引見。該員屬降革處罰引見類。奉諭旨：心常着仍以知縣用，其降級之案，帶於新任。

又兵部帶領已准題補之廣西右江鎮標中營游擊李華引見。奉諭旨：李華着赴新任。

又帶領揀選補授之直隸喜峰路游擊、正黃旗蒙古雲麾使富勒渾等引見。奉諭旨：直隸喜峰路游擊員缺，着富勒渾補授。

又帶領揀選補授直隸張家口協都司中軍守備之正紅旗蒙古前鋒校千家保等引見。奉諭旨：直隸張家口協都司中軍守備員缺，着黑黑補授。千家保未能見用。

又帶領二十九年十二月份擬補廣東潮州城守營都司之正黃旗漢軍三等侍衞李景等引見。奉諭旨：廣東潮州城守營都司員缺，着李景補授。

又奏二十九年十二月份選武職各員，照例考驗。除推升廣西永寧營守備蘇華、貴州提標中軍參將中軍守備王佩中、四川提標前營都司中軍守備邢遇隆三員無庸調取引見，謹帶領籤掣之直隸蔚州路參將陳鎮國、南河南營參將齊大勇、四川建武營游擊張永智、江西撫標右營游擊馬世鵾、浙江衢州鎮標右營都司中軍守備薛國瑄、浙江杭州衞二幫領運千總王基成等引見。奉諭旨：陳鎮國等依擬用，餘依議。

又帶領未經出兵之直隸鎮邊城年滿千總趙廷樞、正定鎮標左營年滿千總劉廷宣引見。奉諭旨：趙廷樞、劉廷宣俱着回原任候推。

最後，工部奏請補授主事員缺，帶領坐補人員引見。奉旨諭：工部主事員缺，着傅顯補授。

此次引見，除所載人等不算，吏部帶領了八撥，登錄姓氏的官員有三十八人；兵部帶領了六撥，登錄姓氏的官員有十二人；另有工部一撥一人。合計十五撥，共五十一人。引見的原因多種多樣。

引見整整用去了一個時辰。奉旨得以補授官職的人揚眉吐氣，準備散班之後，當晚就大宴親朋；而那些在御前未被相中，得不到一官半職

的人頹衰已極，大概是要回到住處喝悶酒了。在這樣一個官本位的國度裏，有了官就有了封妻蔭子的資本，丟了官也就丟掉了一切。又有幾人會想，人臣敬事而後食，如果無敬事之心，又怎能期望事之有濟呢？

引見後，未時乾隆帝進晚膳。然後還要批覽內閣所進各部院及督撫、提鎮本章。批覽裁畢，內閣票籤酌用之，付本房照籤硃批清字，翌日下內閣，硃批漢字施行，日以為常。

一切庶務結束後，乾隆帝還要單獨召見首席軍機大臣傅恆，以就批閱內閣本章過程中發現的問題進行商榷，其時稱作「晚面」。晚面獨對的特殊性顯示了傅恆之位居權要。一天繁忙的政務讓人感歎乾隆帝運際郅隆，勵精圖治，庶乎其得人矣。

柒·

三希御覽　皇室祕藏

酉初至酉正

　　　十七時至十八時　玩賞古物

下午五時，乾隆帝於養心殿三希堂等處玩賞文物。
乾隆帝利用國家統治權力，成為歷史上全國最大的
藝術品收藏者。

　　和煦的陽光透過窗戶棱子在金磚地面上投下暖意，一把紙扇靜靜地放在窗邊。在這個紛繁複雜的宮廷，初春午後五點，乾隆帝到哪兒去了？

　　「入室皤然者，不知此是誰。」近距離看，養心殿還設了仙樓，左右配殿供奉佛祖，但是也不敢忘記祖先，隔出一間作為止齋之地。他的後嗣子孫，也只謹守他的格局，沒有大規模修整。

　　西暖閣是一處窄窄的屋子，從勤政親賢殿西邊的小門進入這間斗室。單從室名——三希堂的字面意思來看，好像是說這裏藏着三件稀世之品。實際上，這間斗室曾藏有東晉以來歷代名家墨跡 340 件，以及金石拓片 495 種。這裏安放着乾隆帝的文人夢想，「懷抱觀古今，深心托毫素」，到處都有他的御筆。時光在養心殿內凝結了百餘載。而殿外，廊子上的彩繪早已看不出模樣，有些房簷已經耷拉下來……

三希堂

　　三希堂在養心殿西暖閣臨窗的最西頭的一間，上懸乾隆帝御書匾額「三希堂」。三希堂雖不足半方丈，卻是乾隆帝讀書、御覽古玩書畫的書齋精舍。乾隆帝為之專文作《三希堂記》，並命董邦達寫圖，汪由敦作贊沈德潛亦奉敕作歌。《三希堂記》寫得還是頗具情趣的，文曰：

　　　　內府祕笈王羲之《快雪帖》、王獻之《中秋帖》，近又得王珣

《伯遠帖》，皆希世之珍也。因就養心殿溫室易其名曰三希堂，以藏之。夫人生千載之下，而考古論世於千載之上，嘉言善行之觸於目而會於心者，未嘗不慨然增慕，思與其人揖讓進退於其間。羲之清風峻節，故足尚；即獻之，亦右軍之令子也；而王珣，史稱其整頹振靡，以廉恥自許。彼三人者，同族同時，為江左風流冠冕。今其墨跡，經數千百年治亂興衰、存亡離合之餘，適然薈萃於一堂，雖豐城之劍，合浦之珠，無以逾此。子墨有靈，能不暢然蹈抃而愉快也耶！

然吾之以「三希」名堂者，亦非盡為藏帖也。昔聞之蔡先生[1]名其堂曰「二希」，其言曰：「士希賢，賢希聖，聖希天。或者謂予不敢希天，予之意非若是也，常慕希文、希元之為人，故曰二希。」余嘗為之記矣。但先生所云非不敢希天之意，則引而未發。予惟周子（周敦頤）所云，固一貫之道，夫人之所當勉者也。若必士且希賢，既賢而後希聖，已聖而後希天，則是教人自畫，終無可至聖賢之時也。孟子曰：「盡其心者，知其性也。知其性，則知天矣。」人人有盡心知性之責，則人人有希聖、希天之道。此或先生所云非不敢希天之意乎？希希文、希元而命之曰「二希」，古人託興名物，以識弗忘之意也。則吾今日之名此堂，謂之為希賢、賢聖、希天之意可，慕聞之先生之「二希」而欲希聞之之希亦可。即謂之王氏之帖，誠三希也亦可。若夫王氏之書法，吾又何能讚一辭哉！

這篇御製文思路開闊，文采亦佳。為乾隆帝御製文中的上品。「希」者，一般有兩種意思，一是稀少，罕見，通「稀」。《老子》曰：「知我者希，則我者貴。」因之有「希為貴」之說。二是仰慕、希望、企求之

---

[1] 即乾隆帝的師傅蔡世遠。

意。《藝文類聚》卷二〇載晉夏侯湛《閔子騫贊》云:「聖既擬天,賢亦希聖。」即說的是希望達到聖人的境界。

《三希堂記》前一段寫王氏之帖如何如何為稀世之品,即為「希」的第一種意思;後一段寫的則是「希賢」「希聖」「希天」之「三希」,此為「希」的第二種意思,即希望之「希」。同時還有蔡先生之「希文」「希元」的「二希」,加乾隆帝的「希聞之之希」湊趣。文章的結尾並不對「三希堂」之含義作什麼結論,而是風趣地說三種意思都可以,說明以「三希」命名者,亦非盡為藏帖之意。

從《石渠寶笈三編》的記載看,三希堂是清宮貯存歷代書畫最多的地方之一。有人猜測乾隆帝夜晚於三希堂讀書、寫詩、賞畫,但卻找不到確切的記載。僅有類似《仿王維雪溪小景成詠》詩,或許有關。詩云:

> 幾暇畫禪賞,祥花戶外霏。
> 雪溪相印證,湘管試臨揮。
> 為愛神情入,那論筆力微。
> 如因尋姓氏,耐可副三希。

十二年(1747),乾隆帝命大臣梁詩正等從內府所藏法書中編刻了一套大型叢帖《三希堂法帖》,內收魏晉到明末的名體書法作品共三百五十件,另收題跋二百一十餘件。除此之外,乾隆年間的刻帖還很多,其中著名的有《敬勝齋法帖》《墨妙軒法帖》《蘭亭八柱帖》與《重刻淳化閣帖》等。至乾隆末年宮廷刻帖已達七十多種。

在《跋快雪時晴帖》中,乾隆帝云:「王右軍《快雪帖》為千古妙跡,收入大內養心殿有年矣,予幾暇臨仿,不止數十百過,而愛玩未已。因合子敬《中秋》、元琳《伯遠》二帖貯之溫室中,顏曰三希堂,以志希世神物,非尋常什襲可並云。丙寅(乾隆十一年)春二月上浣御筆又識。」

　　三希堂中還有一副乾隆帝御書的對聯，云：「懷抱觀古今，深心託毫素。」毫，即毛筆。西晉陸機《文賦》云：「或操觚以率爾，或含毫而邈然。」同時代的崔豹《古今注》卷下《問答釋義》篇中曰：「蒙恬始造，即秦筆耳；以枯木為管，鹿毛為柱，羊毛為被，所謂蒼毫，非兔毫竹管也。」可見先秦已有了毛筆。素，為古人書寫用的白絹，有素書之稱。漢樂府《飲馬長城窟行》云：「呼兒烹鯉魚，中有尺素書。長跪讀素書，書中竟何如。」自隋唐以來，紙張雖已普及，但仍有以素書指代書信的說法。譬如，杜甫的《寄岑嘉州》詩：「不見故人十年餘，不道故人無素書。」在乾隆帝這首御製詩中，當指古人的書畫墨跡。那麼，何為乾隆帝所說的「懷抱」與「深心」呢？這位將國語騎射念茲在茲的滿族皇帝，又何以對漢族文化癡迷至此而溫恭朝夕呢？這真是一個深匿於他內心的迷。

《石渠寶笈》與《西清三編》

　　這一天，重華宮茶宴之上，乾隆帝有詩云：「何必鸞觴浮六醴？仍教鬳鼎淪三清。圖觀寶笈旋因賜，果饤蘭珍侑以行。」講的是，宴席之上，人們一邊品嚐着由松實、梅英、佛手、西山沃雪烹煮的「三清茶」，一邊觀賞着陳列於殿內的清宮書畫收藏目錄《石渠寶笈》。茶宴畢，諸臣各取御賜《石渠寶笈》一部，打道回府。

　　《石渠寶笈》成書於乾隆十九年（1754）。乾隆初年，內府收藏的歷代書畫，已積至逾萬。於是，乾隆帝命內直大臣張照、梁詩正等對所存書畫，一一詳加鑑別，遴其佳者薈萃成編，名《石渠寶笈》，共四十五卷。「石渠」一名源於漢代宮廷中藏書之石渠閣。此閣在未央宮殿之北，相傳為漢初蕭何所造，以藏入關所得秦之圖籍。其下礱石為渠以導水，因為閣名。乾隆帝假其名以示雅意。

這部書收錄的書畫作品各以收藏地點，即各個殿座為單位，分別編輯。舉凡筆素尺寸、款識印記、前人題跋，以及有無御題或鈐有寶璽，均作有詳細記錄。從記載來看，當時貯存書畫最多的地方，是宮內的乾清宮、養心殿、三希堂、重華宮、御書房、學詩堂、畫禪室，以及圓明園、避暑山莊等處。一份見於乾隆三十年的宮中檔案──《逼蟲香底簿》記：「三月十一日，首領（太監）李金文、張永泰呈為養心殿熏書畫、羽、緞、機、氈、毯、姑絨等，即用川椒三千包，每包重五分。」由此可見養心殿等處收藏書畫數量之巨，管理之嚴密。

到了乾隆五十八年（1793），因歷次皇太后壽辰和朝廷盛典，臣工所獻的古今書畫之類及御筆題字又增加了很多，乾隆帝於是又命編纂《石渠寶笈續編》。至嘉慶朝又續為三編，所隸內府書畫精品，約一萬二千五百多件。同系列的還有《祕殿珠林》二十四卷，收錄書畫有一千二百三十五件，後又有續編。

《石渠寶笈》初編告罄之後，乾隆帝又於十四年（1749）命時為兵部尚書的梁詩正等人，仿照宋朝《宣和博古圖》的形式，將內府所藏的尊、彝、鼎、卣等古器物，精確繪圖，摹拓款識，編成《西清古鑒》四十卷，收錄藏品古代銅器一千五百二十九件。另附《錢錄》十六卷，錄歷代貨幣若干。後又由王傑主持編修《西清續鑒甲編》二十卷，收錄宮中藏古代銅器九百七十五件；《西清續鑒乙編》二十卷，收錄古代銅器九百件。同系列的還有《寧壽鑒古》十六卷，著錄的均為清宮所藏古代銅器。

乾隆四十三年（1778），又命將內府收藏的陶、石、松花石、仿澄泥硯各類硯台二百四十一枚作圖，編為《西清硯譜》。

在編制《石渠寶笈》的同時，乾隆帝還命廷臣從宮內各處藏書中，選出宋、元、明版的善本，進呈御覽選定，列專架藏於乾清宮東側的昭仁殿，並取漢朝天祿閣「藏祕書，處賢才」之意，題室名為「天祿琳

琅」。到嘉慶二年（1797）十月二十一日晚，因值班太監不慎而失火，乾清宮、交泰殿及昭仁殿都遭火災，天祿琳琅的藏書在這場大火中焚燒殆盡。太上皇隨即命尚書彭元瑞等，仿以前做法，重新收集宋、元、明版書，輯為天祿琳琅的續編。以上是乾隆年間各類宮廷收藏的一部分。

乾隆帝作為流御華夏、撫有萬方的皇上，以其統治者的權力，大肆蒐集天下古物，使「天下瓊奇瑰異，希世不易得之珍，咸充牣於天府。試取宋代《宣和書畫譜》、清乾隆《石渠寶笈》諸書讀之，乃知『米家之船』『項氏之閣』猶滄海之一粟也」。所謂「米家之船、項氏之閣」，廣義上來講，泛指民間有所作為的大收藏家；狹義上來講，米家指北宋書畫家、私人收藏家米芾。

米芾字元章，世亦稱米襄陽、米南宮。《宋史·文苑列傳六》稱他：「精於鑒裁，遇古器物書畫，則極力求取，必得乃已。」家藏有晉人法書，名其齋為寶晉齋。同時他還收藏金石古器，尤嗜奇石，世有元章拜石之語。米芾對古物收藏如癡如醉。據曾敏行的《獨醒雜誌》卷二記載：「米元章（米芾）有嗜古書畫之癖，每見他人所藏，臨寫逼真。嘗與蔡攸在舟中共觀王衍字，元章即捲軸入懷，起欲赴水。攸驚問何為，元章曰：『生平所蓄未嘗有此，故寧死耳！』攸不得已，遂以贈之。」另據孟元老《東京夢華錄》記載，汴京相國寺內殿後資聖門前，有一處專門買賣「書籍玩好圖畫」的地方。很多文人雅士和收藏家經常來這裏，米芾一次從這裏以七百金購得王維《雪圖》一幅，又一次以八金買到徐熙畫的《桃二枝》。米芾的收藏，除購買之外，也通過士大夫之間互相觀摩、借閱、贈送、交換等途徑獲得。他在《畫史》中說：「余家收古畫最多，因好古帖，每月一軸加到十幅以易帖。」又說：「全家晉唐古帖千軸。」凡是經他收藏過的好書畫，均鈐上收藏印記。「其上四角皆有余家印記，見即可辨。」「余家最上品書畫，用姓名字印，『審定真跡』字印、『神品』字印、『平生真賞』印、『米芾祕篋』印、『寶晉

齋』印、『米姓翰墨』印、『鑒定法書之印』、『米姓祕玩之印』。玉印六枚:『辛卯米芾』『米芾之印』『米芾氏印』『米芾印』『米芾元章』印『米芾氏』,以上六枚白字,有此印者皆絕品,玉印惟著於書帖。其他用『米姓清玩之印』者皆次品也,無下品者。其他字印有百枚,雖參用於上品印也。自畫古賢,惟用玉印。」米芾作為北宋最大的私人收藏家,所收藏的書畫等內容若何?他自己沒有留下完整的記錄,只能從其雜記形式的《書史》《畫史》二書中略知一二。他曾將自己收藏的晉人法帖刻於石,名《寶晉齋法貼》,今有翻刻拓本存世。

米芾還把收藏者分為兩種:一曰好事者,一曰賞鑒家。《畫史》說:「好事者與賞鑒之家為二等,賞鑒家謂其篤好,遍閱記錄,又復心得,或能自畫,故所收皆精品。近世人或有貲力,無非酷好,意作標韻,至假耳目於人,此謂之好事者。」時人評價米氏「心眼高妙,而立論有過人處」。其鑒賞力之精湛,為當時同輩之翹楚。

所謂「項氏」是明代大鑒藏家項元汴,字子京,號墨林居士,又稱墨林山人,別號有香嚴居士、鴛鴦湖長、退密齋主人等。浙江檇李(今嘉興)人。他的活動時代晚於文徵明、華夏,而與文彭(文徵明長子)、文嘉(文徵明次子)、陳道復、豐坊等同時。項氏家財殷實,經營典當業。其收藏之富、鑒賞之精,在明代收藏家中堪稱巨擘。項氏貯藏金石書畫的處所名「天籟閣」,以所得古琴「天籟」命名。與之同時的安徽書畫鑒賞家詹景鳳曾去項家觀賞藏品,觀後項氏很自負地提問:「項家與韓家(韓存良)孰優?」可知項元汴之藏,傲視江南。

項元汴所藏書畫精品,常在畫幅左右下角用《千字文》的一個字作為編號,如傳世名畫唐韓滉《五牛圖》卷有「此」字編號,五代楊凝式《神仙起居法帖》有「摩」字編號,元王蒙的《稚川移居圖》軸有「聖」字編號等。項元汴所用的印記極多,凡經他收藏的書畫,經常在畫的本幅前後和拖尾紙上,加蓋他的多方印記,有時多至數十方,是歷來在書

畫上鈐蓋收藏印記最多的一個。他鈐記的格式沒有一定之規，有時一方印前後重見多次。留傳至今的古書畫凡鈐有項氏藏印的，雖偶有失誤之處，但一般還是比較可靠的。

迄今所見鈐有項氏印記的傳世作品，很多都是自唐宋元至明中期吳門名家流傳有緒的真跡名作。法書有唐代的歐陽詢《夢奠帖》、懷素《苦筍帖》、杜牧《張好好詩帖》、五代時楊凝式《神仙起居法帖》、元趙孟早年行書《洛神賦》卷、明宋克《急就章》卷等。繪畫有唐盧棱伽《六尊者像》冊、韓滉《五牛圖》卷，宋楊無咎《四梅圖》卷、李唐《采薇圖》卷、馬和之《豳風圖》卷與《唐風圖》冊、李迪《雞雛待飼圖》冊頁、馬麟《層疊冰綃圖》軸，元趙孟《鵲華秋色圖》卷、李衎《四清圖》卷與《墨竹圖》卷、趙雍《沙苑牧馬圖》卷、曹知白《山水》冊、柯九思《清悶閣墨竹圖》軸、倪瓚《竹枝圖》卷、王蒙《稚川移居圖》軸與《花溪漁隱圖》軸、王繹與倪瓚《楊竹西小像》卷，明文徵明《仿米雲山圖》卷、仇英《桃村草堂圖》軸和《臨蕭照中興瑞應圖》卷等。其他見於各種著錄但未流傳下來的重要作品更是卷帙浩繁，不一而足。

經常見到的項元汴印記有「項元汴印」「子京」「墨林」「檇李」「天籟閣」「寄傲」「淨因庵主」「檇李項氏世家寶玩」「項子京家珍藏」「項墨林父祕笈之印」「退密」「子孫永保」「神遊心賞」「子孫世昌」「桃花源裏人家」等。後來，項氏天籟閣的藏品，由子孫各房分散保存，順治二年（1645）閏六月，清兵攻破嘉興府城，項氏藏品被千夫長汪六水所掠，散失殆盡，存世藏品多歸於皇室。

如此豐厚的收藏何以較《宣和書畫譜》《石渠寶笈》猶滄海之一粟呢？正如《內務部古物陳列所書畫目錄》龔心湛序所言，古籍書畫「國恆寶焉，顧其為物也，不盈一握，而直或逾萬金，且散而之四方，非好之者不能聚也。好之矣而非強有力則其聚也無多，以元首之尊，而篤士夫之好，則四方輻輳焉」。

　　清代皇家收藏較之私家不可同日而語，而且數量超過前朝。在明末清初之際，流散在各地的書畫、文物，已有一部分為清室所收集。此後許多私人鑒藏家的藏品也陸續歸入內府，如著名鑒藏家梁清標、高士奇、安岐的收藏就不時出現在清宮收藏目錄中。至乾隆朝，蒐集書畫古物的數量相當可觀，存世的唐、宋、元、明的名畫，幾乎收羅無遺。在乾隆帝的倡導下，考據古物書畫之風盛極一時，「上有好者，下必有甚焉者矣」[1]。臣子們爭先恐後地為皇帝考據器物，以至開創於宋代的金石學在乾隆時期再度盛行，而皇家書畫收藏，成為繼宋徽宗宣和內府後的最大一次集中，當時匯集於紫禁城周圍的鑒賞家有張照、梁詩正、董邦達、勵宗萬、阮元、胡敬等人。

　　乾隆帝本人酷愛書畫，並以鑒賞家自居，往往喜歡自加品評，在畫上題詩，加蓋鑒藏印記。乾隆帝的考據有時還頗有成效，他在北宋書法家米芾墨跡上發現「勤有」二字印記，想確知「勤有」二字出自何時。他查閱宮內所藏宋版《千家注杜詩》，看到上面有「皇慶壬子余氏刊於勤有堂」十一字。皇慶係元仁宗年號，考知此書本元版而非宋版，糾正了前人的錯誤。乾隆帝又查閱宋版《古列女傳》，書後有「建安余氏靖庵刊於勤有堂」樣，知宋朝已存在勤有堂書坊。在宋人岳柯的文章中，他讀到讚揚建安余仁仲家所刻書版為精時，斷定南宋時余氏刻書已相當出名，但仍然不能知北宋是否有勤有堂刻板。他又訪問朝中做官的福建士人，亦無人知曉，於是，乾隆帝下令軍機大臣傳諭福建巡撫鍾音赴建寧府訪余氏子孫「現在是否尚習刊書之業，並建安余氏自宋以來，刊印書板源流及勤有堂昉於何代何年？今尚存否？或遺跡已無可考，僅存其名？並其家在宋時曾否造紙，有無印記之處？或考之志乘，或徵之傳

1　《孟子‧滕文公上》。

聞，逐一查明，遇便覆奏」。鍾音按照皇帝的吩咐，找到余氏後人余廷勳。根據余氏族譜，查明余氏係北宋時遷至福建，以刊書為業，所刊書印有「勤有」二字。勤有堂之名則更早。宋理宗時族人余文興，號「勤有居士」，係襲舊有堂名為號，而勤有堂之年代，今已不可考。至此，證明米芾墨跡屬北宋版本。由此可見乾隆帝的鑒賞水準和品味。

當然，乾隆帝也有看走眼的時候。譬如，他對黃公望真偽兩本《富春山居圖》的顛倒品題，又將董源名跡《夏景山口待渡圖》列為次等，而將偽造的米芾《雲山圖》列在上等，等等。

乾隆帝能作畫，其技法也不遜於一般畫家。清宮中設有如意館，「凡繪工、文史及雕琢玉器，裱褙帖軸之諸臣皆在焉」。他在處理政事之餘，經常去如意館裏看畫家繪畫，「有用筆草率者，輒手教之，時以為榮」。館內畫家張宗蒼，擅長臨摹北宋山水畫，甚至能以假亂真，為乾隆帝所賞識，特賜張宗蒼工部主事官。

乾隆三十年正月的宮內《臣工字畫》檔中載：「正月初八日，胡世傑傳旨，着張廷彥仿畫《越王宮殿圖》手卷。用新宣紙一張，高一尺七寸，寬二丈。共用新宣紙四張。」這位張廷彥畫師，於《國朝院畫錄》有載，曰：供奉內廷，工人物畫。

清宮何以收藏如此眾多的墨跡古董呢？乾隆帝在《欽定秘殿珠林石渠寶笈續編》御序中說：「然予以此舉，實因志過，而非誇博古也。蓋人君之好惡，不可不慎。雖考古書畫，為寄情雅緻之為，較溺於聲色貨利為差勝，然與其用志於此，孰若用志勤政愛民乎？四十餘年間，應續纂者，又累累若此，謂之為未害勤政愛民之念，已且愧言之，而況於人乎？書以志過，後之子孫當知所以鑒戒去取矣。至《西清古鑒》可以類推，更弗贅言。」其實這話言不由衷，掩蓋了其收藏的真實目的。

由有關資料可知，乾隆朝宮廷收藏的原動力有三個方面：

一是精神的教化作用。乾隆帝曾說過，每當捧觀三朝御筆藏之金匱

者，便油然產生了「輒增永慕，所當敬為什襲，貽我後人」的念頭。他的這種情感是由衷的。這些古物就像是中國本位文化的根據一樣，表現出巨大的教化作用。

《宣和博古圖錄》卷一《鼎彝總說》云：

> 《周易》六十四卦，莫不有象，而獨於鼎言象者，聖人蓋有以見天下之賾，而擬諸形容，象其物宜，是故謂之象。至於近取諸身，遠取諸物，仰以觀於天，俯以察於地，擬而象之，百物咸備。以通神明之德，以類萬物之情。故圜以象乎陽，方以象乎陰，三足以象三公，四足以象四輔，黃耳以象才之中，金鉉以象才之斷，象饕餮以戒其貪，象蜼形以寓其智，作雲雷以象澤物之功，著夔龍以象不測之變。

而明代東書堂重修《宣和博古圖》蔣旸序有云：

> 故孔子所以有「不觚之歎」也。嗚呼！法服法器，古人非所以為麗也，惟心一於正，則於是皆不苟焉。推之於大者，其先王仁政之形，井田、學校、封建禮樂之類，意者皆其心神之妙也。是以形而傳，彼典籍今亦耿耿也。

二是作為一種「寶物」而「長宜子孫」。「內府所儲歷代書畫積至萬有餘種」，三代銅器數千件，無不是「子子孫孫，永保用享」。南宋的鄭樵曾把自己的藏書獻給皇上，並說：「蓬山高迥，自隔塵埃；芸草芬香，永離蠹朽；百代之下，復何憂焉。」可見，「長宜子孫」是中國收藏行為的又一大特徵，而宮廷收藏無疑是「宜子孫」的最好方式之一。

溥儀在《我的前半生》中寫道：「據說乾隆皇帝曾經這樣規定過：宮中的一切物件，哪怕是一寸草都不准丟失。為了讓這句話變成事實，他拿了幾根草放在宮中的案幾上，叫人每天檢查一次，少一根都不行，

這叫做『寸草為標』。我在宮裏十幾年間，這東西一直擺在養心殿裏，是一個景泰藍的小罐，裏面盛着三十六根一寸長的乾草棍，這堆小乾草棍兒曾引起我對那位祖先的無限崇敬，也曾引起我對辛亥革命的無限忿慨。」長宜子孫的寶物在社會變革之際產生了不可思議的保守的內在力，「曰祕殿，曰寶笈，循名責實，從可知矣，乃使一般普通民眾，終身盲昧」[1]。寶物就像是一堵不可逾越的牆，壁壘着不同的階級，而僅在持有者的子子孫孫間傳承。

三是供皇帝個人私享。乾隆帝可以將王羲之的《快雪時晴貼》「幾暇臨仿」，「愛玩未已」，而宮內收藏的各種輯錄首先是為方便皇帝玩賞服務的，諸如《石渠寶笈》等書的編輯，並不以時代分類，也不以作者分類，而是以殿座分類，以便皇室玩賞。

清宮的收藏盈千累萬。尤其是在乾隆時期，皇帝以至高無上的權力蒐集天下古物，眾多書畫古董如四方輻輳而聚於宮廷，這也是一件不小的工程。據記載，這些收藏的源流首先是進呈物品。專制時代，帝王一家天下，富有四海，國之所有莫不屬於一人，逢年遇節，或萬壽大典，臣子必有貢獻亦屬禮之當然，情之必至。乾隆四十五年（1780），乾隆帝七十大壽，其慶典場面大大超過了皇太后，他在避暑山莊過生日，各地官員爭相進送貢品。據朝鮮使臣記載的沿途情形說：各地上貢禮品，貢車多達三萬輛，人挑、駝負、轎駕者難以計數。為搶運貢品，各地車輛「篝火相照，鈴鐸動地，鞭聲震野」。場面之豪侈，難以形諸筆墨。如此大規模的全國性獻壽活動，所進呈的古董字畫也絕不會少。

其次是收沒物品。大臣或庶民觸犯了法紀，皇帝有抄沒犯者私人財產之權力。《紅樓夢》中錦衣衛查抄大觀園的描述，不啻一篇紀實文

1 　易培基《故宮周刊弁言》，摘自《故宮周刊》1929 年創刊號。

學。《石渠寶笈》中著錄畢沅原藏之件甚多，其中字幅如張即之書《李衎墓誌銘》，即為畢氏身後沒收入宮者。又如有名的顏魯公《祭姪文稿》，後有徐乾學、王鴻緒印，亦係籍沒畢氏之物。此外，亦有皇帝假借某種名義，收取入宮者，如米芾書《蜀素貼》，原為大學士傅恆舊藏，傳之其子福隆安，家中曾不慎失火，是卷因重裱在外，倖免於難。事後進入宮內度藏。所謂進入者，不過美其名耳，事實上概係乾隆帝藉口私人甲第不如天府安全，遂假名干沒，明眼人自能知之。

再者是收購物品。《石渠寶笈》記錄收藏書畫的又一個來源是皇帝出資購買。觀王羲之《袁生貼》御跋，乾隆帝云：「右軍《袁生貼》三行二十五字，見於《宣和書譜》……乾隆丙寅，與韓幹《照夜白》等圖，同時購得，而以此貼為冠。」然而，此等事例在皇室收藏中是不多見的。

御製詩與文物

忙碌了一天的乾隆帝，緩步跨入三希堂。他盤坐在炕牀上，盡情地賞玩着古董與書畫。這時的他就像京師中一般老百姓諸如玩鳥籠子、踢毽子、鬥蟋蟀、嗑瓜子、下棋、打麻將、聊大天兒一樣，隨性恬逸。如《孟子》所言，「養心莫善於寡欲」，他就像是一個退避三舍的將帥，於古董與書畫間，「我善養吾浩然之氣」[1]。

乾隆三十年正月初八日，皇上究竟御覽了哪一些古董古畫？這的確是難以確定的。然而在正月初一至正月初八日的御製詩中卻有十餘首有關內容的詩，這些詩不能確定作於這八天中的具體時間，但卻可以幫我們了解這短短幾天中，乾隆帝御覽過的一部分古董及書畫。其中包括古董七件（玉器六件、瓷器一件），書畫九件（繪畫八件、法書一件）。

1　《孟子·公孫丑上》。

如果以這樣的分類，再加之年代順序的話，第一件應介紹的是李贊華的《射鹿圖》。

李贊華是五代後唐的畫家，而他本人卻是契丹人。《遼史》説他是遼太祖阿保機之長子，姓耶律，名倍。《圖畫見聞志》中説他做過東丹王，又名突欲。《五代名畫補遺》中説他小字圖欲。《廣川畫跋》謂：阿保機攻渤海，取扶餘一城，從為東丹國，以長子人皇王突欲為王。阿保機死，突欲投奔後唐。明宗賜姓東丹，名慕華。後更其名贊華，改姓李。

乾隆帝御製《題李贊華射鹿圖》云：

> 東丹避嗣主，越海昔奔唐。
> 偶作射鹿圖，緩胡猶舊裝。
> 改姓事他國，回心憶故鄉。
> 雖無逐鹿志，熟處亦未忘。
> 遠愧吳泰伯，近輸漢高皇。

李贊華善畫本國人物、鞍馬。多寫貴人酋長，胡服鞍勒，率皆珍華，《遼史》《五代名畫補遺》《清河書畫舫》等書中均有載。有人品評他畫馬尚豐肥，然筆乏壯氣。乾隆御製詩中的「緩胡猶舊裝」「改姓事他國，回心憶故鄉」「熟處亦未忘」等詩句，顯然對其多有微辭，但對他的畫意還是進行了比較準確的分析。

第二幅是盛懋的《映雪讀書圖》。盛懋為元代畫家，原籍臨安，父輩始遷居嘉興魏塘鎮。他善山水、人物、花鳥。始學陳仲美，略變其法，精絕有餘，特過於巧。這幅畫由一個叫楊芝的人發現，並推薦內府購得。初名《負薪圖》，乾隆帝觀後，易名《映雪讀書》。有御製詩云：

> 交遊不雜樂家貧，映雪觀書造意新。
> 自是棱棱志清介，何須類舉負薪人。

由此，或叼看到乾隆在鑒賞中的一股敏銳之氣。

第三幅是元代畫家方從義的畫。方從義，字無隅，號方壺，上清宮道士。他的山水畫師米海嶽（米芾）、高房山（高克恭，號房山道人），大有逸趣。《圖繪寶鑒》《畫史會要》等都載有他的事跡，評價他的山水：其峰巒高聳，樹木槎枒，雲橫嶺岫，舟泊沙汀，墨氣冉冉，非塵俗筆也。常自言：「太行居庸，天下之巖險，其雄傑奇麗，皆古之名畫，余所願見者，今皆見之，而有以慊吾志，充吾操，吾非若世俗者，區區而至也。」其言自詡如此，故其畫不易得，人以禮求，始出一二。

乾隆帝為這幅宮中藏畫作《方從義松巖談道用圖間孫琰題句韻》，云：

　　無地樓臨有頂松，金題玉躞啟緘封。
　　由來可道非常道，茅狗難希騎二龍。

第四幅是明代著名畫家沈周的《玉蘭芝樹圖》。乾隆帝的題詩云：

　　芝朵丹黃蘭葉青，石邊木筆燦亭亭。
　　畫家大有伊人念，規寫無非謝氏庭。

沈周，字啟南，號石田，自稱白石翁。他的山水畫法少承家學，凡宋元名手，皆能變化出入，而獨於董源、巨然、李成尤得心印，中年以黃公望為宗，晚年乃醉心於梅花道人吳鎮。有人說他唯仿倪瓚的畫不似，原因是老筆過之也。他四十歲以前，多作盈尺小景；四十歲以後始拓為大幅，粗枝大葉，雖草草點綴，而意已足。據史載，他高致絕人，而和易近物，販夫牧豎，持紙來索，不見難色，或作贗品求題以售，亦樂然應之，憑空為後世鑒別添了一些難處。而自作的人物花鳥無一不入神品，因之真偽亦可領會。

第五幅是周臣的《村莊農慶圖》。周臣也是明代畫家，字舜卿，號東邨。畫山水，師陳暹，傳其法於宋人，摹李（李成）、郭（郭熙）、

馬（馬遠）、夏（夏圭），用筆純熟，所謂行家意勝耳。兼工人物，古
貌奇姿，綿密蕭散，各極意態。同時他還是另一位著名畫家唐寅的老
師，無形中又使其名望倍增。乾隆帝的題詩云：

> 山莊無別事，惟是祝年豐。
> 納稼村村急，高囷戶戶同。
> 社常接雞犬，鄰不遠西東。
> 相聚農桑話，於於太古風。

看來乾隆帝更重視此畫的內容，由此引起了一番思農之情。

第六幅是唐寅的《會琴圖》。唐寅是明代大名鼎鼎的畫家、才
子，字伯虎，一字子畏，號六如居士。唐寅賦性疏朗，狂逸不羈，
嘗鐫其章曰：江南第一風流才子。晚年好佛釋，治圃舍北桃花塢，
曰桃花庵，日飲其中。唐寅工詩詞、古文，書得趙孟頫法，善畫山
水，自李成、范寬、馬遠、夏圭，及元之黃公望、王冕、倪瓚、吳
鎮四大家，靡不研解。行筆秀潤，縝密而有韻度。有評論說「寅師
周臣，而雅俗迴別」。又學劉松年、李唐之皴法，亦青出於藍。至
若人物、仕女、樓觀、花鳥無不工。著有《六如畫譜》傳於世。此
幅《會琴圖》，乾隆帝也是由衷讚賞，其詩云：露坐橫陳膝上琴，
愛披秀木有佳陰。

个知袖手對聽者，可識高山流水心。

乾隆帝的詩，頗得唐寅畫中意境，可謂好畫有好詩。

第七幅畫是文徵明的《松堂吟賞小軸》。文徵明與唐寅是同時代
人。初名壁，字徵明，後以字行世，更字徵仲，號衡山居士，私謚貞獻
先生。詩文書畫無一不妙。山水畫師沈周，得其仿佛，益以神采，更出
其上。人稱其兼有趙孟頫、黃公望、倪瓚之體。《丹青志》則謂其師李

唐、吳鎮，翩翩入室。《五雜俎》則稱他遠學郭熙，近學松雪道人，即趙孟頫。《明畫錄》又以兼得北苑（董源）筆意讚之。其實，文徵明的山水畫法氣韻神采，獨步一時，不肯規撫比擬。遇古人妙跡，唯覽觀其意，而師心自詣，輒神會意解，至窮微妙處。其風格天真爛漫，不減古人。其得意之作，往往以工制勝，單行、矮幅更佳。其生平亦有三不肯應者，如宗藩、中貴、外國是也。他的出現使吳派文人畫大成於世。

乾隆帝這一天見到的文徵明小軸如詩：

> 結宇茨荒草，向簷依老松。
> 延將幽籟颯，覆處翠陰濃。
> 芸簡堪娛目，茶甌借洗胸。
> 個中尋獨樂，不擬客來逢。

由此詩可知，這幅畫的體裁為古松，這是文徵明晚年常作的畫題，其畫松之用筆如神早已聞名，故乾隆帝觀畫而陶冶心性。如王充在其《論衡·自紀》中所說：「養氣自守，適食則酒。」乾隆帝則是以茶作酒，獨賞佳作。

據乾隆三十年正月初九日（1765 年 1 月 29 日）的《臣工字畫》檔載：御筆仿文徵明《山村嘉蔭》，並題一軸寫籤。由於宮中藏畫的名稱並不規範，因此難以斷定《松堂吟賞小軸》與《山村嘉蔭》是否是同一幅畫。

第八幅是清人方琮的山水畫。其人在《熙朝名畫錄》中有載，《石渠寶笈》中也錄有作品。有評價說他工山水，宗大癡道人，即黃公望。乾隆帝曾為其畫作題詩云：

> 茅店婪年宴，石橋招客遊。
> 紅桃經雨潤，綠柳受風柔。

　　谷口雲猶吐，溪頭水已浮。

　　木蘭待碕岸，將泛問春舟。

　　實在是勾勒了一幅山野美景，抒發了放情山川的雅逸情懷。

　　第九幅是書法，乾隆帝詩為《題錢陳群進伊祖瑞徵所篆瑞日祥雲和風甘雨章》，云：

　　迎春帖子進南方，先以家藏古篆章。

　　瑞日祥雲兆歲美，和風甘雨卜農慶。

　　休徵敢謂時斯應，善頌還嘉規不忘。

　　願共吾民沐新祉，春祺喈喈萃方昌。

　　這幅書法作品的作者錢瑞徵，浙江海鹽人，康熙癸卯年（康熙二年，1663）的舉人。《國朝畫徵錄》《曝書亭集》中有載，說他工詩善書畫，好寫松石，不事規仿，獨抒性靈，而興趣雅合，施筆圓厚，風致散朗。在乾隆帝看來，康熙朝的書帖已是「古篆章」了，可見，當時宮中收藏古書畫範圍之廣泛。

　　僅這麼幾天，乾隆帝題玉器的詩即有六首，其中《詠周片雲戚》云：

　　權黃曾紀武，劑白亦標文。

　　舞自稱西樂，形猶肖片雲。

　　穆然斐古色，鏗爾振嘉聞。

　　義取和安樂，翰筵伴淨芬。

　　戚為古代兵器，似大斧，清代馮雲鵬在其《金石索·金索》中載有圖。其實，戚也用於樂舞。《詩經·大雅·公劉》云：「弓矢斯張，干戈戚揚。」因此，金屬戚又演變成玉戚，《禮記·明堂位》曰：「朱干玉戚，冕而舞大武。」乾隆帝見到的所謂「周片雲戚」便是此類物件。

乾隆御製詩還有《題和闐玉碗》，云：

> 潛確已稱中國少，和闐真是異珍多。
> 春秋陳貢來包匭，杯碗相材命琢磨。
> 西旅卻殊時致獻，水精寧得與同科。
> 不斟旨酒浮香茗，延喜彤闈受福那。

乾隆帝在詩下自注：「昔年準噶爾台吉、回部和卓木雖屢貢玉碗，不比此拓。和闐為我屬，春秋貢玉如內地，任土作貢也。」觀賞古物，而思朝政，這是乾隆御製詩的一個特點。其胸懷絕不在詠物本身。

和闐位於今新疆維吾爾自治區南部，原為絲綢之路南道上的重鎮。《明史·西域傳》載：和闐「東有白玉河，西有綠玉河，又西有黑玉河，源皆出崑崙山。土人夜視月光盛處，入水采之，必得美玉」。清姚元之在《竹葉亭雜記》中記載了這一帶採玉的情形，曰：「葉爾羌、和闐皆產玉，和闐為多……葉爾羌西南曰密爾岱（即密勒塔）者，其山綿亙，不知其終。其上產玉，鑿之不竭，是曰玉山。山恆雪，欲采大器，回人必乘犛牛，挾大釘巨繩以上，納釘懸繩，然後鑿玉，及將墜，繫以巨繩，徐徐而下，蓋山峻，恐玉之卒然墜地裂也。」清人黎謙亭的《甕玉行》詩序云：「于闐大玉三，大者重二萬三千餘斤，小者亦數千斤，役人畜挽拽，率以千計，至哈密有期矣。」乾隆朝期間，着實從和闐等地運來不少大玉石，製成巨器，如「大禹治水圖玉山」「秋山行旅圖玉山」等。據乾隆時《回疆通志》載：和闐距京師有一萬一千一百零五里。其開採、運輸之艱巨由此可窺一斑。

另有《題和闐漢玉蓑笠漁翁》，其序云：「漢玉者，非必炎劉時物，其土浸璘，古色穆然者，皆可謂之漢。此玉有之，相其材，命工稍加琢磨為蓑笠漁翁，而係之詠。」詩云：

詎必炎劉始足珍，幾千年出玉河濱。
歐冕久是忘機侶，蓑笠曾非把釣倫。
弗受雕鐫存樸古，豈資燒染自玢齒。
史編中問斯人傳，不在清河在富春。[1]

又有《漢玉穀璧》一首，云：

粟粒平擎若自然，葆光韞采謝雕鐫。
楚州底論第三寶，喜在嘉生兆有年。

《詩經·衛風·淇奧》云：「有匪君子，如金如錫，如圭如璧。」璧為平圓形、中心有孔的玉器。古時或作禮器。

另一首是《和闐玉牛再疊前韻》詩，云：

愛牛緣何緣愛耕，耒耜之利資爾能。
和闐玉子牛其形，稍加琢治如牟鳴。
造石非同拖五丁，聚道乃全擬大牲。
陳蕃無計可苢羹，輿鋤解甲天衢亨。
任土作貢無別營，亦弗敢詡我武成，
漫因新舊評藍青。

再有一首是《和闐玉觀梅仙圖》，云：

等度和闐玉，觀梅琢作圖。
人將花總似，艱辨楷兮逋。

1　清河即《清河書畫舫》，是著錄古畫卷的書。富春所指，似為黃公望的《富春山居圖》。

這後一句中的「楷」為剛直規整之意，而「縺」則有曲折多姿之意，乾隆帝是在誇讚玉工的高超工藝。

在御製詩的排列中，以順序而論，最可將其列入正月初八日的一首詩是《詠哥窯瓷枕》。哥窯是宋代名窯，窯址在浙江龍泉縣（今龍泉市）南七十里華琉山下。北宋處州龍泉縣舊有龍泉窯，南宋章生一、生二兄弟亦在此製瓷，各主一窯。生一所製之瓷號哥窯，生二所製者號弟窯，又稱章龍泉窯，簡稱章窯。哥窯瓷胎細質白，微帶灰色，釉面有冰裂紋，黑色的稱為鐵線，黃色的稱為金線。釉色以青為主，濃淡不一，口沿釉薄顯出胎底，圈足底亦露胎，故有「紫口鐵足」之稱。

乾隆帝的詩云：

> 瓷枕出何代，哥哥類董窯。
> 金絲鋪荇藻，鐵足節筇筱。
> 文並楠榴重，珍非翡翠澆。
> 贈宜漆園吏，夢蝶恣逍遙。

如果今天以這七首詩為線索，在乾隆帝的收藏中找到這幾件寶物的所藏，那可以説是在茫茫滄海中尋針，太難太難了。

據民國時期清室善後委員會所編六編二十八冊的《故宮物品點查報告》，清宮中收藏的各類古物有一百一十七萬餘件。怎不令人概然有「滄海一粟」之歎呢。

2012 年，台北「故宮博物院」研究員余佩瑾主編的《得佳趣——乾隆皇帝的陶瓷品味》出版發行。她在書中這樣陳述：

> 枕作長方形，上下枕面略凹，每面外圍淺劃雙線，平面篦劃水波紋。器內中空，一側中心留一圓孔，圓孔旁及側面的四個端點共有五枚支燒痕。從中顯露出瓷枕使用豎燒法燒製成形，以及無釉處

露出灰白色胎。通體滿施青白瓷釉，釉層薄且呈色不勻，局部出現深色開片。長方形底面鎸刻乾隆皇帝《詠哥窯瓷枕》。並落「幾暇怡情」和「得佳趣」兩枚鈐印。傳世隨附木座及錦墊一塊。

　　……

　　另一方面，吳十洲先生認為乾隆三十年（1765）正月初八日，乾隆皇帝在下朝後的傍晚總共御覽、鑒賞十五件文物，其中一件為瓷器，他並且從御製詩文集登錄《詠哥窯瓷枕》詩的時間，分析此詩正是乾隆皇帝針對該日提看文物油然而生的吟詠感懷。

2013 年底，我造訪台北「故宮博物院」，與余佩瑾女士見面，可謂是奇緣。

捌・

宮闈遺恨　孝道家殤

戌正

二十時　就寢

晚八時，乾隆帝於養心殿後殿東稍間就寢。這時他
的皇后是烏拉納喇氏。兩天後，她在隨乾隆帝南巡
的路上欲削髮為尼。這時乾隆帝寵愛的妃子是香妃。
然而，她卻像眾多低等級的年輕嬪妃一樣，沒有生
下一男半女。

夜，本來就包羅萬象，落入冬夜的紫禁城，更有太多不為人知的玄機隱匿於夜色之中。被殘雪染白的那幾分沉寂和冷清，又讓人生出無限的遐想。黑沉沉的夜幕下面，宮裏那些長長窄窄的過道，在交織的網格裏，靜候着「夜漏宮中發」的告白。月光灑在落葉上，萬物寂籟，一派肅殺。夜間裏一個人走在那兒，任何魅影都會讓人想到前朝靈異，想一想就腳底發軟。

宮裏熄燈了，各宮都在關門時分。夜深知雪重，時聞落冰聲。

無論在形式上還是在實質上，皇室家庭的命運往往和這個國家的命運息息相關，尤其是帝后感情更為世人所看重。

香妃得寵

養心殿中皇上準備就寢當兒，太監將承幸簿呈到御前。簿子上刪去生病或信期的妃子，在承幸簿上的則由皇上任意挑選。乾隆帝用手指微微示意，心領神會的太監提上燈籠，直奔後宮去召喚香妃，而香妃這邊早已在恭候了。

這裏所説的香妃，前文已經有所敍述。她是伊利·霍加的女兒，雍正十二年（1734）在喀什出生，取名賈姆孜木，教名希帕爾汗，維語的意思是「香得很」。這也許就是「香妃」此名的來源。此時的她還不是

妃子，只有一個嬪的名分。

幾天來，乾隆帝往西苑裏走得特別勤。從初一到初八，在太液池沿岸屢屢留下了身影。這幾天中，僅中南海就有瀛台、寶月樓、俯清泚稍北的淑清院、寶月樓東邊的涵春室、仁曜門西側結秀亭再西的豐澤園、春耦齋循池西岸而北的紫光閣、響雲廊東南室之千尺雪，及清音閣沿堤而南的同豫軒等處，出現在御製詩中。

其中《新正瀛台》詩云：

> 問安之便出西華，咫尺南台路不賒。
> 才隔旬餘新歲是，恰欣春晚景祺嘉。
> 篆凝瑞靄猊噴霧，爆響平安樹綴葩。
> 迎節彩槃惟卜晝，幾曾宮蠟照紅紗。

再如《寶月樓》詩云：

> 液池南岸有高樓，寶月佳名題上頭。
> 正望元宵生玉魄，堪憑春色始皇州。
> 彩屏吉語農祥額，香展恆銘民莫求。
> 保泰深心端在此，敢因韶節恣歡遊。

乾隆帝一連幾日頻繁出入西苑，竟到了趁給皇太后請安之便而出西華門，到南海跑一趟的份兒上。那些似是而非的詩文，如同下意識吐露的隱情，給人們以遐想，去猜度乾隆帝的宮闈祕事，去想像那位鵑眼穹鼻的寵妃。

由於「內言不出」的儒教戒律，滿族皇帝也必須予以恪守，因之在所有的宮廷的、官方的記錄中，都找不到乾隆帝私生活的隻言片語。像前文所說的承幸簿也無存於清宮檔案中。

從一份與之毫無關係的內務府《日記底簿》中，我們或許可以找到

一些蛛絲馬跡。這一檔案記載有乾隆三十年正月初，四方人士呈送宮中禮品的賬目。其中，乾隆三十年正月初三日，西藏班禪額爾德尼‧胡必爾罕這裏應是指六世班禪額爾德尼（1738—1780）。乾隆三十一年（1766）受清朝頒賜金冊。進有核藏杏二匣，每匣三十四斤、計五千七百八十個；無核藏杏一匣，計三十四斤、一千五百八十個。這項賬目與宮闈祕事無甚關係。又，正月初四日，西洋人劉松齡等進木瓜膏六十瓶。這可能也是饋贈活動的一部分，不過也看不出什麼聯繫。

再往下看，有了。正月初七日，浙閩總督蘇昌進西瓜十二個。本日福建巡撫定長進西瓜十二個，本日內務府總管馬國用等恭議留用西瓜三個，進皇太后西瓜四個，差首領太監張忠進訖。給溫惠皇貴太妃西瓜二個。另外，賜皇后等西瓜十二個，寫褶片一個，奏過奉旨依議。由於皇后主持六宮，因此賜給後宮的西瓜都在名義上賜給了皇后。那麼當時的後宮有幾人呢？除了據生死簿、墓誌銘估算，見於檔案的，即乾隆二十九年十二月二十六日（1765 年 1 月 17 日）《賞賜底簿》（簿字號七一九）和《年例散用底簿》（簿字號二六四一）記載的一次宮中賞賜活動。由以上材料可知，當時乾隆帝的後宮有：皇后、令貴妃、舒妃、愉妃、慶妃、穎妃、豫妃、婉妃、容嬪、慎貴人、林貴人、蘭貴人、瑞貴人、鄂常在、白常在、祿常在、新常在、永常在、寧常在、那常在、武常在，共二十一人。另外在乾隆三十年（1765）正月十六日南巡前後，見諸《節次照常膳底檔》，得到乾隆帝賜膳的有：令貴妃魏佳氏、慶貴妃陸佳氏與容嬪和卓氏，當然還有皇后烏拉納喇氏。其中以容嬪和卓氏的地位最低。閏二月十八日後，不見皇后出現於《膳底檔》。四月十九日，舒妃葉赫納喇氏、豫妃博爾濟吉特氏迎南巡迴京聖駕於涿州。

那麼，容嬪，也就是香妃何以得到乾隆帝的寵愛呢？說到底，乾隆帝納維族女子為嬪妃是對被征服的回部實施拉攏的一種手段。香妃的娘家為回部上層貴族，與大小和卓布拉尼敦、霍集占一樣，早年被準噶爾

拘留在伊犁。清軍平定準部，達瓦齊失敗，額色尹等即回到葉爾羌。因不肯隨從霍集占等叛亂，避居布嚕特。乾隆二十三年（1758）底，兆惠攻打回部，在黑水營被圍，香妃的五叔額色尹與胞兄圖爾都都曾聯絡布嚕特人（清代對柯爾克孜族的稱謂）進攻喀什噶爾，以聲援清軍。

史載：「乾隆二十三年，聞大軍征霍集占，抵葉爾羌。霍集占抗諸喀喇烏蘇，（圖爾都）陰以布嚕特兵，從額色尹，攻喀什噶爾，分賊勢。」由於額色尹、圖爾都與布嚕特兵配合作戰，使布拉尼敦不得不分兵回援喀什噶爾，從而減輕了黑水營清軍的壓力。平定回疆後，清廷論功行賞，給予優遇。但是額色尹等係和卓家族，清廷怕他們留在回疆，以和卓名義，鼓動回眾，再生事端。如兆惠所說：「因思伊等係霍集占同族，又與布嚕特相契，恐回人等又以伊等為和卓，妄行敬信。」這樣令額色尹等上京入覲，趁機將其合族遷居北京。

這次從新疆遷京的維族上層人物甚多，除額色尹家族外，尚有功高勢盛的霍集斯家族。霍集斯曾生擒達瓦齊，說降和闐，轉戰黑水營，追敵巴達克山等，立下重大功勞，但清廷還是不放心他留居故土，令其入覲。啟行後，即強制將他全家分批遷移北京。乾隆二十四年十二月二十三日（1760 年 2 月 9 日）有一道諭旨：

> 從前密諭辦送霍集斯及諸子來京者，恐其仍居舊地，或滋事端。今霍集斯既情願入覲，而沿途行走情形，又毫無可疑，則伊來京後自必加以恩賞，俾得安居。此時漠咱吧爾（霍集斯之子）等尚須辦理起程，並傳諭舒赫德等，遵照節次諭旨，毋使長途勞苦。伊等起程後，則所查霍集斯之家口，不妨明白曉示，以霍集斯蒙恩旨留京，來取家屬團聚，務宜供給饒裕，加意照看。蓋伊等非獲罪之人籍沒家產者可比，所有積蓄俱一同辦送，仍約束兵丁回人，毋許妄行偷竊，其田園房屋，亦應變價給賞，以資生計。由此可見，這

次回部上層的遷京是遵旨行事，並非自願，而且分批遷徙，做了諸多的防範。額色尹家族遷京與霍集斯家族為同時，情況亦相類似。額色尹身為和卓家族的成員，其境更處於危疑之地，額色尹於乾隆二十四年（1759）九月先晉京入覲，圖爾都則於十二月到京。這時乾隆帝給兆惠的諭令是：「除兆惠所奏現在送京之圖爾都和卓外，仍將伊等家口送京。其瑪木特（係額色尹之姪，香妃之堂兄）之子巴巴和卓，兆惠等回京時亦即同來。」可見額色尹、圖爾都之家口，包括額色尹之孫輩巴巴和卓在內，是與兆惠一同回京的。兆惠班師回京已在二十五年（1760）的二月底，但香妃來京略早，可能是和他的哥哥圖爾都同行。據宮中《內廷賞賜例二》，乾隆二十五年二月初四日新封和貴人，賞賜珍珠首飾金銀緞裘等物。又據《哈密瓜、蜜荔枝底簿》，當年六月十九日，皇帝進皇太后及賞賜皇后等十八人荔枝，即有和貴人在內，名列倒數第二，在瑞貴人之前。同時，香妃的叔叔額色尹被封輔國公，哥哥圖爾都，被封一等台吉。香妃入宮不久，乾隆帝即將宮內女子巴朗賜給圖爾都為妻。乾隆二十七年（1762）五月，和貴人晉封容嬪，圖爾都追論攻喀什噶爾功，晉封輔國公。

乾隆帝對於這批維族上層，一方面不放心其留在故土，聚眾造反，是以把和卓家族、霍集斯家族移居京師，隱含隔離監視之意；另一方面又儘量籠絡，給他們加官晉爵，賞賜財物。這正是乾隆帝恩威並用政策的體現。納其女為妃，以及保護先世和卓的墳墓，都是他民族政策的組成部分。而直至乾隆三十年，乾隆帝籠絡回部貴族的熱忱依舊不減。

就在初八日之前不幾天，乾隆帝於西苑紫光閣曲宴外藩並回部人士。為此他還作了御製詩，云：

值歲外藩入覲顏，新增伯克序年班。

四方來賀誠非易，三接推恩未可刪。

筐筐兩廂頒等第，魚龍百戲鬥班斕。

西師繪壁思群力，敢曰折衝尊俎間。

從詩中看，又是宴膳，又是雜戲，又是賞銀，又是賜爵，又以西師繪壁來震懾，乾隆帝可真是極盡羈縻懷柔之術。

聽到太監的招呼，香妃稍事修飾，太監持燈籠在前面導路，貼身的侍女在後面護送，就這樣進入養心殿的偏房。這裏早有準備，盥洗梳妝一番，脫掉衣服，摘去頭飾，喊聲「承旨」，於是裹上緞被由太監背到寢殿。這叫作「背宮」。

養心殿後殿東西耳房和東西兩廂圍房正當此用，東耳房現在有匾，名體順堂，西耳房為燕喜堂。體順堂是皇后來養心殿陪皇上住時臨時坐臥的地點，燕喜堂是妃子來養心殿陪宿時臨時用的房間。東西圍房陳設比較簡單，但各物什都十分珍貴，是嬪、貴人、常在、答應等在養心殿侍寢前臨時呆的地點，裏面曾掛有「祥衍宜男」「定生貴子」等匾額。香妃所用的臨時房屋就在此。

養心殿後殿東稍間便是乾隆帝龍牀的所在地。龍牀是一座長一丈多的木炕，上設牀帳為綢緞夾帳。牀帳上有帳簷、飄帶，帳內掛有裝香料的荷包和香囊，既散發香氣，又用以裝飾。

中國人使用這種帶有牀帳的牀架的歷史可以追溯到魏晉，或者還可以更早一些。東晉大畫家顧愷之的畫卷《女史箴圖》就描寫有這種牀。畫中的牀是一種木製的籠狀物，下半部分用硬木做成牀體，上半部分為欄格。前面的四塊木板中的中間兩塊像兩扇門，朝外敞開，而整個「籠子」立在一個約五尺高的木製棚架上，帳幔從棚頂垂下，放下來後將完全看不清裏面，牀前是一對說悄悄話的夫妻，丈夫坐牀前的凳子上與牀

架內的妻子談話。《女史箴圖》似乎在告誡人們，一切內事都將在帳幔內進行，並以此作為內外的分界。同時，牀帳又是男人施展房中術的絕好天地，據説它能使陽氣更易充盈聚合。

到了唐宋，這種牀架比以前更像是一個隔開的小間房子。它是一個高度略低於房間的楅段，用帶窗格的硬木做成。楅段後面放着垂掛帳幔的牀，窗外留有足夠的地方放梳妝台和茶几。楅段前面也用帳幔遮掩。這樣的牀帳式寢臥習慣一直保留到明清，這使中國人的私生活蒙上了一層神祕的色彩。

龍牀上的被褥均用綢緞繡花面，鋪的是大紅氈、明黃毯。褥子、牀單、幔帳、繡花被，都是由江寧、蘇州、杭州「江南三織造」特供的。枕頭為長方體。臥牀的四周通體鑲嵌玻璃水銀鏡。龍牀兩頭，各有一個楅扇門，門內為一個很小的空間。其中東頭的為乾隆帝更衣、沐浴所用，現在還能看到皇帝用過的長圓形藤編髹朱漆描金澡盆。其西頭為化妝室，裏面便是乾隆帝用「官房」處。「官房」就是民間所説的便盆。皇上的「官房」是銀製的，上面有綢面的軟墊。乾隆帝習慣於在入寢前用官房。官房的盆內盛着香木的細末，要乾鬆而蓬蓬，既不能多，也不能少，糞便下墜後，立即滾入香木末裏，被香木末包起來，根本看不見穢物，更不會有異味散出。

乾隆帝説一聲「傳官房」，隨時等待傳喚的太監把用黃雲龍套包着的官房恭恭敬敬地頂在頭上，送到淨房，請跪安，然後把黃雲龍套迅速打開，把官房請出來。片刻之間，早有另外的太監趕緊去取油布，把地面鋪起來，約二尺見方，官房就放置在油布上。與此同時，乾隆帝寬衣解帶，坐在官房上從容溲便。一切完畢，官房由專司太監再用黃雲龍套裝好，頭頂回去，清除糞便，重新擦抹乾淨，再填充香木末備用。經炭灰處理之後的糞便，每天定時運到宮外，不得滯留。用完官房，乾隆帝在太監的伺候下，進行洗漱，然後進入寢宮。寢宮屋外廊下地炕口燒着

柴，熱氣通過室內磚面下的煙道送入寢宮，加上室內地面鋪有氈毯，並擺有許多燒炭的火盆，室裏早已是暖融融的。

洗漱之後，乾隆帝於龍牀對面的炕榻上盤腿而坐。滿族人習慣於在炕榻上小憩，炕榻上擺着矮腿的桌子，這是一台紫檀嵌螺鈿大理石心炕桌。大理石因盛產於中國雲南大理而得名，其紋理呈雲狀，飄忽自然，白中間灰的石料與紫裏透黑的木料相間相映，繁縟的螺鈿則在燭光下閃閃發光，顯得異常華美。

乾隆帝手拿一隻精美的內畫鼻煙壺，拈了拈壺口上的鼻煙，抹在鼻孔內，然後深深地吸了兩下，其濃辣的氣味令乾隆帝精神頓爽。這鼻煙的做法是將煙葉去了莖，然後磨成粉，再經發酵，或加香料而製成。當時由廣東進貢而來，其市面的價格相當昂貴，更不用說是御用品了，而乾隆帝恰好之。

稍憩之後，乾隆帝開始寬衣，頭東腳西順臥於龍牀之上。乾隆帝入被後，將偌大的明黃龍雲被向胸部提拽，直至將兩隻腳露在被外。少頃，太監已將香妃背到御榻前，包裹在香妃身上的緞被已滑落下來，香妃的胴體在殷殷的燭光下，顯得豐肌秀骨，如築脂刻玉一般。

香妃之美貌與中原女子迥異，她呈蔚藍的目瞳在燈燭下顯得目波澄鮮，棕黃的秀髮隨身動而如風捲霞雲，其朱脣皓齒，修耳懸鼻自不在話下，更有酥胸高聳，束腰肥臀。若是民間男子早已是按捺不住，慾火中燒，然而乾隆帝卻靜靜地躺在牀上，閉目養神。

香妃低聲說了聲「皇上聖祥」，便伏身上牀，匍匐到乾隆帝的腳下。與此同時，太監將幔帳放下，然後退出寢宮，在門口跪安。幔帳一經放下，帳內一下子與屋內的燭光隔離，變得更加昏暗，然而在香妃眼前卻閃現出四射的用肉眼看不到的光芒。她尋光而去，掀開皇上腳上的被子，從腳下開始向前鑽，緊張使細細的香汗潤濕了手心。她把手半握着，以拳支撐着身體在皇上的身上慢慢向裏爬，而乾隆帝卻將被子扶在

胸前，一動不動。香妃既不敢伏身於皇上身上，又無法起身。她下能意
識到此刻自己靈魂內的衝突，這樣若即若離了許久，才行男女之事。無
怪杜甫製宮詞《宿昔》云：「宮中行樂祕，少有外人知。」

此刻，香妃嬌喘咻咻，從御被中探出頭來，吸了一口氣。皇上已是
五十五歲的人了，他深諳房中術，香妃早已是色變聲顫，慢眼而橫波入
鬢，梳低而半月臨肩。正當二人暖滑淳淳之時，屋外已傳來太監公鴨嗓
「時辰到」的呼叫聲。這是宮中的規矩，皇上臨倖較低等級的嬪妃，嬪
妃必須在一定的時辰內離開寢宮，為的是皇上的龍體。這無疑是十分掃
興的，曾引得無盡的千古哀怨。

這樣的呼喊隔一刻時而如是三遍，假如寢宮內沒有應答，呼聲將更
烈。這是古老的宮規，也是祖上的家法，皇上也奈何不得，只好雲散雨
收，令太監入寢宮將香妃背回圍房，稍事休息再回後宮。

皇上金口玉言，接容嬪娘娘還宮的旨命即出，背香妃的太監已候
在龍牀的幔帳前。香妃知道這將是無法挽回的，沮喪的心情已到了
極點。她伏在皇上的耳邊，柔情喃喃地說了聲：「妾願隨皇上往巡江
南。」乾隆帝似乎意識到香妃的情意，拉着那即去的玉手，回應道：
「朕知道了。」花卉膏沐的芬芳，似轉瞬即逝的雲煙，又陷入深深夜
色之中。

乾隆三十年正月十六日，乾隆帝駕幸江南，同行的有：皇后、令
貴妃、慶妃、容嬪、永常在、寧常在六位。從養心殿東暖閣出發，經黃
新莊行宮、涿州行宮、紫泉行宮、趙北口行宮、思賢村行宮、太平莊行
宮、紅杏園行宮、絳河行宮、新莊行宮、德州恩泉行宮、李劉莊大營、
晏子祠行宮、潘村大營、靈巖寺行宮、小新莊大營、四賢祠行宮、中水
大營、泉林寺行宮、永安莊大營、萬松山行宮、孟家泉大營、郊子花園
行宮、龍泉莊大營、順河集行宮、林家莊大營、陳家莊大營、徐家莊大
營⋯⋯天寧寺行宮、高旻寺行宮、金山寺行宮、蘇州府行宮、靈巖山

行宮、上方山行宮、杭州府行宮、西湖行宮、贛州府行宮、棲霞行宮、江寧府行宮、金山行宮……一路閱盡湖光山色，極盡人間富貴。由於容嬪出身回部，乾隆帝特別遵照伊斯蘭教習俗賞賜給她的御膳有：涿州餅子一品、祭神糕一品、米面一品、饊子一品、奶酥油野鴨子一品、羊肚片一品、甌爾糕一品、羊他他士一品、野鴨子一品、油煤果一品、羊肚一品、小餑餑一品、茄乾一品、羊渣古一品、鍋塌雞一品、醃菜炒春筍一品、四樣小菜一品、羊肉他他士一品、醃菜炒萵筍　品、蘿蔔乾一品、羊肉絲一品、折尖一品、爆肚子一品、糟鴨子一品、糟蘿蔔一品、醃菜葉炒燕筍一品、燴糟雞一品、炒燕筍一品、豆豉一品、千層糕一品、豆腐乾一品、蘇州糕一品、燉羊肉一品、拌菣茉菜一品、梨絲拌菣茉菜一品、老虎菜一品、晾麿肉一品、酒燉羊肉一品、爆炒雞一品、西爾查一品、羊西爾占一品、炸八件雞一品、酸菜絲一品、鹿筋羊肉一品、豆豉雞一品、鴨雞蛋一個、野雞沫一品、鹿尾一品、五香羊肉一品、羊肉絲燉酸菜絲一品、鍋燉羊肉一品、火燒一品、羊腸湯一品、燉水蘿蔔一品、酸辣羊肚一品、面筋一品、奶子餑餑一品、野雞他他士一品、烹炸肝腸一品、糖醋蘿蔔一品、青韭燴銀絲一品、攢盤肉一品、筍絲一品、碎剁野鴨一品、拌老虎菜羊肉攢盤一品、羊肉燉蘿蔔一品、糖醋鍋渣一品、榛子醬一品、羊肉炒豆瓣一品、奶子飯一品、綠豆一品、托火裏額芬一品、廖花一品、水烹綠豆菜一品等。

乾隆三十三年（1768）六月初五上諭，奉皇太后懿旨：容嬪着封為妃。所有應行典禮，各級衙門察例具奏。十月初六日，命大學士尹繼善為正使，內閣學士邁拉遜為副使，持節冊封容嬪為容妃。冊文曰：

　　朕惟祎褕著媺，克襄雅化於二南，綸宣恩，宜綍備崇班於九御。爰申茂典，式晉榮封。爾容嬪霍卓氏，端謹持躬，柔嘉表則。

秉小心而有恪，久勤服侍於慈闈，供內職以無違。夙協箴規於女史。茲奉皇太后慈諭，冊封爾為容妃。尚其仰承錫命，最令德以長綏，祗荷褒嘉，劭芳徽於益懋。欽哉！

一顆柔弱的心靈便如此在幽幽的宮禁之中隨波逐流了。

緬懷孝賢皇后

乾隆帝在其青壯之年，似乎曾有過這樣的一個計劃：他與眾多的嬪妃以及更低等級的侍妾交媾並煉得更多的滋養，元氣臻於極限，使他的元配皇后最容易懷上結實聰明的皇位繼承人時，他才與皇后交媾。這項計劃曾在短時間內獲得了成功，他先後得到了兩個嫡生皇子。

然而天公不作美，乾隆帝的計劃很快就落空了，兩位曾被寄以儲君期望的皇子都不幸夭折。就在小嫡子永琮歸天之後，喪子的悲痛也奪去了其母孝賢皇后的生命。這曾使乾隆帝的情感世界陷於崩潰的邊緣。

即使此後在他的龍牀上有過無數的豐肌秀骨、娉婷嬌態，但卻無法彌補由於失去結髮賢妻孝賢皇后而有的那種落寞。在乾隆帝後來的漫長人生中，再也沒有一位后妃能像孝賢皇后那樣撫慰皇帝那孤寂的、焦躁不安的心了。他又有過皇后，也不乏年輕貌美的妃嬪、貴人、常在、答應，他和她們或許有性慾的遊戲，但他已永遠地失去了情愛與性愛和諧融為一體的家庭生活。乾隆五十五年（1790），皇上謁東陵時曾親往孝賢皇后陵前，表白了一個心願：

> 三秋別忽爾，一晌莫酸然。
> 追憶居中閫，深宜稱孝賢。
> 平生難盡述，百歲妄希延。
> 夏日冬之夜，遠期只廿年。

　　這一年，乾隆帝整整八十歲，向已成塚中白骨的愛妻訴説，自己不想活到一百歲，與之相會之期再遠也不會超過二十年！

　　乾隆六十年（1795），已是八十五歲高齡的老皇帝又一次親往孝賢皇后陵前酹灑三爵，當場賦詩一首，其結句是：「齊年率歸室，喬壽有何歡？」再次表達了甘願早期與另一世界的孝賢皇后重聚。嘉慶元年（1796）春，剛剛歸政的太上皇帝攜子嘉慶帝再次前往孝賢皇后陵前祭奠，望着陵前高大葱鬱的松林，他不禁又回憶起四十八年前那令人心碎的日子。太上皇帝留下了傷感的詩句：

　　　　吉地臨旋蹕，種松茂入雲。

　　　　暮春中浣憶，四十八年分。

　　在此句的後面，太上皇自注云：「孝賢皇后於戊辰大故，偕老願虛，不堪追憶！」這是何等的情懷，由此可見孝賢皇后在乾隆帝心中的位置。

　　孝賢皇后富察氏，是察哈爾總管李榮保之女，大學士馬齊的姪女。富察氏是滿洲望族之一。雍正五年（1727）七月十八日，雍正皇帝特選名門閨秀富察氏為皇四子弘曆的嫡福晉。鑒於當時早已密定弘曆為皇太子，因此，嫡福晉自然就是未來的一國之母——皇后。毫無疑義，雍正帝是經過了深思熟慮而決定的這門親事，其必然帶有濃厚的政治色彩。皇四子弘曆和富察氏恰似一對天造地設的夫妻，富察氏剛過門時十六歲，比弘曆小一歲，小夫妻的生活過得美滿和睦。婚後第二年，富察氏誕育了弘曆的第二子，皇父雍正特意親自命名「永璉」，有讓弘曆嫡子永璉日後承接神器的深意。乾隆二年十二月初四日（1738年1月23日），雍正帝去世二十七個月的孝期已滿，新君乾隆帝三年服闋，遂舉行隆重的冊立皇后大典。冊文中説：「爾嫡妃富察氏，鍾祥勛族，秉教名宗。」富察氏居中宮之位以來，乾隆帝越發體察賢妻舉止言行得宜，

是自己治理天下再好不過的賢內助。

皇后雖是大家閨秀，平素在宮中卻不過以通草絨花為飾，並不稀罕珠寶翠玉。乾隆十二年（1747）秋天去塞外行圍時，乾隆帝無意間對皇后談及關外舊俗，説帝業初創，百物難覓，衣袖的裝飾不過鹿尾絨毛緣邊，哪裏談得上什麼金線銀線。沒想到皇后記在心上，日後竟用鹿羔毧做了一個燧囊獻給皇帝，意在提示皇帝處處不忘滿洲本色。此舉甚合乾隆帝心意，他十分珍愛皇后親手製作的燧囊，一直帶在身上。

乾隆初年，北方連年亢旱，皇帝有「十年九憂旱」的慨歎。當時最了解皇帝無日不以雨暘為念的，莫過於皇后。她與乾隆帝旱而同憂，雨雪而同喜，真稱得上休戚與共。皇后平時辦事有條不紊，而且待下寬慈，宮中上上下下沒有不稱道皇后美德的。六宮寧謐和諧，則乾隆帝無後顧之憂。如此種種，使乾隆帝對皇后深懷感激之情。

乾隆帝如何鍾愛皇后富察氏與兩位早逝的嫡生皇子，已不必再説，卻説皇后之死為乾隆帝帶來的悲慟與無盡的緬懷。

乾隆十二年（1747）除夕，千家萬戶沉浸在辭舊迎新的歡樂之中，皇宮卻是一片死寂。出世不滿兩歲的皇七子永琮竟因出痘而亡，皇后因愛子再遭夭折，終至一病不起。皇帝破例賜永琮為「悼敏皇子」，命禮部從優辦理一切喪儀。此時距擬議中的東巡啟鑾日期不過一個月光景，皇帝深知皇后體質素弱，又以幼子夭折，悲慟不已，因此對她是否隨行東巡，一時頗難下決斷。而恰在此時，欽天監又奏陳：「客星見離宮，占屬中宮有眚。」

離宮即天上的離宮六星。乾隆十二三年之交，一顆忽明忽暗，時隱時現的所謂「客星」出現在離宮六星之中，是為天象異常，占星家們以為它預示着中宮皇后將有禍殃臨頭。乾隆帝對欽天監官員的説法十分警覺，然而在表面上卻以「皇后新喪愛子」加以解釋。而客星的的確確在十幾天後就完全消失了，皇后的病在御醫們悉心調理之下，也日見起

色。這樣，乾隆帝隨之將「客星見離宮」云云置諸腦後了。

同時，皇后十分虔誠地告訴乾隆帝，她在病中時時夢見碧霞元君在召喚她。她已經許下心願，病好後定親往泰山還願。皇帝知道碧霞元君是傳說中的泰山神女，宋真宗東封，曾命於泰山頂上建昭真祠，封她為天仙玉女碧霞元君。瞻禮碧霞祖庭已安排在東巡的日程上。所以乾隆帝答應了皇后的要求，同時還告訴她，自己也要親往碧霞宮拈香，為皇后祈福，祝皇后身體康健，早誕貴子。

乾隆十三年（1748）二月初四日，是欽天監遵旨擇定的出巡吉日良辰。乾隆帝一身征衣，端坐在輕輿中，隨後是兩駕鳳輿，載着皇太后和皇后，以九龍華蓋為先導，騎駕鹵簿依次前進，從京師啟鑾隨發。留京的王公百官則在料峭的寒風中彩服跪送。

二月二十二日，東巡的車駕駐蹕距曲阜兩日程的河源屯，適逢皇后三十七歲生辰，乾隆帝在御幄設宴，慶祝皇后千秋令節。二十四日駕臨曲阜，翌日皇帝前往孔廟行「釋奠禮」，第三天又恭謁先聖墓地——孔林，醑酒行禮。朝聖結束後，皇帝與皇后又要奉皇太后登泰山。一大早皇帝先去岱嶽廟致祭，隨即會同皇后奉迎皇太后鑾輿從岱宗坊出發登山。這一天，皇后的精神出奇的好，臉上泛出久已不見的紅暈。登臨泰山後，在碧霞宮，帝后二人久久盤桓，不忍離去。當晚乾隆帝住宿泰山之巔，並以《夜宿岱頂》為題，賦詩二首：

> 攀躋凌嶽頂，僕役亦已勞。
> 行宮恰數宇，舊築山之坳。
> 迥與天為鄰，瀚然雲作巢。
> 依欄俯岱松，憑窗盼齊郊。
> 於焉此休息，意外得所遭。
> 恭誦對月詩，徘徊惜清宵。

傍晚雲霧收，近宵星斗朗。

仙籟下笙竽，天花入帷幌。

神心相妙達，今古一俯仰。

始遇有宿緣，初地愜真賞。

清夢不可得，求仙果癡想。

從泰山前往濟南的途中，乾隆帝一直處於「攀躋凌嶽頂」的興奮心情。三月初三日一場新雪也引得他心情歡快，詩興盎然。然而，身體衰弱至極的皇后卻經不起伴隨這場春雪而來的寒流的襲擊，她真的一病不起了。乾隆帝聞訊，立即決定停止按程趕路，就近在濟南府駐蹕，以便皇后調養。

皇帝行宮在濟南名勝大明湖之北，庭宇寬敞，風景如畫。三月初四日皇后被安頓下來，初七日清明節，皇帝仍無回鑾之意，隨扈大臣和山東巡撫阿里袞只好奏請皇帝再次臨倖趵突泉。深識大體又心地善良的皇后不願因自己而貽誤皇帝的國家重務，更不忍心拖累歸心似箭的隨扈人眾，所以一再促請皇帝旋鑾北還。乾隆帝沉吟良久，才下令初八日奉皇太后回鑾。

從濟南到德州四天的行程顛簸，皇后的病勢還算平穩。三月十一日午時，皇太后、皇后先行登上停泊在運河邊上的御舟，隨後乾隆帝駕臨德州月城水次。當天日落之前，悲風驟起，夕陽慘淡。德州月城下運河岸邊跪滿了面色凝重的隨扈王公大臣以及山東、直隸兩省送駕、迎駕的大小官吏。皇后病勢突然轉劇的消息不脛而走，大小臣工聞訊齊集青雀舫旁，遙跪請安。戌末時分，皇后已經進入彌留之際，乾隆帝俯身緊握藍幄邊垂下的玉手，凝視着皇后蒼白、安詳、端莊的臉龐，悲痛莫名，但無能為力。亥刻，當新的一天即將來臨之時，皇后富察氏終於棄扈仙逝。

皇帝抑制着內心的悲痛，立即前往皇太后御舟奏聞，當皇太后趕到

時，皇三女和敬公主已撲倒在母親身上嚎哭不止。見此情景，皇太后與皇帝都不禁潸然淚下。皇后走得太突然了，皇帝無論如何也不能接受與自己恩愛二十二年的賢妻就這樣永遠天人永隔的事實，他深深地感受到一種從未經歷過的錐心之痛。

次日乾隆帝便在停泊於運河旁邊的青雀舫上寫下了痛悼大行皇后的輓詩：

> 恩情廿二載，內治十三年。
> 忽作春風夢，偏於旅岸邊。
> 聖慈深憶孝，宮壺盡欽賢。
> 忍誦關雎什，朱琴已斷弦。
> 夏日冬之夜，歸於縱有期。
> 半生成永訣，一見定何時？
> 祎服驚空設，蘭帷此尚垂。
> 回思想對坐，忍淚惜嬌兒。
> 愁喜惟予共，寒暄無刻忘。
> 絕倫軼巾幗，遺澤感嬪嬙。
> 一女悲何恃，雙男痛早亡。
> 不堪重憶舊，擲筆黯神傷！

寧靜愜意的人生旅途對於還未到不惑之年的乾隆帝來說，似乎已經走到了終點。在今後千千萬萬的夏日冬夜裏，他只能在夢幻中與皇后相見。乾隆帝為皇后富察氏舉行了隆重的喪儀。並向全國公佈了噩耗，諭示天下：

> 皇后同朕奉皇太后東巡，諸禮已畢，忽在濟南微感寒疾，將息數天，已覺漸愈，誠恐久駐勞眾，重癘聖母之念，勸朕回鑾；朕亦

以膚屑已痊,途次亦可將息,因命車駕還京。今至德州水程,忽遭變故。言念大行皇后乃皇考恩命作配朕躬,二十二年以來,誠敬皇考,孝奉聖母,事朕盡禮,待下極仁,此亦宮中府中所盡知者。今在舟行,值此事故,永失內佐,痛何忍言!昔古帝王尚有因巡方而殂落在外者,況皇后隨朕事聖母膝下,仙逝於此,亦所愉快。一應典禮,至京舉行。佈告天下,咸使聞知。

按照總理喪儀王大臣所議,乾隆帝輟朝九日,仍循以日易月之制,服縞二十七日;妃嬪、皇子、公主服白布孝服,皇子截髮辮,皇子福晉剪髮;親王以下,凡有頂戴的滿漢文武大臣一律百日後才准剃頭;停止嫁娶作樂二十七天;京中所有軍民,男去冠纓,女去耳環。而且各省文武官員從奉到諭旨之日為始,摘除冠上的紅纓,齊集公所,哭臨三日,百日內不准剃頭,持服穿孝的二十七天內,停止音樂嫁娶;一般軍民,則摘冠纓七日,在此期間,亦不嫁娶,不作樂。天下臣民一律為國母故世而服喪,就清朝而言,尚屬空前。

為了籌措孝賢皇后的葬禮,乾隆帝不惜耗費錢財,大興土木。乾隆帝是三月十七日奉大行皇后梓宮皇帝、皇后的棺材。因其用稀有的梓木(或楠木)製成,故名。回京的,三月二十五日即諭令恭辦喪禮處向戶部支領白銀三十萬兩,以備應用。同日,孝賢皇后的金棺從長春宮移至景山觀德殿。觀德殿在景山之北,是帝后梓宮出宮之後停放棺木之處。孝賢皇后死後,乾隆帝即下令挪蓋觀德殿。在金棺奉安觀德殿期間,挪蓋工程始終未停,直到乾隆十三年(1748)十月初七日移靈至靜安莊,工程仍未結束。進入隆冬之後,因天寒地凍,不便施工,只得暫行停止,直到十四年春融之後,才繼續施工完畢。

觀德殿挪蓋工程包括新建宮門、添蓋淨房、鋪墁甬道、海墁散水、添砌牆等項,共用工匠八千二百四十二人,各作壯夫九千五百九十三

人，通共銷算白銀九千六百餘兩。

靜安莊是帝后梓宮移出觀德殿之後、埋葬地宮以前停放棺木之所。靜安莊本來已有殿堂，因規模較小，乾隆帝下令擴建。共新建殿宇房間三百三十八間，消耗白銀九萬一千三百餘兩。十三年（1748）四月二十二日，乾隆帝曾親至靜安莊工地閱視，唯恐不合己意。

至於東陵勝水峪的地宮，是乾隆帝日後的陵寢所在。孝賢皇后死時，勝水峪地宮工程正緊張進行。十四年（1749）三月，乾隆帝以金川平定為由告祭東西陵；十五年（1750）巡幸嵩洛，恭謁東西陵；十七年（1752）二月恭謁東陵。每次乾隆帝都乘謁陵之便，親臨勝水峪閱視陵寢工程。

十七年（1752）十月二十二日，孝賢皇后奉安勝水峪地宮前五日，乾隆帝騎馬出東華門，車轎兼乘，再次恭謁東陵，參與孝賢皇后奉安地宮禮。十月二十五日晨，恭謁各陵之後，乾隆帝乘轎來到勝水峪，對「萬年吉地」工程的宏整堅固，非常滿意，當即諭令總理勝水峪工程的德爾敏補授工部右侍郎。十月二十七日，孝賢皇后奉安地宮。乾隆帝穿着素服，從隆福寺行宮出發，乘八人暖轎，來到了勝水峪，在孝賢皇后陵前最後奠酒舉哀，看着皇后金棺慢慢下入地宮。喪禮完畢，乾隆帝又立即下令設立「孝賢皇后陵寢總管衙門」。至此，孝賢皇后喪儀才落下了最後一幕。

除了這些隆重的禮儀之外，乾隆帝還寫下了很多篇悼亡詩，收入《清高宗御製詩集》者即不下百數十首，堪稱乾隆帝一生四萬餘首詩中最見真情的上乘之作。而在孝賢皇后喪滿百日時，飽蘸着哀痛寫成的《述悲賦》，更具有催人淚下的震撼力：

> 嗟予命之不辰兮，痛元嫡之連棄。致黯然以內傷兮，遂邈爾而長逝。撫諸子如一出兮，豈彼此之分視？值乖舛之迭遘兮，誰不增

夫怨懟？況顧予之傷悼兮，更恍恨而切意。尚強歡以相慰兮，每禁情而制淚。制淚兮淚滴襟，強歡兮歡匪心。聿當春而啟蹕，隨予駕以東臨。抱輕疾兮念眾勞，促歸程兮變故遭。登畫舫兮陳翟褕，由潞河兮還內朝。去內朝兮時未幾，致邂逅兮怨無已。切自尤兮不可追，論生平兮定於此。影與形兮難去一，居忽忽兮如有失。對嬪嬙兮想芳型，顧和敬兮憐弱質。望湘浦兮何先徂？求北海兮乏神術。循喪儀兮愴徒然，例展禽兮諡「孝賢」。思遺徽之莫盡兮，詎兩字之能宣？包四德而首出兮，謂庶幾其可傳。驚時序之代謝兮，屆十旬而迅如。睹新昌而增慟兮，陳舊物而憶初。亦有時而暫弭兮，旋觸緒而欷歔。信人生之如夢兮，了萬事之皆虛。嗚呼！悲莫悲兮生別離，失內佐兮孰予隨？入椒房兮闃寂，披鳳幃兮空垂。春風秋月兮盡於此已，夏日冬夜兮知復何時？

乾隆三十年，孝賢皇后已死去十七年，乾隆帝第四次南巡，路過濟南，繞城而行。作《四依皇祖南巡過濟南韻》，云：

> 濟南四度不入城，恐防一入百悲生。
> 春三月昔分偏劇，十七年過恨未平。

由此，三十年正月，乾隆帝對亡妻的緬懷之情也有所知矣。

天性至孝的皇帝

最令乾隆帝在心中與之引起共鳴的，是皇后非常孝敬乾隆帝生母崇慶皇太后。皇后生性仁孝，乾隆帝日理萬機，問安視膳難免有不周之處，皇后卻總能代皇帝盡到孝養之心。每逢年節伏臘，乾隆帝總把生母接到圓明園中的長春仙館。這本是雍正年間皇父賜給他居園時的住處，

乾隆帝即位後，這裏仍為皇后在圓明園時的宴息之所。每當婆母來時，婆媳倆融融洽洽，勝似一對親母女。皇太后好動，喜歡熱鬧，皇后總是變着法兒讓老太太高興，又不失分寸。有這樣一個既孝且賢的好妻子，乾隆帝深深感到家庭生活的和諧美滿。

每每乾隆帝緬懷賢妻，總要讚美她的孝德。《述悲賦》中有這樣幾句：「循喪儀兮徒愴然，例展禽兮諡『孝賢』。思遺徽之莫盡兮，詎兩字之能宣？包四德而首出兮，謂庶幾其可傳。」乾隆帝不顧賜諡皆由大學士酌擬合適字樣奏請欽定的慣例，而破例徑自降旨定大行皇后諡號為「孝賢」。其由來之一是，乾隆十年（1745）為去世的慧賢皇貴妃高佳氏定諡時，皇后曾對乾隆帝說：「我異日想以『孝賢』為諡，不知是否可以？」這是皇后在世時的心願，並不為外人所知。因此，皇帝親定「孝賢」為諡，在他看來，是夫婦相知最深。皇后對聖母皇太后最孝，對自己最賢，「孝賢」二字，最資徵信，絕非私恩偏愛，這是其他任何人無法替代的一種真情實感。

孝賢皇后去世次日的那首御製詩中亦有「聖慈深憶孝，宮壺盡欽賢」之句。在公佈皇后噩耗的諭旨中也有「誠敬皇考，孝奉聖母」之辭。在後來的懷舊詩中，這樣的內容也屢屢出現。

乾隆帝天性至孝的心態與其生母出身微卑不無關係。據傳，乾隆帝生母崇慶皇太后鈕祜祿氏，即孝聖憲皇后，娘家居承德城中，家貧而無奴婢。在她六七歲上，父母遣詣市賣漿酒粟面。所至，店肆生意輒大盛，市人因異焉。十三歲時入京師，正值中外姊妹當選入宮，隨往觀之。門者初以為在籍中，既而引見，十人為列，始被察覺之，主持之人因懼怕受到宮中的責備，而令其入末班入選。不想由於她容體端頎，竟在中選之列，被分派到皇四子胤禛的雍親王府。傳雍正帝年青時肅儉勤學，靡有聲色侍御之好，與娶來的福晉分房居住，進見有時。有一年的夏天，時為一般皇子的雍正帝染上了流行病，房內的妻

妾雖多，卻多不願意接近他，擔心被傳染。在府中等級很低下的鈕祜祿氏奉福晉之命，旦夕於雍正帝身邊服事惟謹，持續有五六旬之久。待到病人痊癒，便將其留在房內作為更為親近的妻妾。這樣生下了乾隆帝弘曆。如此傳說雖然很難找到過硬的史料加以印證，但皇太后出身寒微則是毋庸置疑的。

據考，乾隆帝的生母大概是康熙帝孝昭皇后與溫僖貴妃的遠房姪女，在其出世之際，這一支裔已屬式微，近族中沒有著名人物。乾隆帝的外祖父凌柱僅是四品典儀，是個名不見經傳的中下級官吏。鈕祜祿氏十三歲時被送進皇四子胤禛府內，胤禛當時是個貝勒，她成了貝勒府中一位平凡的格格。雍正帝從親王到皇帝，可以舉出姓氏的后妃共有九人，即烏拉納喇氏、鈕祜祿氏、年氏、耿氏、李氏、劉氏、武氏、宋氏、李氏。在乾隆帝出生之前，為雍正帝生兒育女的妻妾有：烏拉納喇氏於康熙三十六年（1697）三月二十六日生長子弘暉，死於康熙四十三年（1704）六月六日。側妃李氏於康熙三十六年六月初二日生弘盼，康熙三十八年（1699）二月二十九日死，未排行；康熙三十九年（1700）八月初七日生第二子弘昀，死於康熙四十九年（1710）十月二十五日；康熙四十三年（1704）二月十三日生第三子弘時。乾隆帝出生前，雍親王府裏曾有過四男三女，除去早逝的，尚有一子與一女，子即三子弘時，身為格格的鈕祜祿氏入府七年後於康熙五十年（1711）才生下了弘曆。

在封建宮廷內，妻以夫榮，母以子貴。因弘曆受寵，康熙帝見到這位以前從未謀面的兒媳時，竟連聲稱讚她是「有福之人」。隨着雍正帝、乾隆帝相繼登上帝位，這位原來卑微的貝勒府格格，地位也逐步上升。雍正帝即位，她被封為熹妃和熹貴妃。乾隆帝即位，她又被尊為皇太后，徽號崇慶皇太后。而在其被康熙帝稱為「有福之人」前，在雍親王府中忍氣吞聲、寄人籬下的歲月才真正冶煉了乾隆帝日後的孝心。

同時，由於雍正時期十分尖銳的皇室內部矛盾，乾隆帝提倡「以孝

治天下」，對於宗室中的長輩，撰擬冊立時不稱「爾某」以示「敬長之意」。對於孀居紫禁城內的康熙、雍正兩代皇帝的幾個妃子，因為她們和藩邸在外的子孫見面極少，則於歲時伏臘令節生辰准許各王貝勒迎養於各自府邸，以享天倫之樂。而對於生母鈕祜祿氏，乾隆帝更是孝敬備至。無論是在紫禁城內，還是在圓明園中，乾隆帝總是三天一問安，五天一侍膳，對皇太后可以說是禮敬有加。皇太后的誕辰每每大事慶賀，極盡奢侈鋪張之能事，比皇帝的誕辰還要盛大隆重。

據稗史載，乾隆十六年十一月二十五日（1752 年 1 月 11 日），為皇太后鈕祜祿氏六旬壽誕。時人云，京師西華門至西直門外之高樑橋，十餘里中張燈剪彩，鋪錦為屋，九華之燈，七寶之座，丹碧相映。每數十步，間一戲台，北調南腔，舞衫歌扇，後部未歇，前部又迎。遊者如置身瓊樓玉宇中聽霓裳曲、觀羽衣舞也。其景物之點綴，有以色絹為山嶽狀，以錫箔為波濤紋者。甚至一蟠桃大數間屋。此皆粗略，不足道。至如廣東所構之翡翠亭，廣二三丈，悉以孔雀尾作屋瓦，一亭不啻萬眼。湖北所制之黃鶴樓，重簷三層，牆壁皆用玻璃砌成，日光照之，輝煌奪目。浙江出湖鏡，則為廣榭，中以大圓鏡嵌諸藻井之上，四旁則小鏡數萬，鱗砌成牆。人入其中，一身可化千百億身，為當時所罕見。以一姓之慶典，而靡費至於如此，固無解於後世之譏。雖說是皇太后母儀天下，至尊至貴，但如此奢侈，已超出常理，似乎是在雍親王府地位微卑而形成的壓抑心態的一種反彈。

這在皇太后一份稱讚兒子孝道的遺誥中反映得更為顯著，其中稱：「木蘭秋獮前期，必奉予幸避暑山莊，以協夏清之禮；新正御園慶節，必奉予駐長春仙館，以愜宴賞之情。至凡遇萬壽大典，必躬自起舞，以申愛敬，每當宮廷侍宴，必親制詩畫，以博欣愉。」皇太后的高壽，一方面使皇帝得到了「八旬王母仍康步，六十六兒微白頭」的天倫之樂，另一方面也使乾隆帝將他的孝道推向了極致。

　　鈕祜祿氏身體健康，性情活潑好動，在她身上可以尋找出乾隆帝體魄強壯和性格活躍的遺傳基因。乾隆帝巡幸各地、遊玩娛樂，總是帶着母親，名義上是「奉皇太后安輿出巡」。這位老太太也樂此不疲，儘管年事已高，又路途遙遠，卻總是高高興興地出外旅遊。又由於皇太后恪守祖宗法制，從不干涉兒子的政務，使得皇權獨尊，因此也保證了母子之間長期的和睦關係。乾隆帝就在南巡前還作了一首御製《正月十一日延春閣恭奉皇太后觀燈即事》詩，云：「年年御苑賞花缸，茲近南巡啟蹕幢，節卜齋前迎鳳馭[1]，月先望夕麗天杠。蘭珍百品羅瓊幾，華燭千行照綺窗。高閣延春春信遞，騈供慈豫噇祺龐。」老太后的日子真是天天都像過節似的。

　　乾隆帝在以生母崇慶皇太后為至孝之生養死祭的對象的同時，提出以孝治天下，並以特別挑剔的目光來苛求一切人，以致很多人，包括自己的家人成了其孝道的犧牲品。

古稀天子的家庭悲劇

　　乾隆四十五年（1780）八月十三日，七十高壽的乾隆帝在承德避暑山莊的澹泊敬誠殿，接受扈從王、公、大臣、官員和蒙古王、公、貝勒、額駙、台吉，以及杜爾伯特汗瑪克蘇爾札布、土爾扈特汗策凌納木札勒、烏梁海散秩大臣伊素特、回部郡王霍集斯、金川木坪宣慰司、朝鮮使臣等的慶賀。江蘇學政彭元瑞因恭遇皇上七旬萬壽，恭製古稀天子之寶，撰進頌冊，乾隆帝十分歡喜，對其予以獎賚，並御製《古稀說》一文云：

1　自注：以明日始值祈穀大齋云。詩載《欽定日下舊聞考》卷一七。

　　余以今年登七秩，因用杜甫句，刻古稀天子之寶。……古人有言，頌不忘規。茲元瑞之九頌，徒見其頌，而未見其規，在元瑞為得半而失半，然使予觀其頌，洋洋自滿，遂以為誠若此，則不但失半，又且失全，予何肯如是夫？由斯不自滿，歉然若有所不足之意充之，以是為敬天之本，必益凜旦明，毋敢或渝也。以是為法祖之規，必思繼前烈，而慎聰聽也。以是勤民，庶無始終之變耳。以是典學為實學，以是奮武非黷武，以是籌邊非鑿空，以是製作非虛飾。若夫用人行政，旰食宵衣，孰不以是為慎修思永之樞機乎。如是而觀元瑞之九頌，方且益深予臨淵履薄之戒，則其頌也，即規也。

　　更惓思之，三代以上弗論矣，三代以下，為天子而壽登古稀者，才得六人，已見之近作矣。至夫得國之正，擴土之廣，臣服之普，民庶之安，雖非大當，可謂小康。且前代所以亡國者，曰強藩，曰外患，曰權臣，曰外戚，曰女謁，曰宦寺，曰奸臣，曰佞幸，今皆無一仿佛者。即所謂得古稀之六帝，元、明二祖，為創業之君，禮樂政刑有未遑焉。其餘四帝，予所不足為法，而其時其政，亦豈有若今日哉，是誠古稀而已矣。夫值此古稀者，非上天所賜乎。天賜古稀於予，而予設弗以敬承之，弗勵慎終如始之志，以竭力敬天法祖，勤政愛民，古云適百里者半九十，栗栗危懼，誠恐耄荒而有所隕越，將孤天恩，予又何敢如是。然則元瑞九頌，有裨於予者大焉，故為之說如右……

當乾隆帝以年登古稀的千古英君明主自詡時，乾隆三十八年（1773）已完成的祕密立儲，或許也能讓他暗暗慶幸。然而，回顧家庭，能與他在古稀之年，可親親父子之情的皇子已經寥寥無幾。這時，十七位皇子中已有十二人逝去，其中未能成人而夭折的就有七人。僅剩的五位皇子中，皇六子永瑢，於乾隆二十四年十二月出繼給慎郡王允禧作養孫。

皇八子永璇剛愎自用，不為乾隆帝所喜。皇十一子永瑆，天性隱忮，好以權術馭人，又不講信義，守財如命，顯然難承繼大統；而乾隆帝深愛其才，常幸其府第，他算是能得暮年父愛的皇子之一。再就是三十八年（1773）被選中承繼皇位的皇十五子永琰，與不務正業的公子哥兒──永璘。乾隆對永璘「深惡之」。五十五年（1789），乾隆帝封永琰為嘉親王，而卻將其同母弟永璘「降封」貝勒。如此看來，能在乾隆古稀之年撫慰其心的只有皇十五子永琰了。另外，乾隆帝還曾有過十位皇女，然而，其中五人死於未成年，到了乾隆帝古稀之年，也只剩下皇三女固倫和敬公主與皇十女固倫和孝公主了。固倫和敬公主為孝賢皇后所出，於十二年（1747）下嫁給科爾沁蒙古王公色布騰巴勒珠爾，卻仍留住京師，她也死在皇父的前面。固倫和孝公主為乾隆帝六十五歲時所得，在乾隆帝七十歲這一年五月指配給當時的軍機大臣、戶部尚書和珅之子豐紳殷德，她是乾隆帝晚年的掌上明珠。

在乾隆帝古稀之年，他名義上的四十一位妻室中，皇后與皇貴妃一級的七人已無一人在世，貴妃級的六人中有幸在世四人，妃級的尚有四人。其下的嬪、貴人、常在二十一人中，仍在世的有嬪二人、貴人七人，但無論她們是活着，還是已經亡故，都不曾為皇上誕下一男半女。即便不以級別而論，此間去世的妻妾已有二十五人之多，如果加上去世的皇子十二人，皇女八人，竟有四十五人之多。即在有乾隆紀年以後至四十五年（1780），平均一年就有一位親人去世。

在乾隆家族的這些亡靈中，起碼有兩個戰栗的孤魂是死於他們父親嚴酷的孝道。乾隆十三年（1748），孝賢皇后薨逝，乾隆帝陷入極度悲痛之中。皇長子永璜，年輕不懂事，因為死去的不是自己的生母，而沒有表現得十分哀痛。這使乾隆帝難以容忍，以至聲色俱厲，對永璜嚴加訓斥，說：「今遇此大事，大阿哥竟茫然無措，於孝道禮儀，未克盡處甚多。」對永璜的痛加訓飭猶不能使乾隆帝平靜，又以皇子的一切過

失，「皆師傅、諳達[1]平時並未盡心教導之所致」為由，對永璜的師傅、諳達實行處罰。其中和親王弘晝、大學士來保、侍郎鄂容安各罰俸三年，其他師傅、諳達各罰俸一年。至此，事情還沒有結束，乾隆帝對永璜在皇后去世後的表現始終耿耿於懷，不能消釋。孝賢皇后之喪剛滿百日，乾隆帝又舊事重提，將永璜的罪名升級，將「不孝」之罪名加到了永璜頭上，並「顯然開示」。他說，對永璜的不孝之罪，「如不顯然開示，以彼愚昧之見，必謂母后崩逝，弟兄之內，惟我居長，日後除我之外，誰克肩承重器？遂妄生覬覦。或伊之師傅、諳達、哈哈珠色（皇子隨從小廝）、太監等，亦謂伊有可望，因起僭越之意，均未可定」。乾隆帝就以這樣的方式第一次公開地將皇長子永璜排除在皇位繼承權之外。

和永璜同時被排斥的還有皇三子永璋。永璋為純妃蘇佳氏所生，乾隆帝曾一度對他產生過好感，曾寄予希望。但在皇后去世時，十四歲的永璋的表現，同樣不能令乾隆帝滿意。他指責永璋「全無知識，此次皇后之事，伊於人子之道毫不能盡」。不孝的罪名也加到了永璋的頭上，就這樣也毫不猶豫地將永璋排斥在皇位繼承人之外。他斷然宣佈：「此二人斷不可承續大統……伊等如此不孝，朕以父子之情，不忍殺伊等，伊等當知保全之恩，安分度日……倘仍不知追悔，尚有非分妄想，則是自干重戾矣！」就這樣，兩個皇子成了乾隆帝所謂孝道的犧牲品。永璜受此嚴重斥責後，抑鬱寡歡，終至染疾在身。一年以後，即於乾隆十五年（1750）三月十五日命歸黃泉，年僅二十三歲。永璋也在惶懼的心態中，於二十五年（1760）死去，年僅二十六歲。

---

1 諳達：或作安達、俺答，滿語，漢譯為友伴。按照清朝的家法，皇子、皇孫六歲起即在上書房讀書。教滿、蒙文者謂之「內諳達」，教兵馬者謂之「外諳達」。每一皇子，各有三員諳達，輪日一人入值。此外有諳達五員，管理馬匹鞍轡，及教習鳥槍弄事，如皇子有事他往，則五員皆隨行。

　　其實，乾隆帝名義上也有兩位母親，一位是雍正帝的皇后烏拉納喇氏，內大臣費揚古之女。她於康熙三十六年（1697）生過一個兒子，名弘暉，是乾隆帝的嫡長兄，長他十四歲。如果這個孩子一直健在，以皇后嫡長子之尊，必是帝位的有力競爭者，也許輪不到乾隆帝做繼承人。但是弘暉在七歲時病死了。在他這位嫡母壽誕之際，身為皇子的乾隆帝對她敬重有加，曾寫過一首祝壽詩，云：

> 蓬萊曉日照金扉，糾縵雲成五色輝。
> 觸捧六宮趨彩仗，嵩呼四海仰慈闈。
> 瓊筵恭進仙人膳，文錦歡呈玉女衣。
> 叨沐恩勤逢令節，年年拜舞慶春暉。

　　這首詩不過描寫了宮廷慶典的盛況，多為頌揚鋪陳的套話，看不出他對嫡母有多深的情感。雍正九年（1731），乾隆的這位嫡母病逝。其時，乾隆二十歲，與後來的大阿哥永璜幾乎是同一年齡。雍正帝和這位皇后的感情似乎亦屬平常。皇后死時，雍正帝得病，剛剛康復，沒有親臨含斂，並以《明會典》載皇后喪儀無親臨祭奠之禮為由，未親臨祭奠，而是由乾隆帝和弟弟弘晝代替父親，行祭奠之禮。由於在世皇帝對逝世皇后的態度不同，而使孝道有着截然不同的兩種標準。親歷這兩場喪儀的乾隆帝，當然懂得親生母親與非親生母親在子女心中的地位。

　　也許正因為如此，乾隆帝對皇長子永璜的死，深感悲痛，他親自臨奠，並下諭追封永璜為親王：

> 皇長子誕自青宮[1]，齒序居長，且年逾弱冠，誕毓皇孫，今遘疾薨逝，朕心深為悲悼，宜備成人之禮，着追封親王，一切喪儀，該

1　青宮：或作東宮。皇太子的宮府，亦可用以代稱皇太子。東方色為青，故名。

部詳察典禮具奏。至彌留之際，遷移外所，以便殯殮，雖屬內廷向例，但當沉綿疾亟，令其遠遷，朕心實有所不忍，況圍亭不同大內，着即於皇子所居別室治喪。其親王爵即令皇長孫綿德承襲。朕今年屢遭哀悼之事，於至情實不能已。

據清史學者周遠廉研究，此諭有三點比較突出：一是立即追封永璜為親王。在乾隆帝的十七個皇子中，有五位皇子早死無封，兩位皇子出繼，兩位死後立即分別被追封太子、郡王，兩位早卒以後很久才分別被追封親王、貝勒。一位封郡王，一位封貝勒，三位封親王。連孝賢皇后親生的第二位嫡子，即乾隆帝想預立為太子的皇七子永琮，卒後也未立予追封，到了乾隆五十二年（1787）以後才被追封為親王，而永璜卻立即被追封，可見此舉之特殊。二是破例留居治喪。按照宮廷慣例，病人彌留之際須遷至外面，此次永璜卻突破舊制，留居別室治喪。三為其子綿德襲封親王。按清制，除開國軍功諸王和雍正帝胤禛特許的怡親王係世襲罔替外，其他恩封王公皆須按等降襲，原為親王者，其子降襲為郡王，原為郡王者，其子降襲為貝勒。乾隆帝之皇四子永珹出繼履親王允祹時降襲郡王，皇六子永瑢出繼慎郡王允禧時降襲貝勒，而永璜之子綿德，亦即帝之皇長孫，雖係一幼童，卻不降襲，立即襲封親王。這三個與眾不同之處表明，乾隆帝對永璜之死是非常悲痛的，因而破例優遇。[1]在如此悲痛的背後，似乎隱藏着對皇長子的訓飭過分嚴厲而致其早故的悔憾之意。

由此，亦可以說明，乾隆帝的孝道是將儒家禮法置於親情之上，由於它被視為絕對的準繩，因此是十分苛刻，甚至是殘酷的，最終釀成了如此的家庭悲劇。而就對永璜、永璋的過激處分而言，應是乾隆帝心境極度糟糕之下的失常之舉，其本源仍然是將孝道絕對化。因此而遭殃的

1　參閱周遠廉《乾隆皇帝大傳》，第747—748頁。

又何止是乾隆帝一個家庭。在這場風波中，乾隆帝抓住皇后喪葬中細微末節的問題，大興問罪之師，在平靜的宦海中掀起了重重波瀾。在孝賢皇后死後的半年中，有一百多名大臣或被革職，或被降級，或被罰俸，甚至被處死。有多少家庭上演生離死別的悲劇啊！

前文已經交代，在這不幸的一年中，有個別的人則是例外。傅恆是個幸運兒，他是孝賢皇后的弟弟，這是他受寵的必備條件之一。另一位則是烏拉納喇氏，她在此後不久取代了孝賢皇后的位置。

烏拉納喇皇后

夜深了，宮中靜寂無聲，烏拉納喇皇后輾轉反側未能入睡。想着從祖上傳下來的老話兒，還有這一天坤寧宮夕祭時的那些幻覺，想着想着，也不知道是什麼時辰了，那祈佑的神靈顯現在她的眼前。那是長白山天池旁的一棵大柳樹，一棵最高最粗壯的柳樹，幾十個人才能將它圍抱起來。這棵大柳樹就是佛多媽媽。過了一會兒，佛多媽媽顯了原形，她的腦袋長得像片柳葉，兩頭尖尖，中間寬，綠色的臉上，長着兩隻如同金魚般的眼睛。尤其醒目的是她那兩個巨大的乳房，有着多少孩子也吃不盡的乳漿，白色的乳漿像泉湧一樣。她生育了眾多的兒女，一切生靈都出產於那形似柳葉的女陰……突然，巨大的乳房枯癟了，一滴乳汁也流不出來，柳葉枯萎了，捲縮抽巴成一團，由綠色變成鐵黑，又變成灰白……一切都好像死了一樣。

烏拉納喇皇后似睡非睡，她只覺得被子裏一片黏汗，渾身如同浸泡在水中一樣，終於大叫起來。這是一聲劃破夜空的淒鳴，似乎沒有可與之對話的人語。這時，門外傳來一聲「皇后娘娘聖安」，這是值夜太監的探問。皇后沒有應答。一切都恢復了寂靜，死一般的寂靜。

幾天來，太監和宮女格外警覺，皇后總是在夜裏時不時地這麼鬧

騰。其實，這時皇后正處天癸竭之際。《黃帝內經·素問》中有這樣的說法，女子以七年為一個發育階段，到了七歲左右，腎臟的精氣開始旺盛，表現為更換牙齒。頭髮逐漸茂盛。到了十四左右，對生殖機能有促進作用的物質——「天癸」，成熟並發揮作用，使任脈通暢，沖脈氣血旺盛。任脈和沖脈都起源於腎臟之下，而聯結到子宮。這兩條經脈的通暢和旺盛，表現為月經按時來潮，因而有了生育能力。到了二十一歲左右，腎氣充滿，表現為長出智齒，所有牙齒長全了，身量也長得夠高了。到了二十八歲左右，筋骨堅強有力，肌肉豐滿，頭髮旺盛到了頂點，全身也達到了最健全盛壯的時期。到了三十五歲左右，經過顏面部的陽明經脈氣血開始衰減，因而面容開始憔悴，頭髮也開始脫落。到四十二歲左右，經過頭面部的三條陽經氣血都衰減了，表現為面容枯樵，並且開始長出白髮。到了四十九歲左右，任脈空虛，沖脈的氣血衰減，天癸竭盡，所以月經停止，因而身體顯出衰老，並且喪失了生育能力。

皇后這時已是年臨四十九，正處於此當兒。就在這人將老、色近衰之際，人的心緒又是特別的煩絮。已入衰勢的生理狀況得不到心理的撫慰，轉而加速了生理機能的衰竭，而惡劣的心情又如何能引得皇上的歡心呢？

宮廷裏有個傳統的規矩，在臘月三十與正月初一、初二這三個晚上，皇后有特權，必須陪伴皇帝就寢。過了這三天，皇帝方可召幸其他的妃子。這曾經是烏拉納喇皇后的一張王牌，然而在今年——乾隆三十年，皇后與乾隆帝的同房遭受到前所未有的失敗。

皇后必定是母儀天下的人物，絕對是一副至尊之相。她天庭開闊，眉清目秀，眼大而含光，微微突起的眼袋呈青灰色，卻並不感到多餘，反平添了幾份貴相。頭髮黃軟，雙耳緊貼在頭頸部，以相面術而言，定是在人前人後口碑不錯的顯貴之人，無怪冊立她為皇后的詔書上稱頌她「孝謹性成，溫恭夙著」。其鼻若懸膽而鼻翼狹小，牙齒整潔而不善言表，身態秀美而略帶嬌姿，一看便知皇后是個性情內向的女人。

　　三天裏，皇上冷淡的態度，使皇后的情緒越發焦躁，卻又要強壓怒火，索性背對着背，苦熬漫漫長夜，結果是不歡而散。

　　說起來，皇后是很了解乾隆帝對女色的態度的。乾隆帝在少壯之年，就曾諭示天下：「朕自幼讀書，深知清心寡欲之義。即位以來，三年以內，素服齋居，此左右近侍及在廷諸臣所共知者。上年釋服以後，雖身居圓明園，偶事遊觀，以節勞勘，而兢兢業業，總攬萬幾，朝乾夕惕，惟恐庶政之或曠，此心未曾一刻放逸。每見廷臣動色相儆，至不邇聲色之戒，尤未嘗一日去諸懷也。」這份乾隆三年五月十二日的「不邇聲色」的聲明，歷來罕有人相信，加上野史小說家們在這位「風流天子」身上不惜筆墨，推波助瀾，使乾隆帝早有好色之名。然而烏拉納喇皇后卻曾信乾隆帝其言為真。

　　烏拉納喇氏是佐領那爾布的女兒，在雍正朝時，便做了時為皇四子弘曆的側福晉，進宮時至多十六歲。這樣一個毛丫頭，很可能最初不易吸引年輕的皇子。乾隆二年十二月初四（1738年1月23日）冊封皇后的同一天亦被封為嫻妃，冊文上稱她「持躬淑慎，賦性安和，早著令儀」。其地位在皇后富察氏、貴妃高佳氏以下，而在同日被封的純妃蘇佳氏、嘉嬪金佳氏等以上。乾隆十三年（1748）皇后謝世，此前慧賢皇貴妃（即高佳氏）亦已亡故，中宮不宜久虛，於是在十四年（1749）四月，晉封烏拉納喇氏為皇貴妃，攝六宮事。然而在冊封皇貴妃的儀制上，皇帝故意降低規格，不准公主、王妃、命婦等前往皇貴妃宮行慶賀禮。理由十分牽強，說是如果初封即係貴妃者，公主等自應前往祝賀，而納喇氏初封嫻妃，由妃晉皇貴妃，「儀節較當酌減」。但真相卻是，乾隆帝在感情上不能接受納喇氏入住坤寧宮代行皇后之職的事實，因此是勉遵皇太后懿旨，循資而進罷了。

　　乾隆十五年（1750）是孝賢皇后去世的第三個年頭，這一年八月十三日又逢皇帝四十大壽。在崇慶皇太后一再催促之下，皇帝只得勉

尊懿旨，冊立烏拉納喇氏為皇后。由於這次立后，是乾隆帝為了恪守孝道，而放棄了不想讓任何一位妃嬪取代孝賢皇后位置的初衷，並未在感情上接受這位皇后，因此頗有些像民間的先上花轎後談愛的故事。在寫着新后「承歡蘭殿，表範椒塗，勤孝治於朕躬，覃仁風於海宇」的祝詞後面，皇上卻在八月的晚風中，賦詩緬懷孝賢皇后：

> 淨斂湘雲碧宇寬，宜暘嘉興物皆歡。
>
> 中宮初正名偕位，萬壽齊朝衣與冠。
>
> 有憶那忘桃花節，無言閒倚桂風寒。
>
> 晚來家慶乾清宴，覯眼三年此重看。

看來乾隆帝在四旬萬壽大典之上不過是強作歡顏，而愈是矯情，愈是深深地思念三年前逝去的愛妻——孝賢皇后。

烏拉納喇皇后新立，卻默默地陪伴着終日沉浸於昔日柔情中的皇帝，其間受到的冷遇，恐怕只有她自己才能説得清楚。待到乾隆帝一朝有感「豈必新琴終不及，究輸舊劍久相投」時，才有了與繼后重建美滿婚姻的念頭。乾隆十七年（1752）四月，皇后烏拉納喇氏為皇上生了她的頭胎孩子——皇十二子永璂，為此她幾乎等待了二十年，當時已是三十五歲了；接着皇后烏拉納喇氏又在十八年（1753）六月生下了皇五女，在二十年十二月生下了皇十三子永璟。

然而，由於乾隆帝對孝賢皇后的摯愛過深，與烏拉納喇氏的這段美好光陰大約只持續了五六年，隨之帝后的關係似乎就冷淡下來。

在乾隆帝五旬壽辰以後，一種傾向悄悄地浮現在他的身上。説得更透徹些，當老景將至而未至的時候，性的衝動似乎突然變得急迫起來。即使青年時代因嚴格的宗教與道德訓練而守身如玉的人，到了這個年齡，也會突然變節，好像是潛意識裏覺得以前吃了虧，到此時福近嶒嶒，不得不力圖挽救似的。這種傾向越來越變得不知顧忌，不識廉恥，

老年男性的年齡越是遞加，被侵犯的女子年齡便越是遞減。這在乾隆帝的身上也有着明顯的跡象。

雍正五年（1727），乾隆帝與富察氏結婚時，夫妻之間的年齡差距只是一歲；烏拉納喇氏與乾隆帝也只差七歲，蘇佳氏與乾隆帝只有兩歲的差距。而在乾隆十年（1745）入宮的魏佳氏則比乾隆帝小十六歲，乾隆二十三年（1758）入宮的博爾濟吉特氏比乾隆小十六歲，乾隆二十五年（1760）入宮的和卓氏比乾隆帝小二十三歲，乾隆二十八年（1763）入宮的汪氏比乾隆帝小三十六歲，乾隆三十一年（1766）入宮的鈕祜祿氏比乾隆帝小三十八歲，還有更多的生辰年代不詳的妃嬪無法進行統計。因此在這一段時間裏，乾隆帝疏遠皇后也是意想之中的事。

十多年間，皇帝與皇后也如尋常百姓家過日子一樣，你過你的，我過我的，年紀也都老大不小了，宮廷之中從表面上看也無甚異常。皇后作為六宮之首，對於皇上與年輕妃嬪同房也絕無妒恨的道理。如果就這麼着將就下去，或許還會有人因之編造出什麼帝后恩愛的故事來。然而，不幸的事件終於發生了。

這在事先幾乎沒有被任何人察覺，乾隆二十九年（1764）十一月二十一日，內務府《來文簿》載有禮部為皇后內廷主位恭詣皇太后前行賀禮。乾隆三十年（1765）正月十六日，乾隆帝奉皇太后自京啟鑾，舉行第四次南巡，烏拉納喇皇后以及令貴妃、慶妃、容嬪等隨行。

閏二月初七日，皇帝一行駐蹕杭州府行宮。越二日，改駐聖因寺行宮，宮闈中仍一派承歡洽慶景象。據宮中皇后賞膳底簿的記載，十八日於名勝「蕉石鳴琴」處進早膳時，皇帝還賞有烏拉納喇皇后的膳品，到十九日早膳時，則只有令貴妃、慶妃和容嬪了。由此可知帝后衝突爆發應在閏二月十八日。據行宮中流傳出來的消息説，皇后對皇帝有所冒犯，然後怒氣沖沖地到皇太后前哭訴，懇求在杭州出家為尼，並抽出利剪，將萬縷青絲齊根剪去。猝然自行剪髮乃觸犯了滿人習俗之大忌，隨

即皇帝命將「突發瘋疾」的烏拉納喇皇后由額駙福隆安等嚴加監護,先期遣送回京。

第二年七月十四日,被幽禁於冷宮的烏拉納喇氏辭別人世。烏拉納喇氏臨終前的日子實在太淒慘了。乾隆三十一年(1766)五月,皇帝命將其歷次受封的冊寶悉數收繳,其中包括皇后一份、皇貴妃一份、嫻貴妃一份、嫻妃一份,這意味着烏拉納喇氏不僅失去了皇后的位號,而且被永遠地、徹底地從皇帝諸后妃中摒棄了。七月初,這位可憐的女人已奄奄一息,手下供使喚的宮女僅剩兩名。但乾隆帝對她已無絲毫惻隱之心,仍於七月初八日從圓明園啟鑾,奉皇太后前往熱河秋獮木蘭。六天後,烏拉納喇皇后含恨而死。乾隆帝接到留京辦事王大臣的訃告,恰逢中元節、剛剛抵達避暑山莊之時。他立即向天下臣民宣佈皇后奄逝,並首次披露了前一年春天帝后失和的情況:「據留京辦事處王大臣奏,皇后於本月十四日未時薨逝。皇后自冊立以來,尚無失德。去年春,朕恭奉皇太后巡幸江浙,正承歡洽慶之時,皇后性忽改常,於皇太后前不能恪盡孝道。比至杭州,則舉動尤乖正理,跡類瘋迷,因令先程回京,在京調攝。經今一載餘,病勢日劇,遂爾奄逝。此實皇后福分淺薄,不能仰承聖母慈眷、長受朕恩禮所致。」並且諭旨:「(皇后)所有喪儀,止可照皇貴妃例行,交內務府大臣承辦。」烏拉納喇氏被安葬到了裕陵妃園寢,而未能像孝賢皇后一樣被葬入勝水峪地宮。

兩百多年來,對於這次帝后失和,皇后在南巡途中竟憤不欲生而自行剪髮,人們持有很高的興趣,成為乾隆時期帝后生活的一個關注焦點。有意思的是,由於各種官修史書對此避而不談,一些現代歷史學者竟依野史筆記的說法,認為乾隆皇帝中年以後,因為武功顯赫、天下太平而耽於聲色,並不時有冶遊之舉。烏拉納喇皇后多次進諫不從,遂有憤而剪髮之事,遭到乾隆帝的遺棄。另有一種猜測認為,乾隆三十一年(1766)十一月十六日新封了明常在,即乾隆三十年南巡中豔遇的傾城

美女「揚州姑娘陳氏」，皇上欲在江南立一妃子，皇后不依，將髮剪去。

這些説法無疑將乾隆帝置於十分尷尬的境地。從大量的宮廷檔案資料與御製詩文來看，乾隆帝一生鍾情於孝賢皇后是無可置疑的，而烏拉納喇氏並非皇上的意中人，遵從皇太后的懿旨立烏拉納喇氏為后，似是乾隆帝為盡「天家孝德」的一種表示。再者，乾隆十三年（1748）前後，皇室遭受巨大創傷，繼嗣大業尚未確定。「不孝有三，無後為大。」立嫡子為儲君的意識，在乾隆帝心中並未泯滅。然而，烏拉納喇氏所出皇十三子永璟與皇五女都在三歲上夭折，皇十二子永璂又不為乾隆帝所喜，幾乎很少提及，這樣烏拉納喇皇后又未能「母以子貴」。乾隆二十年（1755）以後，皇帝經常臨倖入宮較晚的年輕的令妃，即後來誕育嘉慶皇帝、被追贈為孝儀皇后的魏佳氏。在大約十年之間，她為皇帝一連生了四男二女。皇十五子永琰由於長相非常像父皇，「天表奇偉，隆準豐頤，舉止凝重」，而且「性尤純孝」，因此深得乾隆帝的歡心。這使烏拉納喇皇后在得不到夫愛的情況下，又添恐失母儀天下之位的憂懼，感到前途暗淡，無人相助。

從另外一個方面來看，這時的乾隆帝也將步入老年，他一生共得十七子、十女，在乾隆三十年前有了十六子、九女，乾隆三十年之後僅有一子一女，這不能不説是性功能衰退的一種反映；相對地，他的妃嬪越娶越年輕，年輕的妃嬪卻無生育，這是明顯的「房中術」現象。即便是健康的老人，其性要求也會變得越來越容易滿足，在這樣的情況下要求皇帝對繼后持有「一江春水」的感情是不切實際的。而乾隆帝性情高雅，與風塵女子廝混的野史筆記就更不足信了。

從皇后的一方來看，長期的性壓抑是帝后結怨的重要原因。烏拉納喇皇后具有母儀天下的地位，卻得不到皇帝感情上的認可，更談不上什麼愛撫。同時又不能出宮，以皇后居處，還不如一般官妾之無拘束。加之到了天癸竭的歲數，用現代醫學的眼光看，由於絕經，很可能引起精

神萎靡與情緒波動的症狀。再加上皇后個人性情上的原因,這種性情或許幾置皇上難堪,並終於迎來一次總爆發。蓋乾隆帝所說「皇后性忽改常」,「跡類瘋迷」,也非無稽之談。

人們對這一疑案關注的第二個焦點是對廢后的處分問題。烏拉納喇皇后亡故的訃告發表之後,奉旨按皇貴妃例辦理喪儀的內務府總管大臣們卻毫無動靜。御史李玉鳴終於沉不住氣了,依據《大清會典》,上褶參劾內務府未能遵旨治喪。七月二十四日,乾隆帝在避暑山莊覽褶大怒。當即命鎖逮李玉鳴,並宣諭將其發配伊犁。

乾隆四十三年(1778)九月,皇帝東巡謁祖回鑾至錦縣地方,有一個叫金從善的秀才遮道進遞呈詞,第二條即請皇帝為烏拉納喇皇后一事下詔罪己。為此,乾隆帝降旨予以批駁,曰:

> 至所稱立后一事,更屬妄誕。乾隆十三年孝賢皇后崩逝時,因那拉(納喇)氏本係朕青宮時皇考所賜之側室福晉,位次相當,遂奏聞聖母皇太后,冊為皇貴妃,攝六宮事。又越三年,乃冊立為后。其後自獲過愆,朕仍優容如故。乃至自行剪髮,則國俗所最忌者,而彼竟悍然不顧,然朕猶曲予包含,不行廢斥。後因病薨逝,只令減其儀文,並未降明旨削其位號。朕處此事,實為仁至義盡。且其立也,循序而進,並非以愛選色升;其後自蹈非理,更非因色衰愛弛。況自此不復繼立皇后,朕心事光明正大如此,洵可上對天祖,下對臣民,天下後世,又何從訾議乎?該逆犯(指金從善)乃欲朕下罪己之詔,朕有何罪而下詔自責乎?

乾隆帝與烏拉納喇皇后不諧,本係夫妻二人的私事,而鬧到廢后的地步,人們就要出來說話了。時人認定此事牽扯國體禮制,已超越二人感情的範圍,因此有人不顧死活上疏要求皇帝認錯,妄議乾隆帝的感情世界,當然為皇帝所不容。迨三十四年後乾隆帝崩逝,嘉慶帝親政

伊始，即下詔將烏拉納喇氏重新按皇后喪儀安葬，或亦出於禮制的考慮。而今人又嫌乾隆帝對剪髮皇后的所作所為太絕情，其實也有強人所難之嫌。

從乾隆帝的角度來看，皇后因私怨而當眾剪發，是「國俗所最忌」，為禮法所不容。對皇帝個人來講，此舉更甚於背叛，無疑置皇帝於難堪之境而不顧，為私情所難容，已到了非親必仇的地步。因此，乾隆帝自己認為處理此事，「實為仁至義盡」。

烏拉納喇皇后死後埋葬於純惠皇貴妃園寢（位於裕陵妃園寢）。實際上，她的喪禮辦得冷冷清清，規格遠比皇貴妃喪禮還低。她沒有自己的墓穴和寶頂，棺槨被硬塞進純惠皇貴妃地宮裏，放在純惠皇貴妃金棺東側的從屬位置。園寢大殿上既不供奉她的神牌，每年的清明、中元、發暮、冬至和忌辰也乏人奠祭。烏拉納喇氏從此沒沒無聞，再也無人提起，仿佛這座園寢內根本沒葬進這位皇后一樣。

這場家庭風波對乾隆帝的刺激不可謂不大，為此他諭旨不再冊立皇后。

乾隆三十年五月初九日，內閣奉上諭，「奉皇太后懿旨，『令貴妃敬慎柔嘉，溫恭端淑。自應冊禮，內治克襄，應晉冊為皇貴妃，以昭壼[1]範。欽此。』所有應行典禮，各該衙門照例舉行。欽此。」魏佳氏以皇貴妃攝六宮事。經歷了乾隆三十年的這場宮內風暴，大內之中無不震駭，人人精神不振。據宮內《人參底簿》記，乾隆三十年十二月二十二日起，至三十一年正月二十一日止，皇貴妃魏佳氏飲人參湯用過人參三兩一錢，嚼化用過人參三兩一錢，湯藥內用過人參八錢。今人陳可冀主編的《清宮醫案研究》驚歎：「在三十一天中，用人參竟達七兩，每日

---

1 《爾雅・釋宮》：「宮中弄謂之壼。」引申為內宮的代稱。

二錢有餘，亦屬峻補矣！」與魏佳氏同用人參的還有穎妃巴林氏，從乾隆三十年十二月起到三十一年正月二十一日，噙化用過人參三兩一錢。後宮在此間復用這樣多的人參，可見是體虛神衰所致。

乾隆三十一年（1766）五月十一日，年近四十歲的魏佳氏為乾隆帝生下了皇十七子永璘，復用人參時應在孕期。

乾隆六十年（1795）九月三日，即在頒來年新曆之前，將預立儲君的祕密公開。當天乾隆帝御勤政殿，召集王公百官，啟密緘，冊立魏佳氏所出永琰為皇太子。當天的諭令曰：

> 將癸巳年（乾隆三十八年）所定密緘嗣位皇子之名，公同閱看，立皇十五子嘉親王顒琰為皇太子，用昭付託。定制，孟冬朔頒發時憲書，其以明年丙辰為嗣皇帝嘉慶元年。俟朕長至（冬至）齋戒後，皇太子即移居毓慶宮，以定儲位，皇太子生母令懿皇貴妃著贈為孝儀皇后，升祔奉先殿，列於孝賢皇后之次，其應行典禮，該衙門查照定例具奏。皇太子名上一字，改書「顒」字，其餘兄弟及近支宗室一輩，以及內外章疏，皆書本字之「永」，不宜更改。其皇子、王公、臣下之名，清書缺寫一點，以示音同字異，而便臨文……

此時，嘉慶帝之母魏佳氏已辭世二十年。

代權臣和珅

這一年，他十七歲，這位年輕人的身影遊蕩在帝國的某一角落。他的出現預示着帝國的衰落，使以英察自詡的一代明君乾隆皇帝陷入思維混亂。他的發跡是乾隆朝，乃至大清天朝盛極而衰的轉折點。

乾隆三十年的一份鑾儀衛的文件記錄了鑾儀衛儀仗堂上辦事處為帝后妃出巡江南、江寧各地應用轎乘、盥洗盆、支領宮尉路費、錢銀等事

給內務府等的堂稿，《鑾儀衞正堂範》（奈字弟拾號）寫道：

> 堂子辦事處呈為補領路費事。照得此次皇上南巡，本衞派往請皇太后轎乘並請皇后轎乘校尉一百拾六名，每名發給路費銀一錢三分。內除校尉談四兒在途病故，其在京領過六十日路費銀兩，應照例免其追繳，又校尉札拉芬、金丙、蔡三格三名先行奉差回京，其應補路費銀兩業經支領外，所有請皇太后轎乘校尉二十名，俱於正月十六日起程，至四月二十五日回京，計一百二十九日，除在京在途二次領過一百二十日路費銀外，尚應共補領九日路費銀二十三兩四錢。
>
> 又請皇上各轎乘校衞九十二名，俱自正月十六日起程，至四月二十一日回京，計一百二十五日，除在京在途二次領過一百二十日路費銀外，尚應共補五日路費，銀五十九兩八錢。以上共應補領路費銀八十三兩二錢。相應開列旗分佐領花名。咨部發。可也。一咨戶部。

這份文件有很多的研究點，譬如，前段所錄伺候皇太后、皇后轎乘中有三名校尉先行奉差回京，這應是將烏拉納喇皇后送回京師的人。而其餘的鑾儀衞儀仗卻抬着空轎乘照行不誤，這一點就連鑾儀衞的官員都沒有發現。如若不然的話，這份宮內文書就不會還將皇太后與皇后並稱。可見在皇后訃告發出之前，皇后剪髮之事並不為人周知。

其二是在文件的最後，寫有「開列旗分佐領花名」。如果這份花名冊果然存在的話，也許能夠找到前面提到的那位十七歲的年輕人的名字。他叫和珅。

和珅，字致齋，鈕祜祿氏，滿族正紅旗人。其家世已難以考訂。鈕祜祿氏為滿族八大貴族之一。始於隨清太祖努爾哈赤從龍入關的額亦都，額亦都有十六子，又以幼子遏必隆最貴。和珅的五世祖尼牙哈納巴圖魯在清軍入關的戰爭中以軍功獲三等輕車都尉世職。父親常保除承襲世職外，又因其堂叔阿哈頓色隨康熙帝親征準噶爾陣亡，追敍軍功，贈

一等雲騎尉。此外，常保還曾任福建都統。乾隆三十四年（1769），和
珅承襲三等輕車都尉世職，後以咸安宮官學生任鑾儀衛校衛，尋授三等
侍衛，旋即又挑補黏杆處侍衛，至此他一直效力於鑾儀衛。

乾隆四十年（1775），是和珅天賜鴻運的一年。這一年閏十月，和
珅被調為乾清門侍衛；隔月，擢御前侍衛，得到了接觸皇上的機會。據
陳焯之《歸雲室見聞雜記》載，和珅第一次見到皇上，就以奏答甚合上
意，給乾隆帝留下了深刻的印象，由此而飛黃騰達。

當時，和珅扈從皇上臨倖山東。乾隆帝喜歡乘一種騾子駕馭的小
輦，「行十里一更換，其快如飛」。有一天，碰巧和珅在這種小輦旁隨
侍，於是君臣二人有了下面的這段交談[1]：

> 上顧問是何出身？對曰：生員。問：汝下場乎？對曰：庚寅（乾
> 隆三十五年）曾赴舉。問：何題？對孟公綽一節。上曰：能背汝文
> 乎？隨行隨背，矯捷異常。上曰：汝文亦可中得也。其知遇實由於此。

從此，和珅官運亨通，由鑾儀衛侍衛、乾清門侍衛、御前侍衛，而
晉升為正藍旗滿洲副都統。乾隆四十一年（1776）正月，和珅為戶部右
侍郎；三月命在軍機大臣上行走；四月授總管內務府大臣；八月，調鑲
黃旗滿洲副都院；十一月，充國史館副總裁，賞戴一品朝冠；十二月，
總管內務府三旗官兵事務，賜紫禁城騎馬。這年和珅才二十八歲，就走
上了一般官員鑽營一輩子都未能達到的位置，這在講資格論輩分的封建
官場上不能不算是一個奇跡。其實，古往今來的正常年份，大凡躋身於
朝廷中樞「領導核心」大臣們，無外乎有三種人：科舉前三甲進士中的
佼佼者，中樞大臣之後中的幸運兒，再就是君王身邊的近臣。其他人怕

1　關於對話時間，各書記載多有偏差。《清鑒綱目》記為四十四年，孫文良等《乾隆帝》
　　說為三十六年。

是就沾不着邊兒了。和珅即屬於這第三種人。

　　乾隆四十五年（1780）五月，乾隆帝特下諭旨，賜和珅之子名為豐紳殷德，指為最為喜愛的幼女固倫和孝十公主額駙，並賞戴紅絨結頂、雙眼孔雀翎，穿金線花褂，待公主及笄時舉行婚禮。和珅由此攀上了皇親，做上了皇上的親家翁，可稱得上是寵眷至極了。

　　和珅這樣一個扈從侍衛，取悅於皇上，得其如此寵信，應當説是適逢其會。和珅見用之時，步入老年的乾隆帝，精力和體力都大不如前。乾隆四十五年（1780），乾隆帝已處於老境來臨的衰態中，他的左耳早已有了重聽的毛病，左眼又視力衰退。這一年他因臂痛而一度不能彎弓射箭。而後，乾隆四十八年（1783）、四十九年（1784）的上辛郊祀大典，也因氣滯畏寒而派皇六子永瑢代行。而且，乾隆帝夜裏常常失眠，記憶力明顯減退。乾隆五十九年（1794），據朝鮮使臣的記錄，八十五歲的乾隆帝竟健忘到「早膳已供，而不過霎時，又索早膳」的程度。大約在乾隆四十五年（1780）以後，乾隆帝處理政務的時間逐漸減少。老年的皇帝因應付紛繁複雜的國務而厭倦，同時對一切軍國要務，又要親自裁斷，用人行政大權還一攬於手中。再加上人老了，其性更喜奢華，傾於享樂，因此產生了寵信奸佞的內在條件。

　　自乾隆五十年（1785）後，和珅的家幾乎成了官場上的黑市交易場，政以賄成已成風氣，大小官吏趨之若鶩。有人形象地描繪説：「和相當國，一時朝士若鶩，和（珅）每日入署，士大夫之善奔走者，皆立伺道左，惟恐後期。時稱為『補子胡同』。以士大夫皆衣補服也。」

　　有人還就身着補服繡衣的官僚們的奴才相作詩嘲諷：繡衣成巷接公衙，曲曲彎彎路不差。莫笑此間街道窄，有門能達相公家。昭槤《嘯亭雜錄》中也説：「當和相擅權時，一時貴位無不仰其鼻息，視之如泰山之安。」

　　地方官進呈土貢方物，例由內廷轉奏，和珅竟以大學士兼總管內務府大臣的身份，將應該轉給皇帝的貢品不予奏報，據為己有。以致許

多奇珍異寶，在皇宮大內找不到，而和珅家中卻比比皆是。嘉慶年間，皇帝追查兩淮鹽政徵瑞行賄和珅一案時，徵瑞供認說，他曾於嘉慶元年（1796）和珅之妻病故時，送給和珅白銀二十萬兩，但和珅嫌太少。所謂「彼時和珅意存見少，欲伊增至四十萬，是以未收。而從前曾送和珅二十萬當經收受」。可見，徵瑞長期把持兩淮鹽政的肥缺，與他多次重金行賄和珅有關，以致和珅的胃口越來越大，到後來，二十萬兩都難填和珅之欲壑。

嘉慶四年（1799）正月，太上皇帝一死，和珅便被下獄治罪。查抄家產時發現：「所蓋楠木房屋，僭侈逾制。其多寶閣及隔（槅）段式樣，皆仿照寧壽宮制度。其園寓點綴，竟與圓明園、蓬島、瑤台無異。」其薊州墳塋，竟設立享殿，開置隧道，「附近居民有和陵之稱」。

和珅府中所藏的大量珠寶玉器、金銀器皿、古玩文物、各種衣物，無不令人觸目驚心。而「夾牆藏金二萬六千餘兩，私庫藏金六千餘兩，地窖內並有埋藏銀兩百餘萬」，就更是駭人聽聞了。據說和珅的家產估算約八九億兩白銀之多。當時清朝的國庫收入每年只有七千萬兩左右，和珅的家產不啻為國庫十幾年的收入。因此和珅被抄家後，民謠就唱「和珅跌倒，嘉慶吃飽」。清人還發過這樣的議論：「和珅以二十年之宰相，其所蓄當一國二十年歲入之半額而強。雖以法國路易第十四，其私產亦不過二千餘萬；四十倍之，猶不足以當一大清國之宰相云。[1]」而這樣的一代宰相，在大清國的二百餘年的歷史上，也只有在乾隆盛世，同時也只有在乾隆帝衰老時才會出現，這是一個無法復得的時機。

和珅這個人的出現，代表着封建官僚政治中最為腐敗的東西，可以說預示着大清國走完了它的全盛階段，開始走向衰落。乾隆帝「則唯耄期倦勤，蔽於權幸，上累日月之明，為之歎息焉」。

1　《清朝野史大觀》卷六「和珅之家財」條。

玖．

民間祭星　宮禁孤影

戌正以後
　　　二十時以後　入眠

這一天在京師內有祭星的風俗，道觀、喇嘛教寺廟
都有節日活動。這一夜在荒漠的帝國邊城烏里雅蘇
台駐紮著一支越冬的錫伯族官兵。在風雪交加中，
這支遠征軍又挨過了一個饑寒交迫的夜晚。

　　西山頂上的餘暉漸漸消盡，遠山變得更加朦朧，不知怎的，此情此景卻勾起人們對遠方那一片模糊暮色的嚮往。聲聲孤零的鴉雀歸巢的噪鳴，喚起了嫋嫋炊煙，這是夜幕降臨時京城常見的情景。

　　黑夜的暗影吞沒天邊的最後一線霞光，陽光曾賦予皇宮的輝煌已不存在，軒窗掩映，玉欄朱楯在月光下僅存鐵色的身影。屋脊上鱗片似的殘雪已較凌晨大大減少，在暮色中瑟縮，閃動着微弱的光。護城河裏的冰不時發出嘎嘎的聲響，像是冰下的鬼魅在不耐煩地呻吟。

民俗祭星

　　一首味如嚼蠟的御製詩，可以用來印證乾隆三十年（1765）正月初八日京城上空的月色。這是乾隆帝經常寫在元旦之後的詩題之一《新月》，詩云：

> 元正越二日，太昊啟節昌。
> 行慶際芳辰，大來延千祥。
> 舉首見新月，一鈎垂天潢。
> 盈虛固其恆，新年迥異常。
> 依依最有情，溶溶已流光。
> 值閏以為佳，春況百二長。

舒輝盼上元，凝和麗青陽。

卻笑九華枝，燼火言蒙莊。

　　隨着夜晚的來臨，月空與星辰為京城呈現出一幅與白日迥異的神祕圖景，它使人們祈佑的熱忱高漲。在清代中期，人們的信仰呈多極化發展，宗教形式也呈多樣化。

　　漢東方朔《占書》云：「歲正月一日占雞，二日占狗，三日占豬，四日占羊，五日占牛，六日占馬，七日占人，八日占穀。」人們相信，如果正月初一天晴，則是年雞畜繁育，陰雨則雞畜不旺。初二陽晴則兆狗畜旺，初三陽晴則兆豬畜旺……以此類推。這一年正月初八日的晴好天氣為人們帶來了五穀豐登的好兆頭。民以食為天，自古祭穀神為從事農業生產的漢民族所重視。後稷即古代周族的始祖，世人崇奉的「穀神」。傳「周後稷，名棄……棄為兒時……好種樹麻、菽，麻、菽美。及為成人，遂好耕農，相地之宜，宜穀者稼穡焉，民皆法則之。帝堯聞之，舉棄為農師，天下得其利，有功。帝舜……封棄於邰，號曰後稷……」[1]後世帝王、諸侯祭土神和穀神於社稷。

　　《白虎通·社稷》云：「王者所以有社稷何？為天下求福報功。人非土不立，非穀不食。土地廣博，不可遍敬也；五穀眾多，不可一一祭也。故封土立社，示有土也。稷，五穀之長，故立稷而祭之也。」以正月初八日占穀祭後稷，這在京城已不見諸記載，而在這一天祭星，亦謂之順星，卻是當時京師的重要風俗之一。

　　依照道教和星象家的說法，每人每年都有一位值年星宿，也叫作流年照命星宿，即日、月、水、火、木、金、土、羅睺、計都九星輪流值年照命。人一年的命運如何，完全掌握在這位值年星宿手裏。而每年正

1　《史記·周本紀》。

月初八日為諸星君聚會之期，是日「諸星下界」，故如果在這天祭祀星君，也就是順星，祈佑之人便可能獲得星君的垂護。

依京城的舊俗，正月初八日，無論人們是否去廟裏進香，是日晚間，天上星斗出齊後，各家都要舉行一個順星的祭祀儀式，以燃燈為祭。從屋內到大門，有的人家設一百零八盞，有的人家設一百四十九盞，還有的人家按《玉匣記》「本命星燈」之數，於初更天擺放香案，供上元宵或素餡餃子若干、清茶一杯。

香案上祭神是順星用的星神碼，一共兩張，頭一張印着「星科」「朱雀」「玄武」等名目，並分別列出其所屬的星宿名。中間為「八卦」，裏圈印着天干、地支字樣，外圍繞圈印着十二屬相的圖案。後一張是「本命延年壽星君」，放在星神碼的後面，只露上端名號。兩張同時夾在一個神紙夾子上，放於正廳天地桌後面正中。

星神碼前面擺的燈盞，用黃、白色燈花紙捻成燈花，謂之「金燈」「銀燈」。元宵則或三或五碗，每碗五個。

講究的人家還要在案前設香爐、蠟地等供器，蠟地下分別壓着黃錢、千張、元寶等敬神的「錢糧」。祭祀時，由長輩主持，燃燭上香，全宅按尊卑長幼次序行三叩首禮，肅立十分鐘左右。待香燭欲盡，再依次三叩首後，即清香根，將星神碼及錢糧一併置於庭院裏事先準備好的錢糧盆中，與松木枝、芝麻秸一起焚化。同時燃放鞭炮。一時間，院中光花四散，滿地皆星，名為散星。

祭星時，還要在案頭、灶台、門檻、鍋台等處各放一盞「金燈」，予以點燃，謂之「散燈花兒」。有辟除不祥之意。祭星儀式結束後，全家即聚在一起吃上一頓元宵。

初更天的京師，被一陣劈劈啪啪的爆竹聲和孩子們的歡笑聲驚得打了個激靈。隨之，萬家燃燈的祭火便映亮了城市的夜空。這在常年處於宵禁的京師，確實是難得的熱鬧。人們並無心靈的奉獻，只是去做求佑

於神祇的祭奠，似乎並沒有感銘上蒼，只是一時間在心靈的表面罩上了一層和善的光環。這一風俗主要來源於道教。因此，這天晚上，人們也有到白雲觀星神殿，即元辰殿去燒香順星的。

這一天的白天，京師白雲觀已經舉行了道教廟會。這一廟會從初一到十九，歷時半月有餘，為清代京師正月規模最大的廟會，宗教廟會與都市古老風俗在此合為一體。而道教在清代得了統治者的鼓勵，據乾隆年間吳長元所輯《宸垣識略》記：「白雲觀在西便門外一里，元太極觀故墟。中塑丘真人像，白皙無鬚眉。」「本朝乾隆二十一年、五十二年兩次敕修，有聖祖暨今上御書聯額，並御製碑。又真人像前有本缽一，乃刳木癭為之，上廣下狹，可容五斗，內塗以金，恭刻皇上御製詩其中。石座承之，繞以朱欄。」由此可知乾隆朝白雲觀建制的概況。

然而，順星之祭並非道教所獨有，在薩滿教中，祭星活動也極為普遍。在滿族民間的觀念中，一般有祭七星和三星的，也有普祭群星的。

譬如，滿洲石姓的順星神歌：

眾姓之中的哪一姓？石姓子孫，在此祈禱。家薩滿何屬相？屈身在塵地，跪地叩頭。學習誦唱神歌，祈禱神靈。

男女東家何屬相？曾親口許願，女亦同意。春種已過，迎來富秋之時，四季平安。舊月已去，新月來臨。在新的吉日裏，在潔淨的祥月裏。今晚，在七星斗前祈禱。

高桌上供獻，木盤桌上排列。點燃了把子香，敬做了阿木孫肉。擺供三摞，燒紙一打。慎重買來神豬，精心圈養家中。神豬肥壯，今將神豬綁上，按節行刀。神豬即刻喪命，一切情形甚善。遵照傳統禮儀，供獻神壇。今日夜晚，石姓子孫，屈身叩頭，逐一宴請，統統隨降。藍天上的星辰明月，高天上的玉皇帝君。七星北斗星君，五斗星官，二十八宿星官。千顆星君出現，萬顆星君出現，

三星宿官出現。當天色已晚，金雞、銀雞彎脖宿窩之時，光線隱匿之際，祭祀祖先星神，祭祀神壇星神，乞請眾祖先神，值此之際，乞請高高的天君降臨。

（下接唱南炕神歌）[1]

從這首石姓神歌中，可以看出滿洲「順星」與漢族「祭星」之間的許多相同與不同之處。

其中相同之處有漢族的流年照命星宿講的是星君與人的命運的聯繫，而滿族的祭星是祭祀祖先的星神，也是星君與人之間的聯繫。從人們繁星求佑的願望來看，順星的意義也是相同的。另外，從行傳統禮儀的叩頭禮、燃香等祭祀形式上來看，也有相似的地方。

但是，在相同的名稱下，漢族與滿族的祭星有着多種的不同，譬如，漢族人的祭品是元宵、餃子和茶，滿族人的祭品是神豬、燒酒、米酒和餑餑。漢族人的祭星既無神歌，也沒有固定的祝詞，而滿族人有固定的神歌，而且似乎還要求下一代學誦神歌。在漢族人祭祀的星君中有九位，而滿族人的星君卻不那麼固定，有七星北斗星君、五斗星官、三星宿官、二十八宿星官、千顆星君、萬顆星君等。又如，漢人用燃燈，滿人無燃燈，只有燒火；漢人祭星為每年的正月初八日，而滿人祭星似乎是在新月來臨之際。還有漢人的祭祀單位是住在一個院落裏的一家人，滿人的祭祀單位則是同姓的一個家族。另外，更為重要的是，漢人的祭星祈佑，與其說是一種信仰，不如說更像是一種禮儀；而滿人的祭星卻有明顯的自然神崇拜的特徵，以宗教史的觀點來看，更加原始一些。

乾隆年間，正月初八日，弘仁寺等處還要舉行喇嘛跳布札打鬼，人

1　神歌均引自宋和平《滿族薩滿神歌譯注》。

們扮演金剛佛母、諸天神將、黑白妖魔鬼怪，手執彩棒，揮灑白沙，鳴鑼吹角擊鼓，演唸經文，演跳驅魔斬鬼之舞，迎祥除崇。因規模宏大，內容複雜，每年場面都極為熱鬧，觀者如潮，幾乎萬家空巷。[1]

正如清人富察·敦崇在《燕京歲時記》中所記：「打鬼本西域佛法，並非怪異，即古者九門觀儺之遺風，亦所以禳除不祥也。」這裏所説的「打鬼」實為俗稱，喇嘛教稱其為「跳布札」，為蒙語，是藏傳佛教為鞭撻邪教「魔崇」而舉行的法事，實際上是以歌舞劇的形式宣傳黃教的教義。據説，「跳布札」是黃教祖師宗喀巴所創。清人認為「其法近古之大儺」，也很有道理。因為中原漢族地區，早在春秋時期就有臘月驅除疫鬼的習俗，意在迎新春，「逐盡陰氣為陽導也」，稱作「大儺」，或「鄉人儺」。這也正是「喇嘛打鬼」很快為京師習俗所接受的一個重要原因。

有清一代，實行尊崇喇嘛教的政策。京師建了許多著名的喇嘛廟。京師元月的跳布札廟會主要舉行於弘仁寺、西黃寺、黑寺和雍和宮。

據乾隆元年（1736）的統計，當時在京各寺廟原有度牒之喇嘛、格隆、班第共九百五十九名，後增福佑等寺食錢糧之格隆、班第共三百一十四名，但尚未得度牒。此外，還有既無度牒又未食糧者六百七十五人，係額外所收之徒。三者總計一千九百四十八人。[2]乾隆帝本人曾修煉密宗，經常向章嘉國師請教佛法。據《章嘉國師若必多吉傳》所載，乾隆十年（1745），他曾遵照喇嘛教的嚴格禮儀，接受章嘉國師傳授全部的「勝樂鈴五神」灌頂法。作為傳授灌頂的酬勞，乾隆帝送給他一具鑲滿奇珍異寶、重約百兩的金質曼札（梵文 Mandala，漢譯為壇、壇場），所佈施其他財物更是不計其數。

1　潘榮陛《帝京歲時紀勝》。弘仁寺舊址在太液池西南岸，今址在北京市西安門內大街。
2　光緒《大清會典事例》卷九七四。

　　猶如清廷特准達賴喇嘛、班禪額爾德尼、哲布尊丹胡圖克圖在京城支搭黃布城，乘坐黃車、黃轎一樣，章嘉國師享有「紫禁城內乘用黃車」的特殊待遇。據趙翼的《簷曝雜記》載：「（章嘉）住京師之栴檀寺，每元旦入朝，黃幰車所過，爭以手帕鋪於道，伺其輪壓而過，則以為有福。其車直入東華門。」書中還記載了作者對章嘉的印象：「余嘗見章嘉，顏狀殊醜劣，行步需人扶，然蒙古經及中土大藏佛經皆能背誦，如瓶瀉水。汪文端（汪由敦）嘗叩一佛事，輒答以某經某卷，檢之果不爽，則其人亦未可淺量矣。」

　　乾隆二十一年（1756），札薩克圖汗所屬和托輝特部首領青滾雜卜，利用喀爾喀部眾中因清廷連年徵調兵馬和額琳沁賜死而激起的不滿情緒，發動叛亂。他下令撤回了北路阿爾泰汛界所有卡倫（哨卡）以及阿爾泰通往伊犁的十六至二十九驛的所有喀爾喀兵丁，致使羽書不通，供應斷絕，史稱「撤驛之變」。此時，章嘉國師正扈從乾隆帝在木蘭行圍，聞知此事後，說：「皇上勿慮，老僧請折簡以消逆謀。」於是連夜作札，「遣其徒白姓者，日馳數百里，旬日始達其境。哲敦（哲布尊丹巴，即額琳沁之兄）已整師刻日起事，聞白至，嚴兵以待，坐胡牀上，命白匍匐而入。白故善游說，備陳其事顛末，哲敦已折服。更讀師札，乃善諭白歸，其謀乃解」。正如時人所評論的那樣：「夫蒙古素稱強盛，歷代以全力御之，尚不能克，師乃以片紙立遏其奸，亦可嘉也。」[1]

　　就在佛教、道教在中國獲得大的發展，伊斯蘭教也得到朝廷禮遇的同時，以西方傳教士來華為特徵的中西文化交流卻遭受厄運。由於種種原因，康熙帝把羅馬教皇的使者送進了澳門的監獄。雍正帝因懷疑傳教士和其他皇子勾結，而對他的帝位不利，於登基當年（1723）即下令除留駐京城的極少數在欽天監供職的傳教士外，其他西方傳教人員一律驅

1　昭槤《嘯亭雜錄》卷一〇。

逐到澳門，不許擅入中國內地。

乾隆二十五年（1760），法國傳教士蔣友仁獻《坤輿全圖》，向清廷介紹哥白尼的日心說和開普勒的行星運動三定律，竟然未引起清政府和學者們的興趣。生在乾隆二十九年（1764）的阮元，待他長大熟讀了中國經書，並舉為進士時，竟打着尊學術的旗號，攻擊起哥白尼的學說來：「其為說至於上下易位，動靜倒置，則離經畔（叛）道，不可為訓，固未有若是甚焉者也。」[1]一代大儒卻成了舊傳統的衛道士，實在值得人們深思。

在乾隆帝身上，多重信仰體現得十分突出。他以滿族薩滿教信仰為宗本，以固大清國統治的根基。同時，為使「新舊蒙古畏威懷德」，乾隆帝誦習蒙古及西番字經，於黃教密宗「究心討論，深識真詮」。他還堅持每月朔望寫一遍《般若波羅蜜多心經》，至今尚有大量手稿存於故宮。他還不止一次聽章嘉呼圖克圖若必多吉傳授密法，堅持每天修證等活動，在聽受有關咒語的指導時，竟跪在地上，頂禮章嘉國師之腳，以獲蒙古太平數十年。又「從宜從俗」，尊重伊斯蘭教信仰，納回部女子為妻。此外，他還深諳儒術，呵護道教，得人心於中原漢族。清朝入關時，兵馬區區四十萬，能定鼎京師，統治中國兩百餘年，並能開疆拓土，擴充版圖，維繫多民族之統一，這一切除去清帝的個人才華及努力外，實際上是以本原文化為犧牲，將滿族自身奉獻於祭壇，實現了真正的鳳凰涅槃。

太監出逃

乾隆十五年（1750），清廷在紫禁城西部春華門內，明朝道廟舊址上落成了一組以雨花閣和中正殿為主體的佛堂建築。這使清廷的喇嘛教

1　阮元《疇人傳》卷四六《蔣友仁傳》。

佛事更加昌隆。與此同時，在乾隆帝的後宮，以修來世之福，死後入極樂世界的宗教熱忱也已十分熾烈。後宮內除有慈寧宮後殿及慈寧花園的咸若館等大佛堂外，各處還有很多的小佛堂，平時都可以去祭拜。清後宮本來是信奉薩滿的，但是后妃中不少是蒙古族，深信佛教，估計佛教隨着她們逐漸被帶入後宮。由於後宮有了佛堂，因此也就出現了從事佛事的太監僧。

乾隆三十年（1765）正月初八日，總管內務府雜錄檔案曾記載，總管李三屯、楊茂呈報：

> 靜宜園太監僧劉義，年四十三歲，本年正月初七日告假，未歸，逃走。查劉義出走時頭戴青緞僧帽一頂，身穿青布僧袍一件，足穿僧鞋襪。係天津府滄州民，正黃旗威和德管理下。此名原係（乾隆）十七年進宮，年二十九歲，二十二年正月初二日萬善殿交，三十四歲。二十七年正月初九日逃走一次，本年二月初五日自行投回，仍交原處當差，現今逃二次。於乾隆三十年正月初八日具奏。奉旨：「交包衣昂邦嚴拿，欽此。」慎刑司筆帖式安泰、番役處筆帖式得福等抄去。

這位劉太監僧所當值的靜宜園，位於京師西郊西山山嶺之一的香山，這裏重巒疊嶂，花木滿山，清泉潺潺，景色清幽，故金、元、明、清歷代帝王都在此營建離宮別院。康熙年間於香山修建宮室數間，不施彩繪，以存香山野雅趣味。乾隆八年（1743），乾隆帝遊香山後，命葺園增室，大興土木，營建亭台樓閣，共二十八景，如勤政殿、翠微亭、棲雲樓、香山寺、森玉笏等，並加築圍牆，名「靜宜園」。園中寺廟眾多，由於帝后妃嬪經常來禮香，因而有了太監僧這樣的職司。

劉太監僧是天津府滄州人，此地向為太監多出之地。或有做上太監總管的大太監榮返故里，「請全村人白吃肉餡包子，還要唱上三天大

戲」。一些天真的農家孩子仿佛從中望到了皇宮飛簷凌空的八角樓，臆想淨身入宮之後有的是榮華富貴、光宗耀祖、出人頭地。然而哪裏知道，在家裏吃不飽的窮孩子，並非當上太監就可以凌駕於萬人之上，抖上赫赫威風。

以這份檔案看，劉太監僧進宮那年已二十九歲，想必已有了家室，這樣的人也要走上這一步，想必是處境困苦至極了。而且，他做了太監僧，並沒有被派到宮中，而是去了距京師有四十餘里的偏野之處，雖説香山有「西山晴雪」的勝景，風光旖旎，但卻與他入宮的初衷相去甚遠。他能看到的、聽到的，是大多數太監終日在宮中各處當牛做馬，有的被折磨致死，有的在老病無力當差時，出宮為民。然而老病出宮以後，因無法勞作，往往飽受冷眼，最後悲慘地死去。只有極少數上層太監，可以捐款修廟，年老之後得以居於寺廟以終其生。

清代宮廷對太監定有嚴酷的宮規，如果有太監違犯宮規，輕則受皮肉之苦，重則由內務府慎刑司懲辦。不過，據説太監若犯了死罪，皇上可優待太監不死，因為他們因閹割生殖器已在鬼門關走過一回了。

像劉太監僧這樣因不堪虐待而逃出宮禁的，是十分典型的太監逃跑。宮中規定：凡太監逃跑，第一、二次自行投回的，處分較輕，責打後罰為苦力，交吳甸（南苑）鏟草。若被拿獲或逃跑三次以上的，責打後交慎刑司，要枷號一兩個月，並發黑龍江配給兵丁為奴，永遠不得返回。凡逃跑的，很少有不投回或不被拿獲的。如果太監無法忍受折磨，走投無路而自殺者，宮中認為不吉利，處罰更嚴。規定如有太監在宮內自殺經人救活，本人判處絞監候，即絞刑，待秋後執行死刑。自殺身亡者，將屍骸拋棄荒郊，其親屬發配伊犁給兵丁為奴。真是毫無人性可言。

劉太監僧已是第二次逃跑了，而且宮中慎刑司已奉旨嚴拿，他的處境十分險劣。據京師民俗，正月初八日不宜遠行，也不知道他是否能逃脱官方的追捕。可歎這個遊蕩於二百五十年前的黑夜中的孤魂……

三十年後的「十全老人」

在古人的觀念中，富貴貧賤，吉凶禍福以及死生壽夭，窮通得失……無不取決於冥冥之中，非人類自身所能把握的一種神祕的力量。這在主張以忠孝仁義治國的儒家也是兼信的。孔子門下的子夏就說：「商（子夏姓卜，名商）聞之矣，死生有命，富貴在天。」宋國的桓魋有一次想謀害孔子，孔子聲稱：「天生德於予，桓魋其如予何？」在孔子看來，自己的命是天賜的，絕不是一般庸碌之輩所能改變的。因此，他又說：「不知命，無以為君子也。」[1]

孔子還曾說過如果給他增加幾年的壽命，讓他在五十歲的時候去學習《易經》，便可以沒有大的過錯了。孔子不是專門學《易經》的，但卻深受《易經》的影響，他按年齡把人生分為六個階段。他自述成德立言之道曰：「吾十有五而志於學，三十而立，四十而不惑，五十而知天命，六十而耳順，七十而從心所欲，不逾矩。」也告誡弟子們說：「君子有三戒：少之時，血氣未定，戒之在色；及其壯也，血氣方剛，戒之在鬥；及其老也，血氣既衰，戒之在得。」孔子以不同年齡段的心理和行為特徵來論述人生。前一條應是聖人的標準，後一條應是君子的標準。

在《論語·子路》中，他又說道：「『善人為邦百年，亦可以勝殘去殺矣。』誠哉是言也！」講的是，善人治理國家一百年，也就可以戰勝殘暴、免除殺戮了。接着他又說：「如有王者，必世而後仁。」古代以三十年為一世。他的意思是，如果有聖明君主出來，也一定要經過三十年之後才能實現仁政。這前兩條是與其個人的生命歷程有關的，而後兩條則是與帝王治國有關的。

1　《論語·堯曰》。

　　乾隆三十年時，乾隆帝五十五歲，如果以聖人的標準來衡量，他正處於「知天命」與「耳順」的年紀之間；如果以君子的標準來衡量，他正處於「戒之在鬥」向「戒之在得」轉化的年齡段。

　　就乾隆三十年時的大清帝國建國歷史而言，清朝初立於西曆1616年，初名後金，1636年改國號為清，1644年入關，到乾隆三十年，即西曆1765年，分別已過去一百四十九年、一百二十九年和一百二十一年，均在孔子說應做到的戰勝殘暴和免除殺戮的時間範圍內，再者，乾隆三十年，正是乾隆帝執政整整三十年，即一「世」的時候，應實現仁政。當然這不過是援引孔子個人的觀點而已。

　　有人為乾隆帝排過八字，算過命。任鐵樵的《滴天髓闡微》曾做過如下的測算：

　　　　高宗純皇帝御造

　　　　　　（年）劫辛卯財

　　　　　　（月）官丁酉劫

　　　　　　（日）庚午官印

　　　　　　（時）殺丙子傷

　　　　　大運　　丙申

　　　　　　　　　乙未

　　　　　　　　　甲午

　　　　　　　　　癸巳

　　　　　　　　　壬辰

　　　　　　　　　辛卯

　　　　　　　　　庚寅

　　　　　　　　　己丑

　　　　批曰：天干庚辛丙丁，正配火煉秋金，地支子午卯酉，又配

坎離震兌。支全四正，氣貫八方，然五行無土，雖誕秋令，不作旺論。最喜子午逢沖，水克火，使午火不破酉金，足以輔主，更妙卯酉逢沖，金克木，則卯木不助午火，制伏得宜。卯酉為震兌，主仁義之真機，子午為坎離，宰天地之中氣，且坎離得日月之正體，無消無滅，一潤一暄。坐下端門，水火既濟，所以八方賓服，四海攸同。金馬朱鳶，並隸版圖之內；白狼元兔，咸歸覆幬之中。天下熙寧也。

從乾隆帝御造之五行來看，日元庚金，得月令之酉金，年干之辛金為助，其自身的氣勢十分強勁，但局中無土，其強之勢不至偏枯；局中丙丁之火，通根於坐支午火，又得年支卯木相生，雖不得令，但其強勢有蓋己之虞，幸得時支子水相克，使煞星不致太過為災，但子水雖有三金相生，卻有三火旺相，略嫌不足，所以行運不宜南方火運。命局用神，當取傷宮子中癸水。

再看乾隆帝御造之家庭生活方面：月令提綱酉金克年（本命松柏木），雙親上定有損克，實際上其父雍正帝壽在五十八，在位十三年；其母貴為皇太后，卻也為了這份尊貴，寡居了四十二年之久。同時乾隆帝坐下妻宮與時支子宮子午相克戰，有刑妻克子之虞，再加之日元庚金，年干辛金，透於月令通根乘旺，妻星卯木勢孤，且辛金蓋頭，雖有子水印星救助，但子水處於丙火、午火的夾攻之中，難以施其救助之功，且相距遙遠，杯水車薪，自顧不暇，所以克妻甚重。若運行金旺之地，難免不遭刑克。另外，子星子宮同時支子水所臨之位，與三火丙、丁、午相征戰，尤子午沖克最甚，幸有三金相生，克勢有減。實際上，在他的四十一位妻妾中，於乾隆帝之前去世的竟有三十三人；而在他的二十七名子女中，於乾隆帝之後存世的僅有四人。

譬如，乾隆十三年（1748），乾隆帝大運甲午，甲木死於午，又與

命局日柱干支天克地比，不吉，流年戌辰，克去命局子水，使大運甲木和命局卯木無所依託，又與命局日柱干支天克地比，同時流年辰支與原局月令酉支合而化金，克伐命局妻星卯木。而是年皇后富察氏死於東巡途中。

乾隆三十年，乾隆帝大運壬辰，流年乙酉。流年之酉金與命局月令之酉金與大運辰支合而化金，克伐命局妻星卯木和流年天干乙木，克妻之勢重現。乾隆帝並沒有特別關注這些，此年所作的《新正重華宮》詩曰：「歲值木奮軋奮軋為草木萌生。《漢書·律曆志》有「奮軋於乙」之說，「月得土長養，酉秀成熟兆，寅津轃幸廣。」然而，就在這一年的閏二月十八日，繼后烏拉納喇氏在南巡途中突然憤而剪髮，帝后失和。

次年，乾隆的大運壬辰與流年丙戌犯天克地沖，為大災變故之徵。是年三月，雲貴總督劉藻御緬兵敗，自殺。是年七月，繼后烏拉納喇氏亡故。表面上看，乾隆帝對烏拉納喇氏的離世並沒有流露出多少哀傷之情，實際上，他的精神受到很大的打擊。此後三十年間，乾隆帝再也沒有立過皇后，並下令凡要求立后之人皆處以死刑。這無疑使皇帝的家庭生活有失協調。妻妾的接連死亡，也許使乾隆帝產生了逆反的心態。乾隆三十年之後，他曾大肆冊封妃嬪，試圖抵抗那多舛的家庭命運與日漸衰退的生命力。

乾隆三十年（1765）五月初九日，冊封魏佳氏為皇貴妃。

乾隆三十一年（1766），賜揚州籍漢女陳氏為明常在。乾隆四十年（1775），晉明貴人。乾隆五十九年，冊封為芳嬪。

同年，冊封鈕祜祿氏為順嬪。乾隆三十三年（1768）又晉為順妃。

乾隆三十三年（1768），晉和卓氏為容妃。

乾隆三十六年（1771），冊封汪氏為惇嬪，後晉為惇妃。

乾隆四十年（1775），賜號蘇州籍漢女陸氏為祿貴人。

乾隆四十一年（1776），冊封鈕祜祿氏為誠嬪。

同年，冊封伊爾根覺羅氏為循嬪。乾隆五十九年（1794），又晉為循妃。

乾隆四十二年（1777），賜號金貴人。

乾隆四十五年（1780），賜號慎貴人。

乾隆五十九年（1794），八十四歲高齡的乾隆帝賜號西林覺羅氏為鄂貴人。

同時賜號的有柏氏為壽貴人，另外一人為白貴人，等等。

如此多的封賜似乎並不能說明什麼，反過來只能表明老皇帝對自己妻星勢孤、刑妻克子之虞的一種抗爭。然而，這卻有忌於孔子所說的老而「戒之在得」的君子之道，因而受到了後人的責難。

假若以乾隆三十年為分界線來看乾隆帝未竟的事業，似乎有一種恰在途中的感覺。

譬如，乾隆帝曾把自己六次南巡說成是效法皇祖康熙帝而為之，並作為平生一件大事。他七十五歲時曾作《南巡記》，宣稱：「予臨御五十年，凡舉二大事，一曰西師，一曰南巡。」乾隆三十年之前有三次南巡，乾隆三十年之後亦有三次南巡，分別是在三十年、四十五年和四十九年。乾隆帝還六次西巡五台山，乾隆三十年之前有三次，乾隆三十年之後亦有三次，分別是在四十六年、五十一年和五十七年。另外，乾隆帝先後八次到山東曲阜，向孔子頂禮膜拜。乾隆三十年前有四次，乾隆三十年之後亦有四次，分別是在三十六年東巡、四十一年東巡，四十九年南巡及五十五年東巡時。

在八十二歲那年，乾隆帝將「古稀天子」的稱號換為「十全老人」。乾隆五十七年（1792），清軍取得了反擊廓爾喀戰爭的勝利後，乾隆帝御製了一篇《十全記》。文中稱自己一生取得了十全武功。「十功者，平準噶爾為二，定回部為一，掃金川為二，靖台灣為一，降緬甸、安南各一，即今二次受廓爾喀降，合為十。」開疆拓宇，四徵不庭，揆文奮

武，於斯為盛。十功者，乾隆三十年前有四次，三十年後有六次。至於後三十年的幾場戰爭實在不值得炫耀，如進攻緬甸時，清軍主帥明瑞戰死，幾乎全軍覆沒；入安南之役，清軍狼狽退回；再征兩金川，動用十萬大軍，五年時間戰勝了僅三四萬兵馬的土司。這實在有一種盛極至衰的感覺。

另外，乾隆年間曾四次普免全國各省應交的地丁錢糧。乾隆三十年之後有三次。其中乾隆三十五年（1770）普免的背景是，乾隆帝六十大壽與其母崇慶皇太后八十歲華誕。乾隆帝在是年元旦的上諭中說：「普天忭祝，慶洽頻年，尤從來史冊所未有，是宜更沛非常之恩，以協天心而彰國慶。」

乾隆四十二年（1777）普免的背景是，這一年的正月，崇慶皇太后以八十六歲高壽去世。乾隆帝第三次普免全國錢糧，以使全國億萬臣民「共被慈恩，永申哀慕」。

乾隆五十五年（1790），乾隆帝八十大壽，他在元旦第四次下令普免全國錢糧，「敷錫兆民，用葉崇禧，以答嘉貺」。

這三次普免的背景，與乾隆十年六月初六日首次宣佈普免全國錢糧時提出的「藏富於民」「持盈保泰」「天下之財，止有此數，不聚於上即散於下」的主旨有異，帶有濃厚的自我炫耀的意味。

一種浮誇炫耀之風幾乎充盈於整個乾隆朝後三十年，乾隆帝意驕志滿、不可一世的情緒更是日見顯著。乾隆三十年前後，緬甸內亂中失敗的土司騷擾我雲南邊境，楊應琚組織清軍擊退緬兵後，主張乘機征服緬甸，結果失敗。在此形勢下，乾隆帝根本沒有把緬甸放在眼裏。「若準夷回部，莫不為我臣僕，又何有於彈丸僻處，勝不為武之緬匪乎？」打敗緬甸算不上什麼大勝利，至於失敗，他從來沒有想過，以致明瑞征緬兵敗。

乾隆三十九年（1774）八月，山東臨清發生了王倫組織的清水教教

民反清起義。給事中李漱芳上疏稱「奸民聚眾滋事，為饑寒所迫」；

又言近畿亦有流民扶老攜幼，遷徙逃亡，但官府在盧溝橋設下路障，阻之不使北行。給事中范宜賓也持相同說法，奏請朝廷增設粥廠。山東連年遭災，本屬事實，乾隆帝卻拒不承認，將李漱芳此奏指斥為「轉代奸民飾詞諉罪，止圖為一己沽名」。乾隆帝還令侍郎高樸、袁守侗帶同李漱芳、范宜賓前往良鄉及黃村、東壩各處查看。因為事先做了掩飾，李漱芳和范宜賓二人「並未見成群乞食流民」。結果，李漱芳被降為禮部主事，范宜賓被奪職並充軍新疆。一次本來並非偏頗的進諫，就這樣被壓制了，言路受到嚴重阻塞。

其實在乾隆中期，社會經濟潛伏着諸多矛盾，人口與土地的矛盾尤已呈顯著之勢。乾隆三十一年（1766），全國田地為七億三千一百四十四萬九千五百畝，人口有二億零八百零九萬五千七百五十六口，人均耕地只有三畝多。雖然這個數字並不是十分可靠，但是反映了耕地不及人口增長的客觀事實。按照乾隆後期著名學者洪亮吉《意言‧生計篇》提出的「率計一歲一人之食，約得四畝」的標準來看，已有嚴重不足。加之土地兼併日益激劇，民亂已呈上升勢頭。本來，到乾隆中期，清朝已統治有百年，漢人的亡國切齒之痛已消磨於專制皇權的積威之下，但由於社會矛盾的加劇，終於在乾隆末年爆發了以「反清復明」為宗旨的白蓮教起義。由下層民眾點燃的漢族意識再覺醒的火種，這次幾乎一直蔓延到清末。這不能不說是乾隆帝「必世而後仁」的失敗，更談不上「善人為邦百年，亦可以勝殘去殺矣」。

再者，乾隆時兵額不為不多，乾隆後期又提出挑補實額。乾隆四十六年（1781）九月，大學士阿桂請奏毋庸挑補，而乾隆帝卻以銀庫充溢，決計行之。迨至嘉慶朝後，兩次議裁兵額，卒不能裁，仍依原數。乾隆帝因逞好大喜功之片念，竟貽子孫以無窮之憂。《清鑒綱目》云：「佳兵者不祥，器滿者必覆。清之不競，其自高宗晚年始乎？」

另外，於外交者，據統計，至乾隆二十九年（1764），中國對歐洲各國外貿總額已達白銀 554.5 萬兩。其中從歐洲輸入的商品總值約為 191 萬兩，而從中國輸出西方的商品總值約為 364 萬兩。這說明，處於封建經濟發展又一高峰的乾隆盛世中期，中國仍處於出超國的優越地位。

乾隆後期，西方資本主義方興未艾，以英國為代表的先進國家強烈要求對華貿易。乾隆帝從維持封建專制統治的政治需要出發，採取了閉關鎖國政策。這勢必使清朝陷於閉目塞聽的境地，直至英國人已經把炮艦開到乾隆帝的眼前，他還在喋喋不休地侈談恩賜給人家茶葉、瓷器。自乾隆五十八年（1793）英使馬戛爾尼來華，四十七年後就發生了第一次鴉片戰爭，清政府這時才做出了英國「船堅炮利」的結論，乾隆帝對此應負有不可推卸的歷史責任。

孔子沒有活到八十歲，因此他最多說到「七十而從心所欲，不逾矩」。待到乾隆帝完成了舉世聞名的《四庫全書》的纂修，又完成了「十全武功」，好像就要登上「文治武功」的聖君寶座了。這時已年逾八旬的乾隆帝內心似乎有了幾分懺悔之意。他晚年曾說：「朕臨御天下六十年，並無失德，惟六次南巡，勞民傷財，實為作無益害有益。」

嘉慶二年（1797）十月二十一日，乾清宮交泰殿發生火災。為此乾隆帝「寢食靡寧」，藉此大發議論，除了列述自己在位六十年，享壽八十有七，親見五代元孫，武功十全，諸福備具以外，認為這是天災示儆，從而提出政有缺失，並主動承擔責任。他表示：「現在朕雖已傳位，為太上皇帝，而一切政務，仍親理訓示。茲政事有缺，皆朕之過，非皇帝之過。」

嘉慶四年（1799）正月初三日上午，八十九歲的乾隆帝帶着企盼鎮壓川、楚、陝白蓮教大起義奏捷的焦慮心情，與只差一年就可以舉行慶典祝賀「九旬萬壽」的遺憾，與世長辭。舉朝上下對太上皇帝之死早有

思想準備。等到他確切死亡的消息傳出後，據當時朝鮮使臣的記錄説，人們只見各衙門官員摘去了帽上的紅纓，路上來往的行人也是如此。「而皇城之內，晏如平日，少無驚動之意，皆曰此近百歲老人常事。且今新皇帝至孝且仁，太上皇真稀古有福之太平天子云。」

乾隆六十年（1795）九月初三日，八十五歲的乾隆主動要求讓位歸政。於次年改號嘉慶元年，自為太上皇帝，軍國重務乃奏聞，秉訓裁決，大事降旨敕。直至他一旦倒下，才真正宣告一個時代的結束。嘉慶帝親政伊始，就把乾隆帝壓制的宗室，原降貝勒，或降郡王者，一個個重新晉封，該封親王的封親王，該封郡王的封郡王，又赦乾隆年間文字獄案涉及人員。最為突出的是把盛極一時的和珅逮捕下獄，處死，勒令抄家，為推行新朝之政掃清了道路。

乾隆帝希望大清帝國的事業能有億萬斯年之福。然而，他也清楚地意識到：自古以來，未有一家恆享昊命而不變者。他在八十五歲時，御製《匣衍記》文，記載了乾隆十一年春確定象徵大清國皇權的國璽為二十五之數時，他曾「密用姬周故事，默禱上蒼」，希望清朝能享國二十五代。

所謂「姬周故事」，指周平王遷都洛邑，開東周二十五代王業。乾隆帝把順治帝作為清朝定鼎兆京後的第一代，自己便是第四代。他「享祚之久，同符聖祖，而壽考則逾之。自三代以後，未嘗有也」。他企盼自己的王朝能像東周那樣，延續二十五代。

錫伯部落的遠征

正月初八日的半輪夜月在風雪中顯得有些迷蒙。凜冽的寒風將雪花吹得漫天飛捲，繫在車馬上的鈴鐺隨着呼嘯的寒風晃來晃去，發出丁零丁零的響聲。一座小城在雪夜中時隱時現。

這座邊塞城鎮是雍正十三年（1735）由清朝駐屯軍修建的。由於這裏有幾眼溫泉，柳樹成蔭，因而有了「烏里雅蘇台」的名稱，蒙古語意思是柳樹多的地方。烏里雅蘇台（uliastai）即今天蒙古國札布哈郎特（Jibhalanta），雍正帝曾在這裏設烏里雅蘇台將軍。

在這個風雪交加的夜晚，烏里雅蘇台的城外駐紮了一支疲憊不堪的軍旅。簡易的帳包分散在城垣東南的窪地處，厚厚的積雪把帳包裏的人壓得抬不起頭來。在一個不大的帳包裏往往要擠上三四十人，而這些帳包加起來足有上百個。風雪在人們頭頂上呼嘯着，他們靠彼此的體溫來取暖，相依偎着度過這可怕的寒冷之夜。

這支饑寒交迫的軍旅，正是奉朝廷之命，從盛京調往新疆伊犁的錫伯官兵及其家眷。在中心帳包裏，一根長長的「子孫繩」在風雪中受到族人的特別呵護。在信奉薩滿教的錫伯族人的精神世界中，這根繩索是紀念全族人生命里程的神器，他們又稱之為「喜利媽媽」。即使是在遠征的途中，也必須珍藏在「子孫袋」中，以此來保佑族人的身家性命。同時，帳包裏的人們相互講述着三國英雄關公的故事，在寒冷中激勵士氣。接受關公作為薩滿教的神祇，完全符合錫伯族人西遷時克服艱難險阻的精神需要。

據檔案記載，朝廷從盛京及其所屬諸城的錫伯官兵中，挑選年富力強、善於騎射的兵丁一千名，防禦、驍騎校各十員，官兵之家眷三千二百七十五口，共計四千二百九十五人遷往伊犁。但實際到伊犁的錫伯族人不止此數。乾隆三十年，伊犁參贊大臣愛隆阿的奏文稱：「據護送一千名錫伯官兵之協領阿穆呼郎、噶爾賽呈稱：去歲，我等前來時，除已入冊之人口外，沿途陸續新生男女幼童共三百五十餘名。此外，我等於途中查出跟來之閒散四百餘名。當即詢問伊等，皆答稱係官兵之兄弟子女，由原籍起程時，跟隨而來。其中，男二百四十七名，女一百五十八名。實係起程時跟隨而來，並無他故。惟印冊內無其名額，

等因具結前來。」由此算來，當年遷徙伊犁的錫伯族男女老少，約為五千零五十名。

這支人馬從盛京出發前，朝廷特別由盛京戶部支給被派出防禦、驍騎校各一年的俸銀外，又發給兩個月鹽菜銀，每人每月二兩，馬六匹。發給兵丁兩個月鹽菜銀，每人每月一兩五錢。每戶發給整裝銀三十兩，帳房、鐵鍋之折價銀六兩，馬兩匹，牛三頭，車一輛。每人攜帶兩個月口糧。這群官兵和家眷被分成兩批，先後起程。其第一批派去防禦五員，驍騎校五員，兵丁四百九十九員，官兵之家眷共一千六百七十五口，一併交協領阿穆呼郎管帶，於乾隆二十九年（1764）的四月初十日起程。第二批派去防禦五員，驍騎校五員，兵丁五百零一名，官兵之家眷共一千六百口，一併交協領噶爾賽管帶，於乾隆二十九年四月十九日起程。

錫伯族官兵扶老攜幼，趕着牛車，離開自己多年生活的家園──盛京，他們出彰武台邊門，經克魯倫路和蒙古路，於八月二十四、五日抵達烏里雅蘇台。

舊曆八月末的蒙古高原，已是青草無存，寒氣襲人。這支軍旅攜帶家眷、精疲力盡，牲畜也因長途乘騎，疲瘦無力，加之糧草又成了大問題，隊伍已無法前進。於是，就在烏里雅蘇台紮了營，等來年春草返青，再趕往伊犁。

錫伯族原隸屬於科爾沁蒙古。康熙三十一年（1692），科爾沁蒙古王、公、台吉將錫伯族「獻給」了康熙帝，被編入滿洲上三旗（鑲黃、正黃、正白），分駐在齊齊哈爾、伯都納和吉林烏拉三城，隸屬於黑龍江將軍和吉林將軍。

然而，朝廷又疑心錫伯人眾，恐日後生出事端，便採取了「分散各境，萬不可使居一國」的分而治之政策，康熙三十八年（1699）到四十年（1701）間，下令將三城錫伯族兵丁及家眷遷到北京、盛京及其所屬

之開原、錦州、遼陽、熊岳、金州和鳳城等地駐防。這是錫伯族人的第一次大遷徙。

　　話又說到乾隆二十二年（1757）和二十四年（1759），清政府先後平定了阿睦爾撒納和大小和卓叛亂以後，為了加強新疆之防務，設立了伊犁將軍，並調撥滿洲、索倫、綠營、察哈爾和額魯特等兵往新疆駐防。然而，戰後的伊犁地區人煙稀少，土地荒蕪，防務空虛，沙皇俄國又不斷向東擴張。面對這種形勢，清政府一面由內地派遣官兵，築城駐防，一面從南疆移民屯田，並於乾隆二十七年（1762）命明瑞為首任伊犁將軍，駐伊犁惠遠城，總理天山南北兩路軍政事務。然而，軍機大臣們仍感兵力不足，防務不甚堅固，尤其地處伊犁東北的「塔爾巴哈台地方，非但與伊犁毗連，且通阿爾泰、科布多等地。雖於伊犁駐兵，而塔爾巴哈台不駐，則西北兩路，聲勢不能呼應。惟於塔爾巴哈台駐兵，周圍環設卡倫，則西北兩路方能彼此呼應，伊犁軍威，將更加強盛」。於是朝廷決定在塔爾巴哈台築城，由伊犁派兵換防，交伊犁將軍明瑞承辦此事。明瑞深感伊犁現有官兵不敷調遣，乃具摺奏聞，請調撥盛京錫伯兵增援伊犁：

　　　　塔爾巴哈台駐兵後，當年七月，此一千五百名兵又該換班，若即於伊犁攜眷滿洲、索倫、察哈爾兵內派出換防，則涼州、莊浪之滿洲兵，皆攜眷來駐。初從戎行，其步射、槍法尚可，而馬背技藝，一時不能諳練，即使苦練，亦需數年之暇，且至丙戌年，三千兵方能到齊。至察哈爾兵，本選無能、情願來居者移之，遷至伊犁後，方始操練，亦不能即成強兵……至布特哈索倫兵，來年方能到齊。若後年春即遣駐塔爾巴哈台，則其家眷尚未定居，亦有不便之處。請仍派換防兵，再換一班。此次換班時，仍於京城滿洲前鋒、護軍、健銳營前鋒及黑龍江兵內揀選兼派，似於事有利。再，奴才

等聞得，盛京駐兵共有一萬六七千名，其中有錫伯兵四五千名，伊等未甚棄舊習，狩獵為生，技藝尚可。近幾年出兵時，未曾遣派伊等。奴才以為於此項錫伯兵內，揀其優良者一同派來，亦可與黑龍江兵匹敵。[1]

明瑞的奏摺很快得到了乾隆帝的批覆，並責成軍機處策劃錫伯族人的這次遠征。也許這是乾隆帝為滿洲文化流傳留下的最精妙的一筆。正是這五千餘名錫伯族遠征軍，他們從中國大陸的最東端出發，跨越蒙古草原，翻越阿爾泰山脈，經過一年又三個月的長途跋涉到達了中國大陸西端的伊犂地區。由於這批人及其後裔遠離具有強大文化影響力的漢民族，因而始終沒有忘卻滿語，成為滿語唯一的繼承者。

每年的舊曆四月十八日，是錫伯人西遷的紀念日。在這個特殊的日子裏，孩子們將鍋底黑煙灰塗在自己的臉上，也塗在相見人的臉上，以此來紀念先祖們的業績。

今天在故宮內的中國第一歷史檔案館裏，收藏有大量的滿文檔案，分屬有內閣全宗滿文檔案、軍機處全宗滿文檔案、宮中全宗滿文檔案、內務府全宗滿文檔案及宗人府全宗滿文檔案等十餘個卷宗，反映了清代政治、經濟、文化、軍事、民族關係、外交等各方面的重要史實，僅有目可查的與漢文檔案不相重複的就達一百五十萬件左右。這無疑是一份十分珍貴的歷史文化遺產。可以告慰於乾隆帝的是，兩個世紀以前的那支錫伯族遠征軍的後裔，他們的兒女有的成為了中國第一歷史檔案館滿文部的研究人員，正在整理着這份龐大而珍貴的檔案資料。

1　見《伊黎（犂）參贊愛隆阿等奏錫伯官兵家口數目摺》，原件見軍機處乾隆三十年九月滿文《月摺檔》。

後　記

　　法國年鑑學派代表人物布羅代爾（Fernand Braudel，1902—1985）
於 1958 年發表了一篇重要論文，題為《歷史與社會科學：長時段》，
闡述了他的長時段歷史觀。他認為，歷史學之所以不同於其他社會科
學，主要體現在時間概念上。歷史時間就像電波一樣，有短波、中波
和長波之分，布羅代爾分別稱為短時段、中時段和長時段。所謂短時
段，也叫事件或政治時間，主要是歷史上突發的現象，如革命、戰爭、
地震等；所謂中時段，也叫局勢或社會時間，是在一定時期內發生變
化形成一定周期和結構的現象，如人口的消長、物價的升降、生產的
增減；所謂長時段，也叫結構或自然時間，主要指歷史上在幾個世紀
中長期不變和變化極慢的現象，如地理氣候、生態環境、社會組織、
思想傳統等。他認為短時段現象只構成了歷史的表面層次，它轉瞬即
逝，對整個歷史進程只起微小的作用。顯然《乾隆十二時辰》不包括
在他的歷史研究的框架中．

　　60 年代，我曾讀到過一則笑話，説前蘇聯一位著名的翻譯家用畢
生精力翻譯了一天的《紐約時報》，因而獲得了國家最高榮譽勛章——
列寧勛章。

　　一天的《紐約時報》具有如此巨大的信息量，它似乎包含了一個
世界、一個時代。而今天，我則確信 18 世紀的清代檔案中記載的某一
天，其信息容量並不亞於 60 年代某一天的《紐約時報》。本書所引用的
歷史檔案資料，以「宮中檔」「內務府檔」為主，而這一天的大宗的吏、

戶、禮、兵、工、刑六部的檔案還未動用。

《乾隆十二時辰》的寫作或許是認識乾隆時代的一種思維模式，其暗含的目的是將那些錯綜複雜的背景，延伸至一個歷史偉人的人生之中，並將這一狀態儘可能多地展示在可知可信的一天中。

當書稿完工之際，我有一種走出廣寒宮的釋然。這裏要特別感謝故宮博物院的苑洪祺女士，是她最早為我提供了乾隆三十年正月初八日的線索。同時，我還要特別感謝中國第一歷史檔案館滿文部的吳元豐先生，他是一位誠懇的錫伯族學者，是他翻譯了這一天的滿文檔案，並將這一珍貴的資料無私地提供給我。我相信有些資料的公佈，將為學者們提供大大超出本書範圍的文化視野。

另外，我要向李國濤、魚麗、黃紹堅、石衡潭、玄黃、慧遠、誰念西風獨自涼、周彥彤、華夏戎狄、萬里路與萬卷書的夢想等讀者表示由衷的感謝，你們的閱讀感受給予我很多的指導與鼓勵。共勉。

吳十洲

乾隆十二時辰

吳十洲　著

責任編輯　李茜娜
裝幀設計　鄭喆儀
排　　版　黎　浪
印　　務　劉漢舉

出版　　開明書店
　　　　香港北角英皇道 499 號北角工業大廈一樓 B
　　　　電話：(852) 2137 2338　傳真：(852) 2713 8202
　　　　電子郵件：info@chunghwabook.com.hk
　　　　網址：http://www.chunghwabook.com.hk

發行　　香港聯合書刊物流有限公司
　　　　香港新界荃灣德士古道 220-248 號
　　　　荃灣工業中心 16 樓
　　　　電話：(852) 2150 2100　傳真：(852) 2407 3062
　　　　電子郵件：info@suplogistics.com.hk

印刷　　美雅印刷製本有限公司
　　　　香港觀塘榮業街 6 號海濱工業大廈 4 樓 A 室

版次　　2022 年 1 月初版
　　　　© 2022 開明書店

規格　　16 開（225mm×160mm）

ISBN　　978-962-459-239-9

本書中文繁體字版由中華書局（北京）授權出版